CB009601

1ª edição - Agosto de 2024

**Coordenação editorial**
Ronaldo A. Sperdutti

**Capa**
Juliana Mollinari

**Imagem Capa**
Shutterstock

**Projeto gráfico e diagramação**
Juliana Mollinari

**Revisão**
Alessandra Miranda de Sá
Ana Maria Rael Gambarini

**Assistente editorial**
Ana Maria Rael Gambarini

**Impressão**
Lis gráfica

Proibida a reprodução total ou parcial desta obra sem prévia autorização da editora.

© 2024 by Boa Nova Editora.

Av. Porto Ferreira, 1031 | Parque Iracema
CEP 15809-020 | Catanduva-SP
17 3531.4444

www.**lumeneditorial**.com.br
www.**boanova**.net

atendimento@lumeneditorial.com.br
boanova@boanova.net

**Dados Internacionais de Catalogação na Publicação (CIP)**
**(Câmara Brasileira do Livro, SP, Brasil)**

Marco Aurélio (Espírito)
O tempo de cada um / [pelo espírito] Marco Aurélio ; [psicografado por] Marcelo Cezar. -- Catanduva, SP : Lúmen Editorial, 2024. -- (O poder do tempo ; 3)

ISBN 978-65-5792-097-8

1. Obras psicografadas 2. Romance espírita I. Cezar, Marcelo. II. Título. III. Série.

24-211490 CDD-133.9

**Índices para catálogo sistemático:**

1. Romance espírita 133.9

Eliane de Freitas Leite - Bibliotecária - CRB 8/8415

Impresso no Brasil – Printed in Brazil
01-08-24-5.000

MARCELO CEZAR
ROMANCE PELO ESPÍRITO
MARCO AURÉLIO

TRILOGIA **O PODER DO TEMPO** - VOL.3

# O TEMPO DE CADA UM

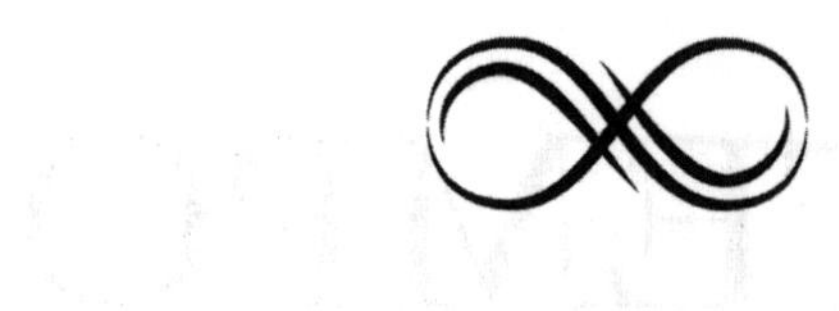

“O PERDÃO, NASCIDO DA
OFENSA PROFERIDA, É O ELIXIR
QUE TRANSMUTARÁ TODA A
TRISTEZA QUE SUFOCA A ALMA.”

Yoskhaz

# CAPÍTULO 1

Fazia um calor insuportável no momento em que Estelinha caminhava por entre a pequena e florida estrada que dava acesso à casa de sua tia Angelina. Carregava uma cesta de flores recém-colhidas que apanhara no caminho. Ela aspirou o perfume delicado das flores e sorriu. Apoiou a cesta num dos braços e passou o outro sobre a testa molhada de suor. Deu um suspiro e continuou a caminhar.

Logo avistou a construção simples mas charmosa. Sua tia tinha bom gosto, era fina e elegante.

*Quero ser como tia Angelina*, pensou. *Um dia terei uma casa tão linda como essa, só para mim... e não precisarei mais viver sob o mesmo teto que a minha madrasta.* Em seguida, fez um gesto com as mãos como a espantar o pensamento. Se continuasse a pensar na madrasta, com certeza, iria se aborrecer.

Tia Angelina vai adorar essas flores. Estelinha abriu largo sorriso e pensou com carinho na tia e no quanto gostava dela. Se possível, queria que Angelina tivesse sido sua madrasta, e não aquela mulher...

Ao chegar à casa, avistou a tia. Ficou observando-a, seus gestos delicados, sua postura fina e elegante...

Angelina nascera na área de Campos, região localizada no vale do Rio Paraíba do Sul. Nesse tempo, sua família não era rica, mas o pai, Deodato, conseguira fazer bom dinheiro com o plantio de cana-de-açúcar. Cabe salientar que, ainda em fins do século XVIII e início do século XIX, no Brasil, o açúcar era considerado uma riqueza agrícola e industrial, sendo, por muito tempo, a base da economia colonial.

Em 1763, logo depois da transferência da capital do Vice-Reino do Brasil para o Rio de Janeiro, seu pai vendeu as terras e comprou uma bela fazenda na área rural da nova capital. Foi uma época conturbada para Angelina, pois ela mal havia completado três aninhos quando Corina, sua mãe, adoecera e morrera logo que se instalaram na fazenda. Alguns anos depois, o pai casara-se de novo, com uma jovem de passado obscuro chamada Teresa. Tiveram um filho, Eurico, por quem Teresa nutria um amor sem igual. A madrasta se dava bem com Angelina, mas queria porque queria que ela se casasse, tão somente para aumentarem o patrimônio da família. Quando havia completado dezesseis anos, Angelina fora obrigada a se casar com o filho do fazendeiro vizinho às terras do pai. Claro que tinha sido Teresa quem armara tudo e convencera o marido a casar a única filha. Afinal, Deodato fazia tudo o que a esposa pedia.

O casamento de Angelina, portanto, fora arranjado, algo bem comum na época. Ocorre que Angelina e Felisberto, o noivo, se entenderam muito bem, e ela por ele se apaixonou.

Infelizmente, um ano e meio depois de casados, Felisberto morreu picado por uma cobra venenosa. Sozinha e sem filhos, Angelina decidira se afastar da vida em sociedade. Deixara os negócios nas mãos do pai e do irmão, e ainda tinha convidado Eurico a morar no casarão da fazenda dela.

Com sua dama de companhia, Claudete, e mais alguns criados, Angelina recolhera-se numa região de clima mais ameno: as encostas da montanha da cidade. Havia comprado uma chácara e construído sua bela casa para os lados da freguesia da Glória. Já fazia uns trinta anos que morava ali. Angelina era considerada uma mulher excêntrica, tinha a fama de doidivanas, pois alforriara todos os seus escravos.

Estelinha assustou-se com o esbarrão que Claudete dera nela, segurando uma galinha morta numa nas mãos.

— Onde estava? Eu a procurei por todo o pátio.

— Amuada. Emburrada.

— Não foi o que perguntei. Não me interessa saber *como* estava, mas *onde* estava — realçou Claudete.

Estelinha mostrou a língua.

— Não estou acostumada a ver tantos forros[1].

— E daí?

— Eu me sinto incomodada. — No entanto, percebendo que Claudete iria ralhar com ela, desviou o assunto: — Fui colher flores. — Estelinha lhe mostrou a cesta.

— Sua tia vai gostar das flores!

— Quero deixar a casa bonita e perfumada.

Claudete riu e afastou-se.

— Vou fazer uma canja daquelas. — Sacudiu a ave morta. — Farei um belo jantar de despedida.

Estelinha fechou o cenho.

— Não precisava me lembrar de que tenho de voltar.

---

1 Forro ou negro forro era o escravo liberto por meio de uma carta de alforria, isto é, um documento em que o proprietário de um escravizado rescindia seus direitos de propriedade sobre este.

— É preciso — ajuntou Claudete. — Seu pai gosta muito de você. Sente a sua falta, tenho certeza.

— Mentira. Ele gosta muito mais da Antonieta e do Alfredo.

— E da Cleonice — interveio Angelina, já participando da conversa.

— Ela e Antonieta se odeiam, tia.

Angelina e Claudete trocaram um significativo olhar. Claudete a interrompeu:

— Não é exagero afirmar que elas se odeiam?

— Não, não é. Não me recordo de vê-las em paz um minuto sequer, nunca se deram bem. Antonieta e Cleonice se estranham bastante. E eu fico a ver navios.

Angelina ajuntou:

— Entretanto, tem o Alfredo.

— É verdade! — Estelinha abriu largo sorriso. — Eu gosto muito dele e ele, de mim. Mas passa o dia todinho na plantação. Quando acordo, ele já saiu para trabalhar. Quando volta para casa, no fim do dia, come alguma coisa e vai para a cama. Eu o vejo muito pouco.

— Ele gosta muito de você — afirmou Angelina.

— Está vendo? — provocou Claudete. — Já tem um bom motivo para voltar para casa.

Estelinha nada disse. Apenas aproximou-se e a abraçou com força. Claudete se emocionou e, na sequência, Estelinha abraçou a tia.

— Não gostaria de voltar, tia. A madrasta não me trata bem.

Angelina bem sabia que Bernarda só tinha olhos para os filhos dela, e não dava a mínima para as filhas do primeiro casamento de Eurico. Tentou amenizar:

— Tem seus avós. Eles adoram você.

Estelinha fez um muxoxo.

— Mais ou menos, madrinha. Mais ou menos. O vovô Deodato me adora, mas a dona Teresa... não sei, não.

— Por quê? — quis saber Angelina.

— Ela também só tem olhos para Antonieta. É como se tivesse apenas uma neta.

— Isso lá é verdade — concordou Claudete, ainda com a galinha na mão. — Nunca aprovei a maneira como sua avó mantém essa diferença de tratamento entre vocês três.

— Gosto do meu avô, mas não sinto afinidade com ela, do mesmo modo que não sinto amores pela dona Bernarda.

— Ela lhe deu dois irmãos — comentou Angelina.

— Adoro o Alfredo e me dou relativamente bem com Antonieta — concordou Estelinha. — Só que a dona Bernarda não liga para mim. Nunca ligou. Nem para mim, nem para Cleonice.

— Porque vocês são filhas do primeiro casamento do seu pai — relembrou Claudete. — É natural que Bernarda aja de maneira diferente com você e sua irmã.

— Isso não importa por ora — observou Estelinha. — O fato é que, embora goste dos meus irmãos, prefiro estar com vocês! — Ela abraçou novamente Claudete e a tia.

Claudete, tentando evitar as lágrimas, afastou-se com graça.

— Não dá para abraçar e segurar uma galinha ao mesmo tempo. — As duas riram.

— Vou ajudá-la a preparar o jantar — prontificou-se Estelinha.

Angelina tentou agradar a sobrinha.

— Você vai usar o vestido que Claudete e Ana fizeram especialmente para você.

— Foi trabalhoso, mas valeu a pena. Você vai voltar para casa com graça e estilo — ponderou Claudete.

— O vestido ficou lindo mesmo — avaliou Estelinha. Em seguida, fez uma careta. — Não quero voltar para aquele lugar. Por que não posso morar aqui com a senhora e a Claudete?

— Aquele lugar é a fazenda onde seu pai, sua madrasta e seus irmãos moram. E aquela casa ainda é minha.

— Tem razão, titia. É verdade. Papai sempre diz que a casa foi decorada pela senhora. Ele sempre lhe faz elogios. A dona Bernarda não gosta muito quando ele a elogia.

— Por quê? — Claudete quis saber.

Estelinha deu de ombros.

— Acho que é porque ela gostaria de redecorar a casa. Ela até tem um bom jeito para decoração, mas papai não deixa mudar nada.

— Está vendo? — observou Angelina. — Mais um motivo para você voltar para a fazenda.

— É — interveio Claudete. — Quando olhar os móveis, as cortinas, os candelabros, as toalhas, vai se lembrar da sua tia.

— É como se cada móvel ou objeto de decoração pudesse amenizar a saudade que sente de mim — esclareceu Angelina.

Percebendo que Estelinha esboçara um sorriso, Angelina acrescentou:

— Em última carta, sua madrasta afirmou com todas as letras que finalmente conseguira horário para você, Antonieta e Cleonice estudarem corte e costura com madame Marocas Dubois.

— Que esplendor! — gritou Claudete da cozinha. — Estudar com uma das professoras mais requisitadas da Corte! Um privilégio para poucas.

— Coisa da minha avó — disse Estelinha, irritada. — Ela e dona Bernarda insistem para que eu aprenda a bordar e saiba falar francês como uma autêntica francesinha.

— Desde a chegada da família real, embora desprestigiado, o francês ainda é o idioma predominante na Corte — comentou Claudete.

— Você e tia Angelina falam francês. Podiam me ensinar. Não preciso ir às aulas de madame Dubois. E a Dalva costura muito bem. Ela também pode me ensinar.

Angelina sorriu.

— Dalva acabou de ter um filho. Não terá tempo de lhe ensinar.

— Isso é verdade — concordou Estelinha.

— Ao menos terá com que se distrair. — Angelina apanhou a cesta de flores. — Venha me ajudar a colocar as flores num vaso.

Nesse momento, um forro — ex-escravizado — entrou na cozinha carregando uma tina de água fresca. Estelinha o olhou de cima a baixo, com desdém. Angelina percebeu e, assim que ele se retirou do cômodo, indagou:

— Por que a repulsa, Estelinha?

— Cada um no seu devido lugar. De mais a mais, só gosto de uma pessoa que seja normal.

— Então me defina, querida: o que é uma pessoa normal?

Estelinha não soube responder à tia. Achava que toda pessoa diferente dela, incluindo gostos, ideias, cor da pele e afins, não era de confiança.

Angelina meneou a cabeça para os lados. *Esse comportamento preconceituoso ainda poderá trazer sérios problemas a Estelinha.*

# CAPÍTULO 2

O jantar foi servido. Estelinha sentou-se e colocou os cotovelos sobre a mesa.

— O caldo está com um cheiro muito bom.

— Que bom — sorriu Claudete. — Precisa se alimentar melhor. Está muito magra. Mas, antes, cotovelos para fora da mesa.

Estelinha bufou.

— Sempre me esqueço disso.

Uma criada passou pela cozinha e Estelinha mostrou-se contrariada.

— O que foi? — quis saber Claudete.

— Nada. Essas pessoas não precisam entrar e sair da cozinha enquanto comemos.

— Qual o problema? — desejou saber Angelina.
— Não acho de bom-tom.
— Estelinha, você já é uma mocinha — comentou Angelina. — Precisa aprender que o mundo não se resume à boa vida que tem na fazenda. Precisa compreender que o mundo em que vivemos é cheio de contrastes, diferenças, e que, por essa razão, devemos respeitar tudo o que for diferente.
— Por que tenho de aceitar pessoas ou comportamentos que não me agradam?
— Não é questão de agradar ou não — explicou Angelina —, mas de entender que há todo o tipo de pessoas no mundo, com características muito distintas das nossas. O respeito, portanto, é a melhor ferramenta de que dispomos para conviver melhor conosco e com o semelhante.
— Além do mais — ajuntou Claudete —, nem todos pensam ou vivem da mesma maneira que você. Não percebe isso quando vai fazer compras na capital?
— Não gosto muito de ir lá. É muito agitada, suja. Depois que a Corte se instalou na cidade, ficou pior. Nunca vi tanta gente perambulando pelos cantos. Não suporto os pedintes. Por isso que reluto em fazer aulas com madame Dubois. Não gosto da cidade.
Claudete e Angelina trocaram um olhar significativo.
— Estelinha, por que tem esse ar de superioridade? Está parecendo a sua avó — cutucou Claudete.
Ela irritou-se.
— Não sou nada parecida com ela — enfatizou.
— Será? — questionou Angelina.
— Não sou! — protestou. — Dona Teresa é arrogante, prepotente. Assim como a minha madrasta. Dona Bernarda também é petulante.
— Você está falando como elas — comentou Claudete.
— Ora! — Ela sentiu o sangue subir pelas faces. — Quem você pensa que é, falando comigo nesse tom?

— Calma, Estelinha. Só estamos conversando — defendeu-se Claudete.

— Quer que eu fale o que penso de você? — Claudete assustou-se. — Pois fique sabendo...

Angelina a cortou:

— Estelinha, por mais que eu goste de você, está passando do limite do bom senso. Não tolero que fale nesse tom, ainda mais com Claudete. Ela a conhece desde que nasceu. Trate-a com educação e respeito.

Ela abaixou a cabeça. Obedecia Angelina e sentiu vergonha por ter se exaltado.

— Desculpe, Claudete. Não quis ser rude.

— Tudo bem.

Angelina mudou de assunto.

— Já tem ideia de como vai se organizar para estudar na capital? A distância até a fazenda é de pouco mais de quatro horas.

— É um trajeto cansativo — observou Claudete.

— Talvez eu e as meninas mudemos temporariamente para a capital — esclareceu Estelinha. — Outro dia ouvi dona Bernarda comentando que dona Teresa quer se mudar em definitivo para a província. Ela não gosta da vida na fazenda.

— Seu avô não vai permitir — ajuntou Angelina. — Conheço meu pai. Ele não troca a vida na fazenda por nada deste mundo.

— E por que você sempre diz "dona Teresa"? — indagou Claudete. — Que eu saiba, ela é sua avó.

— Queria que minha avó tivesse sido a dona Corina.

— Você nem a conheceu! — exclamou Angelina.

— Recentemente, aconteceu algo inusitado. — Estelinha envergonhou-se.

— Vamos, pode nos dizer — pediu Angelina.

— Não sei... É que outro dia tive um sonho interessante. Quando acordei, tive vontade de contar para Cleonice. Senti medo de ela rir de mim. Será que estou ficando louca?

— Claro que não, querida — ponderou Angelina. — Pode nos contar.

— Posso mesmo? — Angelina e Claudete assentiram. Estelinha pigarreou e disse: — Tive um sonho com dona Corina. E com a minha mãe.

Angelina e Claudete lançaram um olhar surpreso uma para a outra.

— Como foi, Estelinha? — quis saber Angelina, piscando para Claudete. — Pode nos contar?

— Ah, tia, deve ser fantasia da minha cabeça.

— Mesmo que seja, gostaríamos muito de ouvir — incentivou Claudete.

Estelinha apanhou o copo de água e tomou um gole. Em seguida, relatou:

— Não faz muito tempo, sonhei com uma mulher simpática, olhos negros e vivos. Tinha os cabelos presos num coque elegante e estava muito bem-vestida. Ela me disse que éramos amigas de outros tempos e que o nome dela era Corina. Que, se eu quisesse, poderia chamá-la de vovó. E o que mais me marcou nesse sonho foi o camafeu que ela usava, preso por uma fita vermelha em volta do pescoço. Era uma belíssima joia.

Claudete arregalou os olhos. Angelina, surpresa, levantou-se e caminhou até uma cômoda. Abriu a gaveta e dela tirou uma caixinha com uma joia. Voltou à mesa e, ao sentar-se, mostrou-a para Estelinha.

— Nossa! — Estelinha exclamou. — Essa é a joia que eu a vi usando em volta do pescoço.

Angelina sorriu e sentiu um frêmito de emoção.

— Eu tenho certeza de que sonhou com a minha mãe, Estelinha.

— Então não se trata de fantasia? Pensei...

Angelina a interrompeu com docilidade na voz:

— Já é mocinha e é muito inteligente. Por isso, me diga: e o sonho com sua mãe, como foi?

— Eu estava lá na fazenda, no meu quarto, cochilando. De repente, uma luz se fez presente e apareceu uma moça. Ela se endereçou a mim chamando-me de filha...

— Sua mãe, Magda, morreu por complicações do parto logo depois que você nasceu — interrompeu Claudete. — Como pode saber que se trata da sua mãe?

— Porque, quando a vi, senti uma grande emoção. O rosto dela era idêntico ao do quadro dependurado na sala de casa, cuja tela retrata minha mãe. Aliás, outro dia ouvi dona Bernarda reclamando. Queria tirar o quadro da parede, mas papai não deixou.

— Quando ela apareceu, disse-lhe o quê? — indagou Claudete.

— Ela disse que já tínhamos vivido juntas antes e que eu deveria aprender a respeitar e perdoar. Achei estranho.

— Estranho o quê? — quis saber Angelina.

— Pedir para eu aprender a respeitar e perdoar. Nunca desrespeitei o papai ou dona Bernarda. E sempre perdoei quem me fez mal.

— Tem certeza? Seu coração é puro e livre de rancores? — indagou Claudete.

Estelinha pensou e se lembrou de Bernarda e de Teresa. Não se dava muito bem com elas e as criticava pela maneira como a tratavam. Mesmo com tais pensamentos, considerou:

— Meu coração é bom.

— Não foi o que perguntei.

— Ora, Claudete. Pare de me fazer tanta pergunta.

— Só quero saber se você tem o hábito de perdoar quem a ofende.

— Não gostaria de pensar ou falar sobre isso. Posso terminar minha canja em paz?

— E seu pai? — quis saber Angelina, mudando de assunto. — Ao que me consta, você tem um bom relacionamento com Eurico.

— Papai também não para em casa, tia. Passa a maior parte do tempo trancado na biblioteca. Só faz contas. A dona Bernarda pede para fazermos o máximo de silêncio e não gosta que levemos problemas para ele. Então, eu e ele conversamos muito pouco. De mais a mais, eu percebo que ele só tem olhos para a Antonieta. É a filha preferida dele.

— Meu irmão gosta de todos os filhos — disse Angelina, tentando defender Eurico.

— Não, tia. Isso não é verdade. Ele tem olhos só para Antonieta. Ela é a filha preferida. Está sempre enaltecendo a sua beleza, a sua inteligência. Nunca fez um elogio para mim ou Cleonice.

— Tenha certeza de que ele gosta de você — Angelina falou com doçura na voz.

— Aproveite seu retorno e dedique-se ao curso de costura, de bordado — incentivou Claudete, mudando novamente o rumo da conversa. — Você vai se distrair, aprender também outro idioma, respirar novos ares. A vida na Corte é bem agitada. Vai deparar com outras mocinhas feito você.

— E tem mais — interveio Angelina —, essa distração poderá lhe trazer paz, ficará distante da fazenda por algumas horas.

— Pode ser.

— Quem sabe não apareça um pretendente? — indagou Angelina, sorridente.

— Casar-me?

— É. Nunca pensou?

— Pensei, tia. Claro que sim. Um dia vou me casar, sair da fazenda e ter uma casa tão bonita como a sua.

— Como a minha? Por quê?

— Porque acho sua casa linda, tia. O dia que eu me casar, vou exigir do meu marido que ele construa uma casa tão bonita quanto a sua.

— Exigir? — indagou Claudete, rindo.

— Sim. Ele vai ter que fazer as minhas vontades. — Estelinha virou-se para Claudete e perguntou: — Por que nunca se casou?

Claudete sentiu o rosto arder. Percebeu que fora uma pergunta inocente, mas sentiu vergonha. Levantou-se para retirar os pratos, um tanto nervosa. Não gostava de falar de si. Era extremamente reservada.

# CAPÍTULO 3

No dia seguinte, bem cedinho, uma charrete estava parada à porta da casa. Um homem pardo, corpulento, saltou do banco e caminhou até próximo da entrada.

Angelina estava parada na soleira e sorriu assim que o viu.

— Bom dia, Jacinto. Como está sua esposa?

— Bem, dona Angelina. Ela melhorou bastante.

— E o bebê?

— Segue bem.

— Ótimo. Dalva precisa continuar tomando os chás que lhe indiquei.

— Sim, senhora. Não tenho como agradecer tamanha generosidade.

— Imagine! Se vocês trabalham nas minhas terras, precisam estar bem, saudáveis. É importante que tenham uma vida digna.

Jacinto emocionou-se.

— Agradeço aos céus todos os dias por ter sido comprado pelo seu pai e porque a senhora alforriou a mim e à Dalva.

Angelina ia falar, mas Claudete apareceu, carregando um baú, na companhia de outra jovem, Ana. Jacinto logo se prontificou a carregar o baú.

— Deixem comigo.

Ele apanhou o baú, não tão pesado, e o ajeitou com delicadeza na carruagem. Nisso, Estelinha apareceu. Estava elegantemente vestida, os cabelos em cachos deitando com delicadeza sobre os ombros. No entanto, havia muita tristeza em seu semblante.

Angelina aproximou-se e ela a abraçou com força.

— Tia, queria muito ficar.

— Eu sei, meu bem — comentou Angelina. — Por ora, vá para casa e procure conviver em harmonia com os seus. Sei que sua madrasta e sua avó têm forte personalidade, mas você já é uma mocinha bem inteligente, sensível. Saberá conviver com elas sem tantos aborrecimentos.

— Além do mais — ajuntou Claudete —, você vai estudar na capital. Terá tanta coisa nova para experimentar!

— Podiam ir me visitar...

— Não posso deixar a casa — desculpou-se Angelina.

— Está bem. — Estelinha abraçou novamente a tia e Claudete. Em seguida, caminhou até a carruagem. Ela demorou a dar a mão para Jacinto. Mordiscou os lábios, em seguida encarou a tia. Angelina a olhava de maneira firme.

— Algum problema, Estelinha?

Ela fez que não com a cabeça e deu a mão para Jacinto, e ele a ajudou a subir. Logo, a charrete sumiu numa curva da estradinha de terra.

Ana, uma das criadas, indagou:

— Precisa de mais alguma coisa, senhora?

— Por ora, não, Ana. Gostaria que fosse ajudar Dalva. Você tem bastante leite. O bebê precisa...

Ana a interrompeu:

— Imagine, senhora! Eu preciso limpar a casa, fazer o almoço...

Foi a vez de Claudete a interromper:

— Pode deixar, Ana. Eu mesma prepararei as refeições. O pequeno Arthurzinho precisa do seu leite.

— Por que são tão boas para nós?

— Porque vocês são pessoas, Ana, como eu e Claudete — explicou Angelina. — Nunca gostei ou aceitei o sistema escravocrata. Se pudesse, daria alforria ampla e irrestrita a todos os escravizados. Esse é um dos motivos pelos quais me afastei da capital. Quero que meus criados sejam bem tratados e vivam dignamente.

— Sou muito grata por vivermos aqui. É muito bom ter essa liberdade...

— Disse bem, Ana. Liberdade! — Angelina escalou o tom de voz. — É o meu desejo. E de outros amigos que lutam pelo fim desse regime. Um dia isso vai acabar. Não sei quando, mas vai...

Ana, sua filha Joana, mais Jacinto, a esposa dele, Dalva, e o filhinho, Arthur, viviam livremente nas terras de Angelina. Ela e alguns amigos — poucos, vale ressaltar — eram abolicionistas, isto é, a favor da libertação dos escravizados. Angelina reunia alguns amigos na sua casa, uma vez por mês, para trocarem ideias de como melhorar a vida dessas pessoas que não tinham direito a nada, cuja existência era conduzida por mãos de homens brancos que acreditavam piamente que a cor da pele era parâmetro para colocar pessoas em patamares de inferioridade ou superioridade.

Ao conhecer Felisberto, Angelina encantara-se por ele quando soubera que era a favor de que os escravizados fossem libertos e pudessem ser remunerados pelo serviço que exerciam nas plantações. Era algo inimaginável de acontecer, ainda mais quando se trata de narrar fatos ocorridos há, pelo menos, duzentos anos. A mentalidade do homem daquela época era de que havia pessoas superiores — os homens e mulheres brancos — e seres inferiores — como negros e negras, mestiços, pardos, indígenas...

Infelizmente, mesmo nos tempos atuais, deparamos com mentalidades ainda presas a esse passado condenável, isto é, pessoas que acreditam que a condição econômica, cor da pele, orientação sexual, posição de gênero e afins sejam determinantes para classificar grupos humanos entre os que merecem "respeito" e os que merecem ser desprezados.

Deodato e Eurico não concordavam com as ideias de Angelina, contudo, tratavam muito bem seus escravos. Nas duas fazendas — que se transformaram em uma única propriedade após a morte de Felisberto —, os escravos tinham boas condições de trabalho, eram bem alimentados e a senzala apresentava o mínimo de condições de higiene, bem diferente de outras fazendas, cujos capatazes maltratavam os escravizados e os agrupavam em lugares insalubres.

Na chácara de Angelina, seus poucos criados — ela não gostava de usar a palavra *forro* — eram bem tratados, com respeito e dignidade. Moravam em casinhas de pau a pique, e os que decidiam viver juntos e constituir família, por exemplo, tinham direito a construir uma casinha só para a família.

Ela avistou a plantação, que se perdia ao longe, e rogou: *Que possamos, em breve, entender e aceitar que todas as pessoas que vivem neste mundo são merecedoras de respeito e possam viver com dignidade e liberdade para escolherem como conduzir suas vidas.*

# CAPÍTULO 4

A charrete aproximou-se da fazenda e Estelinha levou a mão ao peito, contrariada.

— Por que voltei? Não gosto daqui.

Ela não percebeu, mas Magda estava ao seu lado. O espírito, de uma luz suave, porém intensa, falou:

— Estelinha, minha querida. Sei que está reencarnada entre afetos e desafetos. Faz parte da nossa jornada de evolução espiritual. Você bem sabia que ia retornar e escolheu estar nessa família. Por ora, não se lembra dos porquês, mas você e sua família têm laços feitos há muitas vidas. Saiba que estarei sempre ao seu lado. Quando precisar, ore e me chame.

Magda a beijou com carinho e sumiu. Estelinha sentiu um tantinho de bem-estar. Sorriu e lembrou-se da mulher do sonho.

Jacinto abriu a portinhola e a ajudou a descer.

— Obrigada, Jacinto. — Ainda sob os efeitos benéficos daquele bom espírito, Estelinha não destratou Jacinto.

Dois escravos se aproximaram e apanharam o baú. Bernarda apareceu na varanda e fez um muxoxo.

— Demorou mais do que o esperado para voltar. Estamos esperando-a há três dias.

— Eu quis ficar um pouco mais — disse Estelinha, cabeça baixa.

— Olhe para mim ao responder — exigiu Bernarda.

Estelinha enrubesceu e a fitou nos olhos.

— Estou olhando.

— Não fale comigo nesse tom — Bernarda irritou-se. — Não é porque não é minha filha que não me deva respeito!

— Eu a respeito, senhora.

Cleonice apareceu e comentou, evitando a emoção:

— Pensei que fosse me abandonar. Você é minha única irmã — disse, olhando Bernarda de soslaio.

— Nunca! — respondeu Estelinha. — Não queria volt... bem, estou de volta.

— Quem disse que Estelinha é sua única irmã? — quis saber Bernarda. — A Antonieta também é irmã.

— Não é! — protestou Cleonice. Ela desafiava Bernarda e era difícil que acatasse as ordens da madrasta. Só as acatava na frente do pai.

— Está mais corada — observou Bernarda, medindo Estelinha, evitando discutir com Cleonice. — Alimentou-se bem.

— Nossa, Estelinha, como você engordou! — Antonieta falou assim que atravessou a porta da sala e a viu. — Parece a leitoa que estamos engordando para as festas.

Bernarda quis rir, mas conteve-se. Cleonice saiu em defesa da irmã:

— Não tem nada melhor para fazer, Antonieta? Ler um livro, bordar. Ah, me esqueci, você não sabe bordar.

Antonieta mostrou a língua.

— Você também não sabe, Cleonice.

— Pois saiba que aprendi a bordar por conta própria. Quando formos ao ateliê de madame Dubois, eu vou fazer mais bonito que você.

Antonieta ia retrucar, mas abraçou-se à mãe e lhe perguntou:

— Eu sei bordar, não sei, mamãe?

— Claro que sabe, meu bem. Você faz tudo muito bem.

— Obrigada. — O comentário de Bernarda fez Antonieta sentir-se segura. Ela evitou olhar para Cleonice. Encarou Estelinha: — Até que está bem-arrumada. Não sinto afinidades com a tia Angelina, mas devo confessar que ela tem bom gosto. Escolheu um belo tecido para confeccionar o seu vestido. E nunca pensei que diria isso algum dia, mas está bonitinha.

— Isso lá é verdade — concordou Bernarda. — Sua tia sabe escolher um bom tecido. O vestido lhe caiu bem.

— Mamãe! — suspirou Antonieta. — Não vejo a hora de irmos à Corte. Agora que essa daí voltou — apontou para Estelinha —, poderemos começar o curso.

— Amanhã iremos nós quatro até o ateliê.

— Nossa! Estava esperando por isso — comentou Cleonice.

Antonieta, num tom jocoso, virou o rosto e comentou:

— Você estava aqui? Nem percebi.

— Boba — retrucou Cleonice.

— Olhe o tom! — esbravejou Bernarda, ainda abraçada a Antonieta. — Que modos são esses, Cleonice?

Antonieta gostava de ver o circo pegar fogo, ainda mais quando Cleonice estava na sua mira.

— Sabe o que acontece, mamãe? — Era a voz de Antonieta. — A Cleonice gosta de se misturar com os criados. Viu como essa convivência pode ser uma má influência?

Cleonice irritou-se. Não gostava quando Antonieta falava nesse tom.

— Os criados são amáveis. Gostam de mim e eu gosto deles. Eles não me ensinam nada de mau.

— E nada de bom — prosseguiu Antonieta.

Estelinha nada disse. Nesse ponto, infelizmente, ela concordava com Antonieta. Não gostava de se relacionar com os criados.

Bernarda, cansada de estar ali, comentou, enquanto caminhava para dentro da sala de mãos dadas com Antonieta:

— Você é mais refinada, querida. As suas irmãs não tiveram mãe, não foram bem educadas. Se não fosse eu a casar com seu pai...

Estelinha abaixou os olhos, entristecida. Afinal, nunca conhecera a mãe.

*Talvez ela tenha razão, pensou. Eu devo ser muito provinciana, sem modos. Será que um dia vou ter atrativos para chamar a atenção de um homem à altura?*

Enquanto ela se perdia nos pensamentos, Cleonice rangeu os dentes. Ela não tinha recordações da mãe, porquanto Magda morrera quando ela contava um aninho. Sentiu raiva de Bernarda. E de Antonieta.

— Não gosto quando Bernarda fala mal da nossa mãe.

— Ela não falou isso — comentou Estelinha. — Disse que não somos refinadas como Antonieta.

— Jura? Acha que aquela menina petulante é refinada?

— Antonieta é muito bonita.

— E nós, Estelinha? Acredita que não estamos à altura dela?

— Não sei. Eu sou muito magrinha. Você é bonita. Mas a Antonieta sempre se destacou. Os elogios sempre foram para ela, nunca para nós. Até o papai gosta mais dela. Se não fosse assim, por que eu e você dividimos o mesmo quarto e ela tem um só para si?

Cleonice meneou a cabeça, indignada.

— Eu deveria ter um quarto só para mim. Sou a mais velha das meninas.

— Por esse e outros motivos, eu não queria voltar da casa da tia Angelina. Não gosto de viver aqui.

— Você bem sabe, Estelinha, que eu não tenho grandes amores pela tia Angelina. Mas, se ela me aceitasse, eu iria morar lá na chácara.

— Ela disse que a nossa casa é aqui.

— Não vejo a hora de ir embora.

— Como vamos fazer, Cleonice?

— Casar.

— Ou ir para um convento — sugeriu Estelinha.

Cleonice fez o sinal da cruz.

— Nunca! Sabe quanto detesto freiras, padres e missas. — Cleonice sentiu um suor frio escorrer pela testa. O ambiente da igreja ou o simples contato com religiosos a deixavam nesse estado de puro medo.

Estelinha desculpou-se.

— Vamos para o quarto. Estou cansada da viagem.

Cleonice concordou e as duas caminharam em silêncio para os aposentos.

# CAPÍTULO 5

Eurico e Alfredo não almoçavam na casa e só para lá retornavam no fim do dia. O almoço era servido apenas para as meninas e Bernarda. Estavam elas sentadas à mesa e Antonieta pediu a Bernarda:

— Mamãe, eu quero um vestido novo para passear pela cidade.

— Papai já disse que não podemos gastar — interveio Estelinha. — Disse que temos de economizar.

Bernarda, ignorando o comentário de Estelinha, virou-se para Antonieta e comentou, orgulhosa:

— Seu pai faz o que eu quiser. É só eu estalar os dedos e pronto. Pode ter certeza de que vai ganhar o seu vestido.

Será o primeiro, de muitos, que faremos no ateliê de madame Marocas Dubois.

Antonieta sorriu e encarou as irmãs com ar de triunfo. Cleonice não perdeu a deixa e gracejou, dirigindo-se a Bernarda:

— Eu sei que a senhora não é minha mãe, mas meu pai faz tudo o que a mãe dele quer. A dona Teresa manda e o papai faz. Sempre foi assim. E assim sempre será.

Bernarda irritou-se. Sentiu-se aviltada. Levantou-se da sua cadeira, aproximou-se de Cleonice e a estapeou no rosto.

— Menina insolente! Deve me respeitar a todo custo. Se continuar me desacatando assim, eu falarei com seu pai para que a tranque num convento.

— Não!

— Sim. Eu sou a dona desta casa. Sou eu quem manda. Mais um desacato desses e eu farei de tudo para que seja levada para bem longe daqui.

Bernarda rodou nos calcanhares, seguida por Antonieta. Ela, ao passar por Cleonice, sussurrou "bem feito".

Cleonice começou a chorar. Estelinha aproximou-se e a abraçou, algo raro de acontecer entre elas.

— Não fique assim. Logo você vai conhecer alguém, vai casar e vai embora.

— Não sei, Estelinha. Tenho medo de ela conseguir enfeitiçar o papai e me mandarem para um convento. Não quero.

— Vamos passar a frequentar a Corte. Quem sabe não conhecemos alguém distinto e nos casamos?

Cleonice enxugou as lágrimas.

— Tem razão. Tenho a esperança de que logo vou conhecer alguém e ir embora desta casa. Não suporto mais a Antonieta. Não consigo acatar as ordens de Bernarda.

— Dona Bernarda — corrigiu Estelinha.

— Não. É Bernarda. Ela não é minha mãe. Não merece o meu respeito.

— Por que ficamos órfãs?

— Não sei, Estelinha. Juro que não sei...

As duas se abraçaram e foram caminhando na direção do quarto.

Ao lado delas estava Magda. Ela deu um passe nas duas mocinhas e, em seguida, avistou outro espírito que se aproximava. Era Corina.

— Fui visitar Deodato.

— Como ele está? — quis saber Magda.

— Está bem.

— E você, está ansiosa?

— Não. O meu desejo é que Deodato aceite o que está para acontecer.

— Ele é um espírito lúcido — tornou Magda. — Não me preocuparia com ele. Nem com Teresa.

— Ela tem um jeito próprio de encarar a vida. Vai ter condições de superar as adversidades. — Corina mudou de assunto. Ao ver Estelinha e Cleonice em sintonia, sorriu: — Viu como elas começaram a se dar bem?

— Isso me alegra — concordou Magda. — Quando me preparei para reencarnar, sabia que não ficaria muito tempo na Terra. E que as meninas ficariam órfãs desde muito cedo. Imaginei que Bernarda as aceitaria como filhas do coração. Infelizmente, isso não aconteceu. No entanto, ainda tenho um pouco de esperança.

— Eu só me preocupo com Antonieta. Ela tem sérias questões mal resolvidas do passado com Cleonice. E sabemos que logo os rapazes também vão reaparecer na vida delas. Não quero que aconteça nada de ruim, nem com elas, tampouco com eles.

— Eu sei, minha querida — disse Magda, voz amável. — Todos nós desejamos o bem das pessoas, queremos que elas despertem para o melhor da vida. Da dimensão em que estamos, enxergamos os fatos por outro ângulo, sempre com os olhos do bem. Infelizmente, ainda no planeta, as pessoas podem escolher entre enxergar o resultado de suas vivências pela ótica do bem ou do mal. É um exercício árduo de encarnação.

— O quê? — quis saber Corina.

— O exercício de olharmos tudo o que nos acontece pela ótica do bem.

— Às vezes me pergunto se, quando estamos vivendo no mundo físico, conseguimos ter a percepção de olharmos tudo pelo lado do bem... e, ao mesmo tempo, nos defendermos do mal.

— Quem tem o bem no coração não precisa se defender — avaliou Magda. — O mal só se instala num coração que lhe dê voz, lhe dê força.

— Mas somos tentados a todo instante. É como se tivéssemos de passar por determinadas situações que nos levassem a duvidar do bem.

— Você duvida do bem? — perguntou Magda.

— Não. Já faz um tempo que tenho reencarnado com esse objetivo, de aceitar o bem como algo certo, verdadeiro. Durante muitas vidas, não tive esse discernimento. Espero que as meninas compreendam essa verdade.

— Não só as meninas, mas também Bernarda e Teresa. As cinco escolheram reencarnar próximas umas das outras para desatarem os nós do passado.

— Vamos torcer para que nossas meninas não se deixem corromper pela maldade humana — avaliou Corina. — Vamos orar por elas.

Magda fez que sim com a cabeça. Ela e Corina se deram as mãos e fizeram sentida prece para que Estelinha, Cleonice e Antonieta conseguissem se livrar das adversidades do passado e pudessem se dar a chance de conviverem em harmonia, desejando e praticando o bem entre si. E que Bernarda pudesse, aos poucos, tornar-se uma pessoa mais amável.

# CAPÍTULO 6

O jantar foi servido e Estelinha alegrou-se ao ver Alfredo. Levantou-se da mesa e correu para abraçá-lo.

— Saudades de você, irmãzinha.

— Eu também senti muita saudade — confessou Estelinha.

— Como está tia Angelina?

— Ela está bem. Sempre bem-disposta. Sabe quanto gosto dela.

— Se sei. Eu também gosto dela. Agora que Alberto está me ensinando a cuidar das terras, fica difícil eu me ausentar e ir visitá-la.

Bernarda levantou-se da mesa e beijou o filho.

— Não gosto que fique grudado nos criados. Precisa estabelecer distância, caso contrário, aproveitam-se de nossa generosidade e agem de má-fé, nos apunhalando pelas costas.

— O Alberto é um bom homem. A esposa dele, a Rosana, também.

— Não gosto dessa mulher. É metida com os cultos dos escravizados.

— Rosana é uma mulher muito perspicaz. Tem boa intuição.

— Intuição! — Bernarda fez um não com a cabeça. — Essa mulher é ignorante. Ela e o marido. Não se misture com essa laia, meu filho.

Alfredo gostava muito da mãe, mas reprovava seu comportamento.

— Está enganada, mamãe. Alberto é o melhor capataz que poderíamos ter. Eu o considero um... — Alfredo ia dizer "pai", mas corrigiu-se a tempo, para não ferir os brios da mãe — irmão.

— Ele é muito mais velho! Tem idade para ser seu pai.

— E daí, mamãe? E a Rosana é uma ótima conselheira.

— Não gosto dessa amizade.

Alfredo deu de ombros.

— Se não fosse o Alberto, não sei o que seria da nossa plantação. O papai não liga para as terras, só pensa nas vendas, no dinheiro. Aliás, onde está? Na biblioteca?

— Sim, meu filho. Pediu para não ser incomodado. Disse que comerá algo mais tarde, antes de se deitar. Venha jantar, sente-se.

— Lavou as mãos? — perguntou Antonieta.

— Já. Quando passei pela cozinha. Por quê, irmãzinha?

— Ela se preocupa com você, Alfredo. É tão dedicada! — Estelinha falou num tom jocoso, alfinetando a irmã.

— Sim, me preocupo — respondeu Antonieta, ríspida. — Afinal, Alfredo é meu irmão. Nascemos da mesma mãe. Já você e a outra...

— Não precisa tratar as meninas dessa maneira grosseira — advertiu Alfredo.

Antonieta fez uma careta. Estelinha sorriu. Continuou a comer, quieta.

— Estamos nos preparando para ir à capital. Quer nos acompanhar? — convidou Bernarda.

— Não dá, mamãe. Não posso deixar a plantação. Poderia chamar o papai. Ele gosta do agito da cidade.

Bernarda fez um muxoxo. Não gostava quando Eurico ia à capital. Sabia que ele, de vez em quando, pretextava fazer negócios na cidade. Era mentira. Eurico aproveitava a vida agitada da cidade e frequentava bordéis, tavernas, bebia e se deitava com outras mulheres, sem distinção de se eram da Corte ou da ralé, como ela costumava se referir a mulheres que não tinham título de nobreza.

Bernarda pertencia a uma família menos abastada e tinha verdadeiro horror a passar necessidades. Dera graças a Deus quando se casara com Eurico, mesmo sabendo da sua fama de mulherengo. Tinha engolido as filhas dele como se precisasse tomar um remédio amargo. Era melhor ter duas enteadas com quem não simpatizava a ter uma vida comedida.

Ao menos, com o tempo, ela tivera dois filhos lindos. Tinha certeza de que casaria bem Antonieta, porque era uma mocinha linda, a sua princesinha. E começava a vislumbrar um bom casamento para o filho. Bernarda até tinha uma pretendente em mente, uma jovem de nome Dinorá.

Dinorá era uma mocinha bem bonitinha. Tinha um irmão, Sérgio, que estudava em Londres e estava fora do país havia uns anos. Eram filhos do barão de Canoas, cuja família fizera muito dinheiro com o tráfico de escravizados. Bernarda sabia que o filho do barão, Sérgio, era contra as atividades do pai. Numa ida à capital, logo que a família real ali se instalara, ela havia conhecido a esposa do barão e simpatizara com Dinorá. E, pensando juntar as fortunas, estava convicta de que a moça seria par ideal para seu filho. Até Teresa, com quem Bernarda tinha um relacionamento meio áspero, concordara com a ideia.

Bernarda só havia se esquecido de consultar o filho. Agia por trás, nos bastidores. A bem da verdade, o curso de bordado que arrumara para as meninas era uma desculpa para se reaproximar de Dinorá. Bernarda soubera que a moça estudava no ateliê de madame Dubois.

*Eu vou casar meu filho com Dinorá, custe o que custar,* ela pensou e sorriu. Em seguida, puxou Alfredo e pousou a mão sobre a dele:

— A sopa está saborosa?

— Sim, está ótima. E Cleonice, mamãe, cadê ela?

Foi Antonieta quem respondeu. Ela fingia preocupação na voz, mas estava sorrindo por dentro.

— A pobrezinha está indisposta. Mais tarde, uma das criadas levará algo para ela comer.

Estelinha meneou a cabeça para os lados. Sabia que era mentira, que Cleonice estava trancada no quarto por castigo. Bernarda a proibira de fazer as refeições em família por uma semana, em virtude de ter sido desacatada. Alfredo nem sabia o que acontecia dentro da casa. Estava mais preocupado em aprender a dirigir a fazenda, em dar melhores condições de vida aos escravizados.

— Diga-me — pediu Antonieta —, como andam os escravinhos?

— Como? — Alfredo não havia entendido a ironia.

Antonieta ficou mais séria e mudou de assunto. Não queria se indispor com Alfredo, até porque sentia ciúme da maneira amorosa como ele tratava Estelinha. Reformulou a pergunta:

— E o vovô?

— Depois que decidiu passar mais tempo na Corte, vovô está um pouco irritadiço.

— Seu avô precisa tratar Teresa com rédeas curtas, cortar as asinhas. Onde já se viu? A mulher decidir onde o casal deve viver. Um acinte!

— Ela só quer passar temporadas mais longas na Corte, mamãe. Não vejo problema algum nesse desejo.

— Ela deve respeitar o desejo do seu avô. Ele não gosta do agito da cidade.

— Eu sei, mas sabe que quando a minha avó quer...

Nisso, Eurico entrou de supetão no cômodo. Seu rosto estava lívido. Todos se levantaram da mesa ao mesmo tempo. Bernarda caminhou até o marido.

— O que foi que aconteceu? Por que essa cara?

Eurico não sabia como dizer. Não queria chorar na frente da esposa e dos filhos. Não era de bom-tom um homem chorar. Ele respirou fundo e balbuciou:

— Meu pai...

Alfredo pressentiu o pior e indagou:

— O vovô! O que aconteceu com ele, pai?

Eurico meneou a cabeça para os lados. O capataz, Alberto, veio logo atrás e disse, com a voz embargada:

— Seu Deodato... o coração dele...

Bernarda levou a mão à boca.

— Meu Deus!

Estelinha e Antonieta arregalaram os olhos.

— O que aconteceu com meu avô? — indagou Estelinha, chorosa.

— Ele não acordou... — disse Alberto. — Um dos criados acabou de chegar de lá e nos contou.

Bernarda abraçou-se ao marido.

— Que notícia mais triste! Gostava de seu Deodato. E agora, como ficarão as terras?

Eurico não entendeu.

— O que foi que disse?

— As terras, Eurico. Se seu pai morreu, é evidente que metade delas são suas e...

Ele a interrompeu de maneira áspera:

— Como pode pensar em algo assim? Meu pai acabou de falecer! Você não tem coração?

Eurico estugou o passo e voltou à biblioteca. Estava possesso. Alfredo e o capataz, Alberto, o seguiram. Estelinha fez que não com a cabeça.

— Por que fazer esse tipo de pergunta numa hora dessas?

— Eu pergunto o que quero e quando eu quero — esbravejou Bernarda. — As terras também são minhas. Meus filhos têm direito a metade delas.

— Eu também tenho! — Estelinha alteou o tom de voz. — Também sou neta.

Bernarda fez ar de indiferença.

— Se me destratar dessa forma, colocarei você de castigo. Bom que tranco você junto com a outra sem educação.

— Pode pôr. — Estelinha estava irredutível.

— Pois bem, mocinha...

Eurico saiu da biblioteca, atravessou o corredor, mirou a esposa e ordenou:

— Quero que você e as meninas se arrumem e sigam para a casa de meu pai.

— Eurico! É tarde. Está quase escurecendo. — Bernarda queria contestar, mas ele foi categórico:

— Agora!

Ela abaixou a cabeça em obediência. Pediu para as criadas recolherem os pratos. Deu instruções e caminhou em direção aos seus aposentos para se arrumar. Deveriam partir para a casa de Deodato, cujo trajeto não duraria mais que meia hora de charrete.

# CAPÍTULO 7

Era noite quando duas charretes estacionaram próximo ao casarão de Deodato. De uma delas desceram Bernarda e Antonieta, abraçadas. De outra saltaram Estelinha e Cleonice.

Eurico e Alfredo já haviam chegado fazia um bom tempo e tomavam providências. Elas foram recepcionadas por Nete, Maria e Sebastião, criados antigos da casa. Bernarda fingiu estar consternada. Abraçada à filha, levava o lencinho à boca e emitia sons abafados. Antonieta tentava consolar a mãe.

Logo atrás, Estelinha e Cleonice caminhavam juntas. Cleonice sentira bastante a morte do avô. Ela tinha sido a primeira neta de Deodato, e ele a paparicava como ninguém. Deodato tinha carinho especial pela primeira nora, Magda. Ficara feliz com o enlace dela com Eurico. E sentira muitíssimo quando ela falecera.

Estelinha amparava Cleonice e caminhou ao lado da irmã até chegarem à sala. O corpo de Deodato estava sobre uma grande mesa, no centro do cômodo. Alguns conhecidos ali estavam. Cleonice desprendeu-se de Estelinha e foi até a mesa. Pousou a sua mão sobre a do avô. Chorou e rezou para a alma dele.

Estelinha, por sua vez, esticou o pescoço à procura de Angelina. Encostou em Alfredo e perguntou, baixinho:

— E a tia Angelina?

— Chegou e recolheu-se em seu antigo quarto. Disse que deveria avisar você quando chegasse.

— Vou até lá.

Alfredo assentiu. Em seguida, avistou a avó. Teresa estava desolada. Quer dizer, ela fingia. Não estava nem aí com a morte do marido. De mais a mais, nunca fora apaixonada por Deodato, nem saberia afirmar se um dia gostara dele.

Ele aproximou-se dela e beijou sua mão.

— Está tudo bem, minha avó?

Teresa fez que não com a cabeça.

— Nunca pensei que isso pudesse acontecer. O que farei da minha vida?

Alfredo a abraçou. Teresa fingiu uma lágrima e passou o lenço pelo olho seco. Os pensamentos voltaram no tempo...

Teresa conhecera Deodato numa época em que ele fazia viagens constantes de negócios a Vila Rica — atual Ouro Preto —, em Minas Gerais. As más-línguas diziam que Teresa trabalhava como meretriz. Com o auxílio de uma cortesã conhecidíssima na região, chamada Raimunda[1], traçaram um plano para ela se aproximar de Deodato e com ele se casar. Em troca, Teresa daria uma grande soma em ouro para a cortesã assim que se casasse. O que mais entristecera Teresa, no entanto, era o fato de ela ser apaixonada pelo irmão de Raimunda, um belíssimo jovem de nome Bento. Ocorre que Bento era um bom moço, mas não tinha posses como... Deodato.

— Vai viver de quê? — instigava Raimunda. — De amor? Amor não enche barriga. Aproveite que esse fazendeiro não sabe da sua vida.

— É fácil saber de mim — contrapôs Teresa. — Deodato não se casaria com uma meretriz.

— Vamos fingir.

— Como assim? — Teresa não entendeu.

— Vou alugar uma boa casa, levar alguns criados. Você será uma moça que perdeu os pais muito cedo, o que de fato aconteceu. Foi criada por uma tia que morreu há pouco.

Teresa sentiu insegurança.

— Não sei... ainda acredito que Bento vai encontrar bastante ouro. E vamos viver ricos e felizes.

Raimunda gargalhou.

— Como é estúpida! Por isso combina com meu irmão. A era do ouro acabou, querida. Já passou. Bento não vai voltar rico. Esquece. Case-se com Deodato, garanta seu futuro. Ele é fazendeiro, tem terras. Isso é que dá dinheiro.

Tudo correu como o planejado. Raimunda alugou uma bela casa, encheu-a de criados. Fez Teresa parecer ser moça de boa família. Indo contra os anseios do coração, Teresa procurou esquecer o rapaz que tanto amava e nunca mais teve notícias dele. Ela ficou com o coração estilhaçado, contudo, em se tratando de Teresa, logo se recompôs e foi atrás do

---

1 Isso explica a animosidade entre Teresa e Raimunda — personagem já apresentada como Raimundo — quando se encontram em nova encarnação, descrita em *O tempo cuida de tudo*, livro 1 da trilogia O poder do tempo, publicado pelo selo Lúmen, da Boa Nova Editora.

seu objetivo. Seduziu Deodato e conseguiu seu intento: casou-se com ele.

Dois meses depois de casados, quando Deodato planejou nova viagem a Vila Rica, Teresa fez de tudo para ir com ele.

— É uma viagem deveras cansativa.

— Não tem problema, meu amor. Eu sou sua esposa, quero estar ao seu lado, sempre. Prefiro uma viagem cansativa a ficar sozinha na fazenda, sem você.

Deodato era um bom homem e acreditava piamente na esposa. Além do mais, Teresa não gostava de Angelina, a filhinha de Deodato. E odiava viver na fazenda, longe do burburinho da cidade. Estava acostumada com a vida agitada de Vila Rica e viver naquele fim de mundo era-lhe penoso. Mais penoso do que deitar-se com Deodato, por quem não sentia um pingo de atração.

Assim que chegaram a Vila Rica, hospedaram-se numa ótima estalagem. Deodato foi tratar dos negócios e Teresa pretextou visitar uma amiga querida de infância. Era mentira. Precisava encontrar Raimunda, muito mais para ter notícias de Bento do que pagar o que prometera à cortesã.

— Achei que fosse ganhar mais — reclamou Raimunda, ao apanhar o saco de moedas de ouro.

— É o que consegui tirar do cofre — disse Teresa, sincera.

— Seu marido não desconfiou da falta de tanto dinheiro?

— Eu dei duas moedas a um criado para ele mentir e jurar a Deodato que tinha roubado o dinheiro para fugir.

— Não acredito que foi capaz de incriminar um pobre coitado! — As duas riram e Raimunda quis saber: — O que Deodato fez?

— Acho que mandou dar uma surra no homem. Não sei. Não me interessa. Daqui a um tempo, prometi que vou lhe dar a carta de alforria.

— E vai fazer isso?

— Vou — respondeu Teresa. — Vou, sim.

Antes de se despedirem, Raimunda deu a triste notícia:

— Eu preciso lhe contar...

— O que foi? — Teresa levou a mão ao peito, já pressentindo algo ruim.

— O Bento morreu...

Teresa passou mal. Chorou e desesperou-se. Raimunda a tranquilizou:

— Calma. Foi um acidente. Parece que a mina em que estava tentando encontrar ouro ruiu, algo do tipo. Sinto muito, por você e por mim, que cuidava dele como se fosse mãe.

Teresa a abraçou e, numa tristeza de fazer gosto, falou:

— Eu tinha a esperança de que iria encontrá-lo aqui. Fiz planos, achei que fôssemos nos reencontrar e viver um pouco do nosso amor.

— Sinto muito.

Teresa despediu-se de Raimunda e nunca mais se viram. Triste e desolada, ela voltou à fazenda amuada, sem quase conversar com Deodato.

— O que foi? Não está passando bem? — ele quis saber, enquanto retornavam para casa.

— A carruagem chacoalha bastante. Estou mareada.

— Eu lhe disse que era uma viagem cansativa.

— Fiz isso porque quero estar ao seu lado — Teresa disse, como se estivesse falando com Bento. Uma lágrima escorreu e Deodato, cavalheiro, tirou o lenço da casaca e o ofereceu à esposa.

— Você me comove com tanto amor — confessou ele.

Ela fingiu um sorriso e voltou à sua dor. Não tirava Bento do pensamento.

Um pouco depois dessa viagem, Teresa engravidou. Talvez não passasse pela cabeça dela que o nascimento do filho a transformasse numa criatura um pouquinho mais amorosa. Por ora, ela esqueceu-se de Bento, do amor que por ele sentia, e o transferiu para o filho. Apaixonou-se por Eurico desde que o aninhou nos braços. Aos poucos, foi se apegando ao filho e o relacionamento com Deodato até melhorou.

Foi numa ida à cidade, com o filho a tiracolo, que Teresa quase teve uma síncope. Chegou a passar mal. A criada que a acompanhava nas compras preocupou-se. Correu até uma botica e trouxe sais para a patroa. Teresa tentou se recompor. Olhou para Eurico, então com dois aninhos, e o abraçou.

— Mamãe está bem, querido. Foi só o calor — ela disse, enquanto abanava-se com um leque e mordiscava os lábios, tentando controlar o ódio.

Teresa tinha acabado de descer da charrete. Queria passar na igreja e acender uma vela para a alma de Bento. Não era católica praticante, mas ir à igreja e acender uma vela para o seu grande amor lhe fazia bem.

Ela apertou os olhos e confirmou quem era. O peito se trancou e ela quase desfaleceu. Depois de cheirar os sais, entregou o filho para a criada e saiu, meio trôpega. Aproximou-se do casal e tocou nas costas do cavalheiro.

— Bento! — ela exclamou quase num sussurro.

Ele espantou-se. No entanto, se recompôs. Tinha sido muito apaixonado por Teresa, e reencontrá-la não lhe fez bem. Lembrou-se das palavras da irmã, ainda vivas na mente:

— Ela se casou com um fazendeiro do Rio. Disse que nunca o amou de verdade. Que você era um pé-rapado, que jamais poderia lhe oferecer a vida com a qual ela tanto sonhou...

Bento mal havia chegado à cidade quando Raimunda lhe trouxera a notícia. Ela infernizara o irmão com todo o tipo de mentiras. Tinha inventado barbaridades que Teresa jamais diria a respeito dele. Raimunda chegara ao ponto de pagar uma cortesã, que se passara por "grande amiga", para confirmar as mentiras.

Ele havia encontrado ouro e voltara para Vila Rica crente de que se casaria com Teresa e viveriam felizes. Afinal, Bento juntara uma pequena fortuna. As mentiras de Raimunda causaram um estrago emocional em Bento. Ele tornou-se um homem frio e nunca mais se apaixonou. Vivia cercado de mulheres, mas sem jamais pensar em casamento. E, quando se lembrava de Teresa, sentia raiva. Fazia de tudo para esquecer a mulher que tanto amara.

Bento a cumprimentou com uma frieza sem igual.

— Como vai, dona Teresa? Essa é minha irmã, não sei se a senhora se recorda dela.

Raimunda abriu um sorriso enorme.

— Teresa! Que prazer reencontrá-la.

Teresa mordeu os lábios com tanta força que sentiu o gosto amargo de sangue. Fuzilou Raimunda.

— Que surpresa encontrá-los aqui. Bento, pensei que você...

Raimunda a cortou:

— Lembre-se do que lhe contei, meu irmão. Eu queimei a carta que ela pediu para eu lhe entregar tão somente para suavizar as barbaridades que escreveu.

— Que carta? — Teresa estava quase convencida de que escrevera uma carta a Bento, tamanha a veracidade que Raimunda impusera à fala.

— A que você pediu para eu entregar para meu irmão assim que decidiu se casar com o fazendeiro. Pensa que eu não tenho coração, Teresa? Eu amo meu irmão. Ainda bem que eu li! Você é uma mulher sem coração.

— Podemos ir, minha irmã? — pediu Bento. — Não sei por que estamos de conversa com essa... senhora.

Nisso, a criada aproximou-se com Eurico. Ele estava choroso e queria o colo da mãe. Teresa o aninhou nos braços.

Bento sentiu uma pontada no coração.

*Podia ser meu filho. Quer dizer, nosso filho*, pensou; contudo, disse:

— Vamos, Raimunda.

— Espere, precisamos conversar — pediu Teresa.

— Conversar o quê? Quer espezinhar ainda mais o coração do meu amado irmão? Já não chega a dor que nos causou?

Os dois viraram as costas para Teresa. Ela sentiu-se impotente. Abraçou-se ao filho, que ainda chorava.

— Calma, meu filho. Mamãe está aqui.

Anos depois, numa conversa com uma amiga dos tempos de Vila Rica, soube que Raimunda tentara chantagear um homem casado. A mulher dele, avessa a fuxicos e escândalos, passara-se por amiga da cortesã e a envenenara. A morte de Raimunda fora considerada acidente, visto que o marido era influente na cidade e amigo do desembargador.

Com a morte de Raimunda, Bento havia vendido tudo o que tinham e se mudado para Ilhéus. Nunca mais Teresa tivera notícias daquele que um dia havia sido o seu grande e verdadeiro amor. Ela também não tinha ido atrás para saber dele. Afinal, Bento não acreditara nela, mas na irmã maldosa.

Teresa abriu os olhos e espantou aqueles pensamentos com a mão. Não perdoara Raimunda, nem mesmo depois de saber que tinha sido envenenada.

— Bem feito! Torço para que tenha demorado a morrer. Ela acabou com a minha felicidade — ela murmurou, enquanto o marido era velado à sua frente. — Espero que Raimunda esteja purgando no inferno.

Entretanto, pensando melhor, a morte de Deodato não era ruim. Teresa finalmente poderia se mudar da fazenda — lugar que ela odiava — e pensar numa nova vida. Era uma mulher madura mas bem-cuidada. Continuava bonita, ainda chamava a atenção dos homens. Ela esqueceu-se de Raimunda, de Bento, do passado. Esboçou um sorriso.

*Tive experiência com muitos homens, mas amei apenas um. E ele não acreditou em mim, no meu amor. Preferiu acreditar naquela vadia da irmã. Isso não mais importa. Fiquei viúva e rica. Quero ficar mais rica. Tanta coisa ainda pode acontecer...*

O fluxo de pensamentos foi interrompido por Bernarda. Ela se aproximou e sentou-se ao seu lado.

— Estou triste com a morte do meu sogro.

— Do meu marido, você quis dizer.

— É. — Bernarda deu uma risadinha sem graça. — Seu marido. Mas eu sou casada com o filho dele. Então...

— Bernarda, não estou passando muito bem. Poupe-me da conversa fiada.

Bernarda conhecia o gênio da sogra. Mudou de assunto.

— E agora?

— Agora o quê, Bernarda?

— Como vai ficar a partilha dos bens? Já pensou nisso?

Teresa revirou os olhos.

— Agora não é o momento para pensar nesse assunto.

— Eu sei, mas uma hora teremos de pensar e...

Teresa levantou-se e se afastou. Caminhou até a mesa onde estava o corpo do marido. Permaneceu um bom tempo pensativa, lembrando-se de quando conhecera Deodato, a maneira como planejara ser uma mulher de sociedade para fisgá-lo.

Eurico veio por trás e a abraçou.

— Como está, mãe?

Ela o abraçou com força. Como amava o filho!

— Nada bem, mas fazer o quê?

Eles se abraçaram e Cleonice aproximou-se. Abraçou-se a Eurico.

— Gostava muito dele, papai.

— Eu sei. Ele também a adorava, querida.

Beijou-lhe a testa, provocando ciúme em Antonieta. Ela se levantou e chegou até eles. Empurrou Cleonice e grudou-se ao pai.

— Está muito triste, papai?
— Claro. Mas tenho vocês aqui comigo. Isso me conforta.
Antonieta virou o rosto para Cleonice e mexeu os lábios, como se falasse: "Ele é o *meu* pai". Cleonice deu de ombros. Retrucou, também mexendo os lábios: "Boba". E ficou consolando a avó.

# CAPÍTULO 8

Enquanto Deodato era velado, Estelinha passou pelo corredor comprido e entrou no último quarto. Havia apenas uma vela acesa, mantendo a penumbra no ambiente. Ela se aproximou e Angelina estava deitada, olhos fechados. Sentou-se na beirada da cama. Angelina abriu os olhos e sorriu.

— Que bom ver você.

— Eu também fico feliz, tia. Quer dizer, num momento triste desses... não estou feliz, é que...

Angelina ergueu o corpo e ajeitou as costas nos travesseiros. Fez um sinal negativo com a cabeça.

— Não precisa se explicar, minha querida. Entendo o que quis dizer.

Ela olhou ao redor do cômodo e quis saber:

— Onde está Claudete?

— Ficou cuidando das coisas lá na chácara.

— Sinto muito pela morte do vovô.

— Obrigada. — Angelina a abraçou emocionada. — Sei que a morte é apenas uma passagem. Mas estou triste. Amava meu pai.

— Sei disso, tia. Aliás, todos sabemos... — Estelinha estava intrigada.

— O que foi, meu bem?

— Nada, tia... Bem, eu gostaria de saber por que disse que a morte é apenas uma passagem. Como assim?

Angelina sorriu.

— Não acredito que uma pessoa morra e que tudo acabe. Tenho a convicção de que a vida continua depois da morte do corpo. A alma sobrevive.

— Nunca tinha pensado na morte dessa maneira.

— Poderemos conversar mais sobre esse assunto, caso queira.

— E como, titia! Eu adoraria entender um monte de coisas. — Fez um gesto gracioso com a mão.

— Pois é, Estelinha. O conhecimento nos liberta, sabe? Quanto mais conhecimento tiver, melhor será sua vida. Tenho aprendido muito com a Dalva, a Ana, o Jacinto. Eles têm uma outra visão acerca da morte. Creem na reencarnação.

— O que é isso?

— Reencarnação? — Estelinha fez que sim com a cabeça. Angelina prosseguiu: — Imagine que, depois da sua morte, poderá passar um tempo num lugar em que poderá refletir sobre tudo o que viveu. Depois de compreender quanto amou, sofreu, repensar atitudes, comportamentos, terá condições de escolher como retornar a este mundo, ou seja, reencarnar é o mesmo que voltar à vida em outro corpo, num outro tempo, geralmente rodeada de pessoas conhecidas, e inúmeras vezes.

Estelinha ficou pensativa por instantes.

— Interessante. No catolicismo, seria o mesmo que pensar na ressurreição dos corpos no Dia do Juízo Final?

— Sim. Mais ou menos isso. Imagine que, de certa forma, pensar assim aquece o nosso coração.

— Como?

— Ora, Estelinha, é só olhar para a nossa vida. Por que eu e você nascemos brancas, com boas condições? Por que outros nascem negros e são escravizados? Por que uns nascem doentes e morrem logo bebezinhos? São tantos porquês! Sabe — Angelina pousou sua mão sobre a da sobrinha —, há muito para aprendermos acerca da vida e da morte e, acima de tudo, entendermos de fato o porquê de estarmos aqui, vivendo dia após dia, experienciando sentimentos e sensações diversas.

— A senhora acha que os meus sonhos, então... são encontros com os espíritos de minha mãe e da minha avó Corina?

Angelina fez que sim com a cabeça.

— Acredito que uma das maneiras de os "mortos" entrarem em contato conosco seja por meio dos sonhos. Dalva, assim como Rosana, esposa do Alberto, afirmam que há outros sinais, mas ainda tenho muito o que aprender, assimilar.

— Tia, eu queria saber mais.

— Vai saber, no tempo certo. Agora, gostaria que me ajudasse a trocar de roupa. Quero me despedir de meu pai — disse, voz embargada.

Estelinha fez que sim com a cabeça. Queria dizer algo para confortar a tia, mas nada vinha à mente. Em silêncio, ajudou Angelina a se trocar. Em seguida, de mãos dadas, caminharam até a sala em que o corpo de Deodato era velado.

Passado um mês da morte de Deodato, Teresa reuniu-se com o filho. Bernarda veio acompanhá-lo, o que causou certa irritação em Teresa. Depois de acomodados na biblioteca, Teresa tomou a palavra:

— Precisamos acertar a partilha dos bens deixados pelo seu pai.

— Eu acho que devemos fazer isso o mais rápido possível — tornou Bernarda, ofegante. — Creio que devemos manter metade para você e metade para Eurico.

Teresa ia pedir para ela calar a boca, mas gostou do que Bernarda dissera.

— Como ficaria Angelina? — indagou, interessada em saber o que Eurico tinha em mente.

Ele pigarreou e manifestou-se:

— Bem, conversando com Bernarda, percebemos que Angelina já é dona de um bom punhado de terras. A fazenda onde moro é dela...

— Mas — interrompeu Bernarda —, diga-se, Angelina é viúva, não tem filhos. Obviamente, tudo o que é dela um dia será nosso, quer dizer, irá para as mãos de Eurico, seu único herdeiro. Por isso, creio que poderíamos ter uma conversa com ela para que abrisse mão de sua parte nesta fazenda em prol dos sobrinhos, por exemplo.

— A ideia é muito boa — concordou Teresa —, contudo, não acredito que Angelina abra mão de sua parte na herança assim, sem mais nem menos. — Ela notou que Eurico estava pensativo e indagou: — Meu filho, em que está pensando?

— Eu gosto muito da minha irmã. Não gostaria de prejudicá-la.

Bernarda revirou os olhos. Sabia que o marido tinha o coração mole. Teresa, por sua vez, conhecia bem o filho. Sabia que ele não gostaria de prejudicar a irmã. E ela não queria, de forma alguma, magoar ou decepcioná-lo. Preferia até perder um pouco de dinheiro a brigar com Eurico. Ela o amava acima de tudo.

Era evidente que Teresa adoraria passar a perna em Angelina e ficar com a parte dela da herança. Teresa tinha paixão por dinheiro. Mesmo que Angelina herdasse a parte que lhe coubesse, Teresa ficaria bem de vida. No entanto, ela não queria tão somente ficar bem de vida; queria muito, mas muito mais. Pensando melhor, enquanto olhava para o rosto de Eurico, percebeu que ficar com a parte de Angelina não a deixaria muito mais rica. Não. A bem da verdade, Teresa já sabia como aumentar seu patrimônio. Soubera por meio de uma de suas amigas da Corte que um nobre de origem árabe, extremamente rico, viera com a família na comitiva da família real e estava desolado por ter perdido a esposa.

*Acabei de ficar viúva. Um nobre recém-viúvo, desolado... Talvez casando-me com um nobre eu não precise lutar nem me desgastar por um pedaço de terra que Deodato me deixou. Além do mais, não quero aborrecer meu filho,* pensou Teresa, mas disse:

— Eurico, meu filho, qual é o seu real desejo?

— Mãe, eu quero que Angelina fique com a parte dela. Afinal, quando ela se for desta para melhor, herdaremos tudo. Todas as terras ficarão para mim.

— Então está feito. O seu desejo é o meu desejo. Fim.

Bernarda queria explodir de raiva. Pensou que Teresa fosse apoiá-la, mas lhe dera corda para, no final, concordar com o filho e dele ganhar mais admiração.

— Eu acho...

Teresa a interrompeu com certo rancor na voz:

— Você não acha nada, minha querida. Não é de nossa família. É apenas a esposa do meu filho, mais nada. Ponha-se no seu lugar.

— Ora! — Bernarda deu um salto da cadeira, irritada.

Eurico interveio:

— Calma, Bernarda, controle-se. Não é momento de tremeliques.

Ela enrubesceu. Saiu da biblioteca num pulo. Eurico tentou ir atrás dela, mas Teresa o manteve ali.

— Deixe ela respirar um pouco de ar puro. Sua esposa tem doença dos nervos, o que fazer...

— Doença dos nervos? Como assim, mamãe?

— Ela está sempre irritada, nunca sabemos como anda o humor dela.

— É verdade. Bernarda às vezes me cansa.

Ela o abraçou e o beijou na testa.

— Se ela o cansar de fato, saiba que estou aqui. Sou sua mãe e sempre vou acatar tudo o que desejar fazer.

— Obrigado, mamãe.

Teresa riu por dentro. Bernarda jamais a tiraria do lugar em que Eurico a colocara, isto é, num pedestal. E por toda a vida Teresa faria de tudo para permanecer nesse pedestal.

# CAPÍTULO 9

Certo dia, Teresa apareceu na casa de Eurico. Uma criada a recebeu e a convidou para se sentar.

— Deseja algo?

— Uma água, sim?

A criada saiu e ela notou um vulto passar rápido por entre os móveis. Esticou o pescoço e percebeu que era um dos criados de dentro da casa. Era um rapaz bonito, apenas de calças, sem camisa. Ao vê-lo, Teresa imediatamente lembrou-se de Bento. Suspirou emocionada. Por mais que tentasse esquecê-lo, não conseguia. E a raiva que sentia de Raimunda, por outro lado, permanecia viva. Logo os pensamentos foram cortados com a entrada de Estelinha e Cleonice. Antonieta vinha mais atrás.

Ela esticou o braço para a frente. As meninas aproximaram-se e beijaram sua mão. As três se sentaram no mesmo sofá. Teresa sorriu e disse:

— Vim avisá-las de que comprei uma casa espaçosa e vou me mudar para a capital. Vocês virão comigo.

Estelinha e Cleonice se entreolharam, surpresas. Antonieta abriu largo sorriso.

— O que mais quero, vovó, é me mudar daqui. Não aguento mais este fim de mundo. Elas têm de ir junto? — quis saber, olhando para Estelinha e Cleonice com desdém.

Bernarda entrou na sala nesse momento. Fez uma negativa com a cabeça.

— Antonieta não vai a lugar nenhum.

Todas a encararam surpresas. Teresa quis saber:

— E as outras?

Bernarda deu de ombros.

— Estelinha e Cleonice não são minhas filhas. O pai é quem decide. Mas, como você é a avó delas, pode tomar a decisão que quiser. Se quiser levá-las para a Corte, que as leve. Para mim, não faz diferença alguma.

— Eu também quero ir, mamãe — protestou Antonieta.

— Não.

— Na capital — interveio Teresa —, Antonieta terá melhores chances de encontrar um excelente pretendente. Como acha que vai arrumar um marido rico para sua filha mantendo-a aqui, presa neste... fim de mundo?

— Porque ela é minha filha e...

— Sua filha? — zombou Teresa. — Não. Antonieta é filha de Eurico, é minha neta. Nós decidimos o que é melhor para ela. Você apenas a pôs no mundo. Limite-se, portanto, à sua insignificância.

Bernarda sentiu o sangue subir pelas faces.

— Como ousa?

— Como ouso o quê? — inquiriu Teresa. — Elas são minhas netas. Quero que recebam boa educação e possam se tornar excelentes partidos. Ainda mais agora que a Corte se estabeleceu. Tem ideia da quantidade de moças casadoiras que infestou a cidade? O Rio de Janeiro não é mais aquela cidadezinha pacata que você estava acostumada a frequentar.

— Sim, mas...

Teresa a cortou, seca:

— Bernarda, você cuida da casa e dos criados. Eu cuido da educação e do futuro das meninas. E, mesmo que não goste ou não queira, não me importo. Quer que eu peça para chamar Eurico? Podemos resolver isso de maneira bem rápida.

— Antes ele passava horas na biblioteca e odiava ser interrompido. Agora está de olho em um lote de terras. Vai quase todos os dias lá, na tentativa de convencer o proprietário a lhe dar um desconto. Como vê, não posso chamar meu marido, porque ele não está em casa! — Bernarda disse sentindo-se vitoriosa.

Teresa riu por dentro. Sabia o que o filho fazia quando não estava em casa. Respirou fundo e tornou:

— Você é quem sabe. Só quero que pense no melhor para as meninas. Enfim...

Desde a conversa sobre a partilha dos bens de Deodato, Bernarda percebera que Eurico se afastara um pouco dela. Estava mais frio, monossilábico. De fato, Eurico estava mesmo se afastando da esposa. Cansara-se de Bernarda. Mantinha o casamento porque lhe era conveniente. Com a diminuição das idas à cidade, ele não frequentava mais os bordéis. Tinha como lema não se deitar com suas criadas. Estava enlouquecendo. Passava o dia trancado na biblioteca e, todos os dias, aliviava-se sonhando estar com outras mulheres.

Um dia, um amigo que viera visitá-lo trouxera a boa nova: uma taverna fora inaugurada a algumas léguas da fazenda.

Eurico tinha chegado a lamber os lábios. Passara a ficar menos tempo na biblioteca e inventara uma história para contar à esposa, sobre o interesse de comprar terras que ficavam ali perto. Convencera Bernarda de que o proprietário era duro na queda.

— Por que quer tanto essas terras? — ela quis saber, desconfiada.

Eurico, conhecendo bem a esposa, alegrou-se:

— Porque as terras dele são tão férteis quanto as nossas e com um diferencial: há duas nascentes. Com o tempo, poderemos duplicar o nosso patrimônio.

Os olhos de Bernarda brilharam, emocionados. Depois dessa conversa, nunca mais questionou as saídas do marido. E Eurico passava tardes e tardes se refastelando com raparigas de fino trato.Era ali, nesse lugar, que ele dava largas ao prazer. Com o tempo, tornou-se até mais carinhoso com a esposa.

Bernarda, por seu turno, tinha medo de ficar sozinha ou, pior, de ficar pobre, passar necessidade. Tinha horror à pobreza. Preferia conviver com a indiferença do marido. O filho passava o dia todo nas plantações e eles mal se viam.

É bom salientar que ela não ligava para Estelinha ou Cleonice, muito pelo contrário. Sempre sonhara com a possibilidade de elas saírem dali o quanto antes, casando-se ou sendo jogadas num convento. Entretanto, ela tinha apreço pela filha. Antonieta era sua bonequinha. Seria difícil ficar sem ela. Além do mais, como pensava em casar o filho com Dinorá, pensava em casar Antonieta com Sérgio, o irmão de Dinorá, filhos do barão de Canoas.

Enquanto a mente rodava a mil nos pensamentos, Teresa levantou-se e disse, voz firme:

— Depois de amanhã, estejam as três com as malas prontas.

Ela esticou o braço e as meninas beijaram sua mão, animadíssimas. Assim que Teresa se foi, Estelinha e Cleonice vibraram de felicidade.

— Vamos morar na cidade! — festejou Cleonice.

— Não via a hora de ir embora daqui — confessou Estelinha.

Bernarda sentiu raiva.

— Ora, ora, então estão felizes porque vão embora? Depois de tudo o que fiz por vocês? Fiz o sacrifício de me casar com um homem que tinha duas filhas. Eu me tornei mãe de vocês. Sempre as tratei muito bem. E agora viram as costas para mim assim, sem mais nem menos?

— Não se trata disso — tornou Estelinha. — A senhora sempre foi boa para nós — mentiu —, mas não somos suas filhas.

— Além do mais — comentou Cleonice —, estamos em idade para casar. Como vamos ser apresentadas a bons pretendentes se moramos tão longe da civilização?

— Ah, então moram longe da civilização? Que absurdo! — protestou Bernarda.

— Deixe elas, mamãe — pediu Antonieta. — São duas ingratas, isso sim. Nunca lhe deram valor. Deixe-as ir.

— Infelizmente, você virá com a gente — disse Cleonice, mesmo a contragosto, apenas para irritá-la.

— Vou pedir um quarto só para mim — determinou Antonieta. — Se tenho um quarto só meu na fazenda, também vou ter um só para mim na cidade. Não quero dormir com vocês. Jamais!

Cleonice mostrou-lhe a língua.

— Melhor assim. Eu também não quero você por perto. Boba.

Ela falou isso e disparou pela sala, puxando Estelinha pela mão. Antonieta, chorosa, quis saber:

— Por que elas não gostam de mim? É inveja, não é, mamãe?

— Sim. Você é belíssima! Elas puxaram a mãe delas, pobrezinhas. Não são tão refinadas. Além do mais, você é a preferida do papai. Sempre foi.

— Eu sei que a senhora é contra, mas eu gostaria de viver na capital. Quem sabe arrumar um bom partido.

— Eu já tenho um para você, meu bem. Mamãe já pensou em tudo.

— É? — alegrou-se Antonieta. — Quem é?

— O filho do barão de Canoas. Você será uma baronesa!

— Se eu ficar na cidade, será mais fácil eu ser apresentada a ele, não acha?

Bernarda ia dizer que sim, mas ficou quieta. Se a filha fosse embora, o que faria? Ela era apegada à filha. Antonieta era, na verdade, a princesinha dela. Sabia, obviamente, que as chances de promover um encontro entre Antonieta e o filho do barão de Canoas eram bem maiores se a menina estivesse vivendo na Corte.

Enquanto Bernarda perdia-se em pensamentos conflitantes, Antonieta aninhou-se nos braços dela e mordiscou os lábios. Adorava a mãe, mas queria porque queria mudar-se para a capital. Tinha certeza de que poderia viver livre e fazer o que bem entendesse de sua vida. Esse era o seu sonho. Ela até pensava em se casar, mas queria experimentar a vida.

Ninguém poderia imaginar, mas, por trás do rostinho angelical, Antonieta tinha sentimentos bem diferentes dos das mocinhas de sua época. Ela acreditava que, na capital, conseguiria realizar os seus desejos mais íntimos.

Fazia pouco mais de três meses desde que as meninas tinham se mudado para a Corte. Teresa havia feito amizades que ela julgava serem importantes. Conhecera um punhado de baronesas, algumas condessas e, por meio de uma delas, soubera que um tal nobre de origem árabe havia ganhado o título de marquês de Ouro Belo. Isso a excitou sobremaneira.

*Tornar-me marquesa! É muito mais do que sonhei. Casando-me com esse nobre, poderei até me aproximar da família real...*

Diante de seus devaneios, passou a traçar planos e mais planos de como faria para conhecê-lo. Quando soube que ele tinha dois filhos com idade para se casarem, já pensou em Antonieta.

*Ela é linda e tem se mostrado mais sociável. Cleonice e Estelinha não possuem características suficientes para atraírem um bom partido. Vou conversar com Antonieta, saber um pouco de seus sonhos*, pensou Teresa. E chamou uma das criadas.

— Traga Antonieta até meus aposentos. Necessito falar-lhe urgentemente.

— Sinto muito, senhora. A senhorita Antonieta não está.

Teresa achou estranho. Naquele dia específico não havia aula. Sabia que as meninas passavam a maior parte do tempo no pátio ou nos quartos. Pediu para chamá-las.

— Sim, dona Teresa.

A criada saiu para chamar as meninas. Estelinha e Cleonice dividiam o mesmo quarto. Por ser a preferida de Teresa, Antonieta ganhara um quarto só para ela. A bem da verdade, Antonieta tinha regalias que as outras não possuíam. Por exemplo, ela podia sair com uma das criadas e passear pela cidade. Estelinha e Cleonice eram proibidas de saírem sozinhas. Elas já estavam acostumadas com essa diferença no tratamento.

Enquanto Teresa conversava com a criada, Estelinha, folheando um livro de gravuras, perguntou a Cleonice:

— Hoje não temos aula com madame Marocas Dubois. Notou que Antonieta não está em seu quarto?

— Notei. Mas ela faz o que bem entende. Não dá satisfações. A vovó a trata de maneira bem diferente.

— Sempre foi assim. Desde que ela nasceu. Talvez porque papai goste muito dela, vai saber.

— Papai não gosta de nós. Prefere essa doidivanas.

— Ele até gosta, Cleonice, contudo, morre de amores por ela.

— Antonieta não presta, Estelinha. Viu que tem saído escondida? Percebe que ela sempre arruma uma desculpa durante a aula e sai?

— Antonieta gosta da vida em sociedade.

— Você não percebe, não é?

— O quê? — Estelinha não estava entendendo as insinuações de Cleonice.

— Antonieta quer flertar com os rapazes.

— Acredita mesmo nisso?

— Claro. Conheço o tipo. Ela é assanhada.

— É uma acusação grave, Cleonice.

— Você é muito boazinha. Creio que o convívio com tia Angelina a deixou assim, meio mole. Antonieta não vale o que come.

— Vocês sempre se deram mal.

— Não é isso. Não sei explicar. Desde que ela nasceu... nunca me senti bem ao lado dela.

— Posso lhe perguntar algo de foro íntimo?

— Claro.

— Você sente saudades da mamãe?

Cleonice mordiscou os lábios, pensativa.

— Eu tinha apenas um ano quando mamãe morreu. Não tenho lembranças. Se não fosse seu retrato na parede de casa, nunca teria uma imagem dela na cabeça. Por que me pergunta?

— Tenho sonhado com ela.

— Com a nossa mãe?

— Sim.

— Se eu não tenho lembranças dela, como pode saber que se trata da nossa mãe? Ela morreu logo depois que você nasceu.

— Não sei explicar, Cleonice.

— Já ouvi de alguns criados, como o Sebastião e a Nete, que, se os mortos aparecem em sonhos, é porque querem nos alertar, nos preparar para situações desagradáveis que estão por vir.

Estelinha meneou a cabeça de forma negativa.

— Imagine! Acreditar nessa gente tosca?

— Por que tem tanto preconceito contra os criados?

— Não sei — Estelinha deu de ombros —, acho que eles são inferiores.

— Em quê? — quis saber Cleonice.

— Ora, não sei. Não gosto de me misturar.

— Nem Antonieta trata os criados tão mal.

Estelinha remexeu-se na cama. Não gostava de ser comparada a Antonieta em nada. Irritou-se.

— Muito me admira você tocar no nome dela.

— Só estou lhe dizendo que, às vezes, trata mal as pessoas. Até com madame Dubois você tem sido um tanto fria.

— Porque ela pertence a um nível social diferente do nosso.

— Está parecendo a vovó.

Estelinha levantou-se da cama, nervosa.

— Imagine! Eu?! Igual a dona Teresa?

— Precisa pensar de maneira diferente. Não custa nada tratar bem os outros.

— Olha quem fala! — exasperou-se Estelinha. — Você também é arrogante.

Cleonice assentiu.

— Posso ser arrogante, mas não sou preconceituosa.

A criada bateu na porta e entrou. As duas pararam de falar.

— Dona Teresa pediu para irem aos aposentos dela — a moça disse, saindo em seguida.

— Hum, o que será que ela quer com a gente?

— Ora, Estelinha, ela vai querer saber de Antonieta.

— Não reparei quando saiu.

— Eu também não. Mas vovó não precisa desse detalhe.

— O que você vai fazer, Cleonice?

— Nada de mais. Vamos.

Elas se ajeitaram, lavaram o rosto, perfumaram-se com uma água de cheiro e caminharam até os aposentos de Teresa, no fim do corredor.

Assim que entraram, num primeiro momento, Teresa as mediu de cima a baixo. Estava matutando um jeito de ver qual delas poderia ter atributos para chamar a atenção de um belíssimo partido.

*É. Cleonice não é a beleza encarnada, mas leva mais jeito, é refinada. Estelinha é muito magrinha, sem atrativos. Talvez o convento seja o destino de Estelinha. Veremos*, pensou Teresa, mas quis saber:

— Onde está Antonieta?

Estelinha deu de ombros.

— Não a vi. Ela mal nos deixa chegar perto da porta do quarto dela — respondeu Estelinha, sem interesse.

— E você, Cleonice, não tem nada a dizer?

Cleonice estudou os gestos e a maneira dramática com que falaria com a avó.

— A senhora bem sabe que eu não gosto de mentiras. Devo lhe contar a verdade.

— É claro! O que está sabendo, Cleonice? Não minta para mim.

— Antonieta saiu faz mais de duas horas. Disse que ia dar uma volta pelos arredores do Paço Real[1].

Teresa sentiu certa irritação.

— Por que não me avisou?

— Ora, vovó, como iria saber? — disse Cleonice numa voz melíflua. — Além do mais — mentiu —, ela saiu toda bem-arrumada. A senhora bem sabe que Antonieta não gosta muito de receber ordens. Enfim...

Teresa as dispensou e mordiscou os lábios, nervosa. Indagou para si:

— Onde é que essa menina se meteu?

Enquanto caminhavam de volta para o quarto, uma criada esbarrou em Estelinha. Ela afastou-se e gritou:

— Não encoste em mim!

— Desculpe, senhorita.

1 Atualmente conhecido como Paço Imperial, foi a primeira residência da família real, entre 1808 e 1822.

— Por que tanta raiva, Estelinha? — indagou Cleonice.

— Não sei... — ela enervou-se. E mudou de assunto: — Por que mentiu para dona Teresa?

Cleonice deu de ombros e sorriu.

— Porque sim. Porque não gosto de Antonieta. Porque eu me alegro com o sofrimento dela. Porque...

# CAPÍTULO 10

Já não era de agora que Antonieta dava suas escapadelas. Sem a avó saber, visto que Teresa preocupava-se muito mais em arrumar a casa para receber amigas e descobrir uma maneira de aproximar-se do marquês de Ouro Belo, ela se arrumava com aprumo e saía sozinha, algo um tanto incomum para a época.

Teresa havia adquirido uma casa próximo ao Paço Real. Como era a residência da família real, o entorno era bastante movimentado, o que permitia a Antonieta misturar-se entre os transeuntes. Ocorre que ela, por conta de experiências de outras vidas, tinha uma sexualidade um tanto exacerbada. Desde que as regras tinham vindo, havia dois anos, ela tinha desejos sexuais inconfessáveis. Na fazenda, já tinha "brincado" com dois criados de dentro da casa. Tais brincadeiras serviram de combustível para aumentar o desejo. Todavia, morando na cidade, sentia-se livre para novas aventuras.

Nessa tarde, enquanto caminhava livre, leve e solta, foi abordada por um belo rapaz. Ele tirou o chapéu e se apresentou. Era distinto. Chamava-se Abdul.

— Prazer. Tem um nome diferente.

— Sou descendente de árabes.

— Encantada! — Ela esticou a mão e ele a beijou com delicadeza, causando-lhe um frêmito de emoção.— Chamo-me Antonieta.

— Belo nome. Combina com esse belo rosto, com essa bela dama.

Antonieta enrubesceu. De soslaio, mediu o rapaz de cima a baixo. Abdul era muito bonito, os olhos pareciam duas jabuticabas, combinando com o rosto quadrado e os cabelos pretos. Ele usava um vistoso bigode e tinha lábios carnudos que Antonieta desejou beijar. Ela até sentiu um calor percorrer-lhe as entranhas, entretanto, fez o possível para ele nada perceber.

— O que uma senhorita tão distinta e bonita faz sozinha na rua?

— Vim tomar um pouco de ar fresco. Eu moro aqui perto e minha avó permite que eu saia um pouquinho. Já estou retornando à casa — mentiu.

— Gosta do mar?

— Só aprecio. Gosto do barulho das ondas.

— Podemos brincar nas águas, se desejar.

Antonieta levou a mão à boca.

— Isso é um disparate! Ter contato com essa água salgada, cheia de bichos?

— Que bichos? — Abdul achou graça no jeito de ela falar.

— Ah, peixes... Soube até que nesses mares há tubarões e baleias enormes!

— Não precisa se preocupar — tornou ele, rindo. — Eu já nadei e confesso que o banho de mar é muito bom. E não encontrei esses bichos, apenas alguns peixinhos.

— É mesmo?

— Dom João VI toma banhos regulares na praia do Caju.

— Já ouvi comentários a respeito. Mas ele é excêntrico.

— E daí? A água do mar é tão boa!

— Falando assim, até dá vontade — ela riu-se.

— Vamos dar uma volta? — Antonieta ia retrucar, fazendo charminho, dizendo que estava na hora de voltar para casa etc., mas tinha gostado de Abdul. Estava achando-o muito bonito e muito simpático.

— Por onde? — ela quis saber.

— Por aqui mesmo. Andar um pouquinho pelas ruas. Posso mostrar onde moro. Não é longe daqui. Vamos? — Abdul perguntou e esticou o braço.

Antonieta apoiou-se no braço dele. Enquanto caminhavam, Abdul contava sobre sua origem, sua família, que era filho de marquês. Antonieta estava encantada e seu corpo vibrava a cada contato com aquele corpo forte e viril.

*Nossa, como ele é forte e belo. Além do mais, vovó vai adorar saber que fiz amizade com um dos filhos do marquês de Ouro Belo...*

Antonieta chegou à casa e, ao entrar no quarto, surpreendeu-se com Teresa sentada na beirada da cama.

— Vovó! O que faz aqui?

Teresa estava irritadíssima.

— Onde estava? — perguntou à neta, nervosa.

— Fui dar uma volta aqui pertinho. Caminhei até o Paço.

— Sozinha? Sabe quanto eu não gosto...

Antonieta a cortou de maneira amável:
— Eu ia levar uma das criadas, mas...
Teresa também a cortou, exasperada:
— Não gosto que saia sozinha. Onde já se viu? Você é uma dama. Damas não saem desacompanhadas. Quer manchar a reputação da família? Justo no momento em que estou fazendo de tudo e mais um pouco para arrumar um bom partido para você e suas irmãs?
— De maneira alguma, vovó. Nunca!
— Quantas vezes já saiu sozinha?
— Essa é a primeira vez.
— Não minta para mim, Antonieta.
— É que... — ela começou a gaguejar.
— Bem que Cleonice estava certa. Você tem saído mais vezes, óbvio!
Antonieta sentiu ódio da irmã.
*Ah, Cleonice. Aguarde-me. O seu está guardado. Muito bem guardado.* No entanto, respondeu para Teresa:
— Vovô, Cleonice é cheia de invencionices. Ela não gosta de mim.
— Não me interessa. Ela disse a verdade, não?
— Não é isso... — Antonieta queria matar a irmã e ter uma resposta para que Teresa não a punisse com castigos. Mas estava difícil concatenar o pensamento. A raiva que sentia da irmã estava nublando seu raciocínio.
— Pois bem — tornou Teresa. — Não vai mais sair sozinha. Está de castigo.
— Por quê?
— Cleonice estava certa outra vez. Você mente.
— Eu não minto, vovó. Só saí um pouquinho. Além do mais, tenho uma notícia que, creio, muito vai lhe agradar.
— Não mude de assunto. Vamos tratar do seu castigo.
Antonieta disparou:
— A senhora não quer conhecer o marquês de Ouro Belo?

— O que isso tem a ver com a nossa conversa? Dessa vez, a senhorita não vai me enganar ou confundir...

Antonieta a cortou com amabilidade na voz:

— Nunca faria isso, vovó, o fato é que eu conheci um rapaz. O nome dele é Abdul.

— Ainda me diz isso assim, de cara lavada? Conheceu um rapaz? Desacompanhada?

— Ele é um dos filhos do marquês de Ouro Belo.

Teresa susteve a respiração. Antonieta falara aquilo mesmo? Pediu para a neta repetir.

— O que foi que disse?

— Hoje à tarde, conheci o filho mais novo do marquês de Ouro Belo. O nome dele é Abdul. Quer vir conversar com a senhora e pedir permissão para visitar-me.

Teresa não podia ter escutado notícia melhor. Esqueceu-se das mentiras, do castigo, de tudo. Abraçou Antonieta com efusividade.

— Está falando sério?

— Juro, vovó. Jamais lhe contaria uma mentira.

— Quando esse moço poderá vir aqui?

— Quando eu quiser, vovó. Ele gostou muito de mim. Fez a corte, foi gentil. Creio estar apaixonada — mentiu descaradamente.

— Não sabe quanto estou feliz.

— Faço tudo para que a senhora se sinta feliz, vovó — respondeu Antonieta, já pensando na consideração e estima que Teresa teria por ela a partir desse acontecimento.

— Amanhã mesmo vamos comprar tecidos. Quero lhe fazer um vestido lindo. O mais lindo que já teve.

— Obrigada, vovó.

# CAPÍTULO 11

Assim que deixou o quarto da avó, Antonieta correu até o aposento das irmãs. Encontrou Estelinha sentada na cama, apreciando um livro de gravuras, enquanto Cleonice bordava uma almofada. Ela correu até Cleonice e dela arrancou a almofada.

— Ei! — protestou Cleonice. — O que é isso?

Antonieta pegou uma tesoura sobre a cômoda e picotou a almofada, para espanto e horror de Cleonice.

— O que pensa que está fazendo? Endoidou de vez? — Cleonice arrancou a almofada, ou o que restou dela, das mãos de Antonieta.

A jovem, enfurecida, ameaçou Cleonice com a tesoura.

— A minha vontade é perfurar você todinha — bramiu, voz irritadiça.

— Sei que não gosta de mim, mas tentar me matar?

— Adoraria, sua embusteira.

Estelinha levantou-se e tentou apartar.

— Meninas! O que é isso? Daqui a pouco, com essa gritaria, dona Teresa vem aqui e nos dá um belo castigo.

— Sua irmã não vale nada — desabafou Antonieta.

— Nossa irmã — corrigiu Estelinha.

— Não. Sua irmã! Temos o mesmo pai, apenas isso. Cleonice e você — fez ar de mofa para Estelinha — não são irmãs legítimas. Meu único irmão é o Alfredo.

— Deixe ela, Estelinha — pediu Cleonice. — Graças a Deus, não sofremos dos nervos como ela. Ainda bem que não somos irmãs.

Antonieta riu com desdém.

— Não somos, mesmo. Eu a odeio.

— Olha! Quanta coincidência — zombou Cleonice. — Eu também a odeio. Estamos quites.

— Parem com isso, vocês duas — pediu Estelinha.

— Por que foi tagarelar e dizer para a vovó que saio sozinha?

— Porque é verdade — disse Cleonice. — Sabemos que você sai sozinha e sabe-se lá o que faz.

— Isso não é da sua conta, infeliz.

— Mas pelo menos contei para a vovó e você vai ficar de castigo!

Antonieta riu alto.

— Como você é estúpida, Cleonice. A vovó já me perdoou. Não estou de castigo.

Cleonice fez cara de espanto. Estelinha quis saber:

— Não está de castigo?

Antonieta falou num tom esnobe:

— Não. Eu tenho cartas na manga. Sei manipular a minha avó, diferentemente de vocês duas. Duas bobocas.

Estelinha meneou a cabeça para os lados. Cleonice a fuzilou com os olhos.

— Ainda vou mostrar para a vovó quem você é de verdade.

— É mesmo? — provocou Antonieta. — Então mostre, sua abelhuda.

Cleonice avançou para cima dela e Estelinha meteu-se no meio. Apartou a briga. Antonieta desvencilhou-se de Estelinha.

— Solte-me, sua boba. Fica defendendo a irmãzinha. Vocês vão ver do que sou capaz. — Ao abrir a porta para sair, Antonieta mirou Cleonice: — Aguarde. Você ainda vai receber o troco. Não perde por esperar.

Antonieta saiu e fechou a porta com força. Estelinha aproximou-se de Cleonice.

— Você está bem?

— Sim — ela sorriu. — O fato de irritar Antonieta me faz tremendo bem.

Desde que Antonieta deixara seus aposentos, Teresa não parava de pensar no marquês. *O meu sonho está se transformando em realidade. Não preciso fazer nenhuma amizade com esse bando de alcoviteiras. Assim que conhecer esse rapaz, Abdul, vou organizar um sarau e convidar o marquês. Claro que ele virá! Tenho certeza disso...*

O pensamento foi interrompido pela entrada de uma das criadas.

— Desculpe-me, dona Teresa.

— O que foi?

— A sua nora está na sala.

Teresa arregalou os olhos.

— Bernarda? — A criada fez que sim com a cabeça. — Aqui?

— Sim, senhora. Posso preparar o aposento reservado para hóspedes?

Teresa concordou e pediu que chamasse outra criada.

— Preciso me arrumar. Enquanto isso, ofereça algo para Bernarda. Uma limonada, um licor, o que ela quiser.

— Sim.

A criada deixou o quarto e logo outra entrou. Ajudou Teresa a arrumar-se e vestir-se com aprumo. Queria receber a nora com elegância.

Ao entrar na sala, deparou-se com Bernarda observando os móveis. Ela a cumprimentou:

— Que bons ventos a trazem? Não recebi carta alguma me informando que viria.

— Ora, Teresa. Eu vim ver Antonieta. Não preciso escrever para ver minha filha.

— Mas aqui é a *minha* casa.

— E na sua casa está a *minha* filha.

— Suas filhas — corrigiu Teresa.

— É. — Bernarda deu de ombros. — Como estão?

— Estão bem.

— E minha Antonieta? Vim aqui porque vou levá-la de volta à nossa casa.

Teresa enfureceu-se.

— Nunca! Não vai assim, sem mais nem menos, levar sua filha daqui. Antonieta gosta de viver na civilização.

— Não moramos no fim do mundo. A fazenda é um lugar civilizado — defendeu-se Bernarda.

— Não interessa. Prometi ao meu filho que prepararia Antonieta para arrumar um bom casamento.

— Já está aqui faz três meses.

— Isso não é nada. Ela mal começou a bordar. E seu francês ainda é sofrível. Além do mais, ela também vai receber aulas de boas maneiras.

— Não vai. Vim buscá-la. Partiremos amanhã cedo.

— Por que me trata assim, Bernarda?

— Assim como?

— Sempre fui uma boa sogra. Nunca me intrometi na sua vida de casada.

Era uma grande mentira. Teresa sempre se metera na vida conjugal do filho, ditando normas, dirigindo Eurico. Sempre soubera que ele, desde a puberdade, tinha um fraco pelo sexo. Ela fazia vista grossa, e dava moedas para Eurico gastar com raparigas na cidade.

Por conta disso, Eurico se deixava manipular e acatava os conselhos da mãe. Tinha Teresa muito mais em conta do que o pai. É que Teresa agia de forma tão discreta que Bernarda, por vezes, não percebia quanto a mãe manipulava o filho.

— Não é isso — defendeu-se Bernarda. — Eurico me deu dois filhos. Alfredo é um amor, um filho que vale ouro, mas passa o tempo todo cuidando das terras. Eu mal o vejo. Além do mais, já está em idade de se casar. Daqui a pouco, desposará uma moça de boa família e me deixará. Antonieta é a minha princesa. Sabe quanto sou apegada a ela.

— Pois sei. Sei bem. Ocorre que Antonieta também já está em idade para casar. Precisa arrumar um homem à altura. E eu estou providenciando isso.

— Esse é um dos motivos pelos quais estou aqui.

— Ainda tem a ideia fixa de casar Antonieta com o filho do barão de Canoas? Soube à boca pequena que ele renega o dinheiro do pai e tem a cabeça fraca, quer ter seu próprio dinheiro. Agora me diga: acredita que um médico poderá dar a vida que Antonieta merece?

— Se quer saber, desisti dele, por ora — tornou Bernarda. — Mas a irmã dele está aqui. Estuda com madame Dubois. Quero me aproximar dela e apresentá-la a Alfredo. Se o irmão não quer saber da fortuna do pai, melhor será para quem se casar com a irmã, não acha?

Teresa gargalhou. Bernarda não entendeu.

— O que foi? Por acaso eu disse algo esdrúxulo?

— O bom de viver na Corte é que temos a oportunidade de saber de tudo e de todos que nos rodeiam.

— Não entendi.

Teresa baixou o tom de voz:

— Dizem as boas línguas da Corte que a filha do barão de Canoas não gosta de rapazes.

Bernarda levou a mão à boca, espantada.
— Isso não pode ser! É uma acusação deveras grave.
— Foi o que ouvi. Enfim, não me interessa se é verdade ou mentira, só sei que ela não serve para contrair matrimônio com o nosso Alfredo.
Bernarda irritou-se. Odiava quando Teresa se dirigia a seus filhos como "nossa" Antonieta ou "nosso" Alfredo. Respirou fundo. Não queria brigar com a sogra.
— Eu vim porque Eurico tem um amigo que veio visitá-lo. Estudaram juntos. O rapaz é de Salvador. O pai tem alto cargo no governo real. E a família tem terras que não acabam mais, em Ilhéus.
— São ricos? — quis saber Teresa.
— São.
— Milionários?
— Não sei, Teresa. Parece-me que eles têm uma vida como a nossa. E esse amigo do Eurico, embora com certa idade, ainda está solteiro. Seria um ótimo partido para Antonieta.
Teresa meneou a cabeça para os lados.
— Você pensa pequeno, Bernarda. Bem pequeno.
— Eu? Imagine! Acabei de conhecer um herdeiro de montes de terras, cujo pai trabalha perto do príncipe regente.
— Tenho outros planos para Antonieta.
— Planos?
— Sim, Bernarda, planos. Antonieta é muito bela. As minhas amigas ficam encantadas com tamanha beleza.
Bernarda abriu largo sorriso. Sabia como a filha era linda e causava excelente impressão nas pessoas.
— Nunca duvidei dos dotes físicos da minha Antonieta.
Teresa sorriu.
— Eu vou fazer com que ela se case com o filho de um marquês.
Os olhos de Bernarda se reviraram.
— Como assim? Marquês? Mal conhecemos barões, como apresentar um marquês a Antonieta? Impossível.

— Pois saiba, querida Bernarda, para mim, nada é impossível. Antonieta vai se casar com o filho de um marquês.

Antes de Bernarda abrir a boca e lhe cravar uma série de perguntas, Teresa aproximou-se e lhe confidenciou sobre o encontro entre Antonieta e Abdul, o filho do marquês.Conforme escutava, o rosto de Bernarda se transformava. Se no início do relato mantinha o semblante sério, agora esboçava um belíssimo sorriso.

— Tem certeza do que está me dizendo? — Bernarda mal continha a empolgação.

— Vamos até o quarto de Antonieta. Ela mesma vai lhe dizer tim-tim por tim-tim o que acabei de lhe confidenciar.

Bernarda abriu o leque e passou a se abanar. Era uma notícia ótima, ou melhor, maravilhosa! Até se esqueceu do herdeiro que estava hospedado na fazenda.

# CAPÍTULO 12

Na chácara de Angelina, tudo corria bem. Ela tinha uma vida pacata, contava com o apoio e a dedicação de Claudete e tinha a colaboração e o carinho de Jacinto, Dalva e Ana. Num gesto nobre, alforriara seus poucos escravizados. Era tida por uns como uma doidivanas, excêntrica. Por outros, era considerada uma mulher inteligente, sensível e à frente de seu tempo.

Na época em que ocorriam as festas santas, algumas vezes ao ano, Angelina aproveitava a ocasião e reunia amigos para tratarem de assuntos ligados à espiritualidade e afins. Também aproveitavam para trocar ideias acerca do futuro do

Brasil, visto que, havia pouco tempo, dom João VI e a família tinham desembarcado no Rio de Janeiro.

Dentre os participantes, havia Alberto e Rosana. Alberto era o capataz na fazenda de Angelina, agora entregue aos cuidados de Eurico. Era um homem forte e bem mais velho que Alfredo, mas se davam muito bem. Alfredo o tinha como um pai — tinha mais afinidades com Alberto do que com Eurico — e estava aprendendo a cuidar das terras com seu auxílio. Andavam sempre juntos, o que para Eurico era bom. Ele preferia tratar da venda direta do açúcar e ter tempo para divertir-se à larga em bordéis. Por isso, tinha gosto de ver o filho interessado no trabalho. E, mais ainda, diferentemente de Bernarda, aprovava a amizade entre o filho e Alberto.

Rosana, a esposa de Alberto, cuja meiguice era cativante, tinha sensibilidade acima da média. Os pais haviam morrido cedo e ela fora criada pela avó, exímia benzedeira, conhecidíssima na região. Antes de falecer, a avó transmitira a Rosana todo seu conhecimento acerca de benzimentos e sobre o mundo dos espíritos. Por esse motivo, a presença do casal era de suma importância nas reuniões.

Havia também Sérgio, um rapaz que estudara em Londres e chegara havia pouco à cidade. De família abastada, filho do barão de Canoas, formara-se médico e fora um dos convidados da família real para implementar a faculdade de medicina no Rio. Sérgio tinha uma irmã, Dinorá. Era uma boa moça, cordata, com certa beleza. Algumas línguas venenosas comentavam que Dinorá não gostava de rapazes. A notícia se espalhou porque o filho de uma ricaça da Corte se declarara a Dinorá e ela recusara os galanteios do rapaz. A mãe dele, indignada, havia começado a achincalhar a moça, tecendo comentários maldosos quando se reunia com outras senhoras da Corte.

Apesar dos boatos, diferentemente de Antonieta, Dinorá sentia atração tanto por rapazes quanto por moças. Era algo perturbador para a época, contudo, ela se recusava a se casar. Certa vez, a mãe a flagrara em intimidades com um dos criados. Dinorá tinha enfrentado a mãe e a ameaçado: se ela contasse ao marido o que vira, Dinorá faria coisas bem piores.

Os pais, Yolanda e Evaristo, figuras importantes e em conta com a família real, tinham decidido punir o criado, mas Dinorá os impedira. Em troca da liberdade do criado, ela acataria as ordens deles e passaria uma temporada em Londres, sob a vigilância do irmão. Ocorre que Sérgio estudava bastante e mal tinha tempo de vigiar a irmã. O resultado de uma vida solta em Londres foi desastroso. Dinorá chegara a ser detida por praticar atos indecentes em locais públicos. Graças às excelentes amizades do pai, inclusive com figurões ligados ao rei Jorge III, Dinorá não foi para a prisão, e sim deportada. De volta ao Brasil havia pouco tempo, Dinorá passara a frequentar a Corte e, em comum acordo com os pais, tinha sido aconselhada a se mudar de casa. A fim de evitar boatos, Evaristo comprara uma chácara na freguesia do Catete e construíra uma casa para a filha. Longe da sociedade, Dinorá podia fazer o que bem entendesse de sua vida.

Angelina não se escandalizava com a maneira de Dinorá levar a própria vida. Embora fosse criticada pelo "mau comportamento", era inteligente e perspicaz.

Nessa época, havia muita dificuldade para se conseguir um exemplar do Novo Testamento em língua portuguesa, e, como Sérgio tinha chegado fazia pouco tempo do exterior, trouxera uma bíblia traduzida para o inglês.

A reunião consistia no seguinte: Angelina, Claudete, Alberto, Rosana, Sérgio e Dinorá sentavam-se ao redor da mesa. Faziam uma prece e, na sequência, Sérgio já trazia traduzida para o português a parte do texto para reflexão. Ao fim da leitura, discutiam sobre os valores cristãos e como poderiam aplicá-los no dia a dia.

Geralmente, nessas reuniões, os espíritos de Magda e Corina se aproximavam. Aproveitavam as energias salutares do ambiente e, de vez em quando, transmitiam mensagens edificantes. Rosana e Claudete tinham sensibilidade apurada. Rosana tinha boa audição mediúnica e Claudete percebia quando um espírito estava por perto.

Nessa noite específica, leram o trecho do Sermão da Montanha. Enquanto Sérgio lia o texto já traduzido, Magda comentou com Corina:

— Fico feliz que estejam se reunindo para estudar temas tão importantes para os encarnados.

— Eu também me alegro — ajuntou Corina. — Assim, eles podem transmitir esses valores tão nobres e ter uma vida mais harmônica e feliz.

— Desejo que esses ensinamentos cheguem até minhas meninas.

Corina percebeu certa aflição.

— O que foi?

— Eu me preocupo com Estelinha e Cleonice — tornou Magda. — Estão ao deus-dará. Eurico preocupa-se tão somente em saciar os seus desejos mais íntimos. Bernarda dedica todo seu tempo para arrumar um bom casamento para Antonieta e aumentar o patrimônio da família. Pensei que Teresa pudesse, de alguma forma, ajudar as meninas, mas está mais interessada em casar-se com o marquês.

— Sabemos que Estelinha, Cleonice e Antonieta, em últimas vidas, vêm tentando se acertar. O que eu e você podemos fazer, por agora, é vibrar, orar, pedir que Deus tenha misericórdia delas e as ajude a vencer os obstáculos que impedem a alma de viver em paz.

— Você tem toda razão, Corina. Precisamos nos unir e transmitir bons pensamentos, boas energias para as meninas.

— Não só para elas — observou Corina. — Dinorá também precisa de nossa ajuda.

Magda observou Dinorá. Aos olhos físicos, não havia nada de errado com ela. Sorria e conversava com amabilidade, gestos delicados. Ocorre que sua aura estava com uma coloração nada agradável.

— Ela precisa conter seus impulsos — comentou Corina. — A falta de equilíbrio e de amor-próprio desgasta a mente, adoece o espírito.

— Não podemos dirigir a vida de ninguém. O que podemos fazer é tentar incutir bons pensamentos em Dinorá.

— Façamos isso — decidiu Corina.

Ela e Magda esfregaram as mãos e, em seguida, pousaram-nas sobre a fronte de Dinorá. Aplicaram um passe nela. Dinorá não percebeu a aproximação delas, mas sentiu leve sensação de bem-estar.

Rosana, que tinha sensibilidade apurada, fez a observação:

— Há dois espíritos na sala. São duas mulheres. Acabaram de transmitir algo para Dinorá.

Dinorá arregalou os olhos.

— Será que eu as conheço?

— Creio que não — respondeu Rosana. — Elas estão ligadas afetivamente a Angelina. Uma delas é sua mãe — disse, apontando para Angelina.

Ela fechou os olhos em agradecimento. Esboçou um sorriso e, emocionada, perguntou:

— Rosana, como ela está?

Rosana fechou os olhos. Fez que sim com a cabeça e disse:

— Está muito bem. Sua mãe está na companhia de sua cunhada. O nome dela é Magda.

Uma lágrima escapuliu pelo canto do olho. Angelina estava por demais emocionada.

— Sinto tanta saudade!

— Elas também. Disseram que devemos nos manter ligados aos ensinamentos de Jesus, isto é, amar, compreender e aceitar o próximo. Também pediu que continuemos tratando nossos amigos escravizados com dignidade, respeito e amor, muito amor. Um dia, quem sabe, entenderemos por que motivo a humanidade ainda se comporta de maneira tão distante dos ensinamentos propostos por Jesus Cristo.

Rosana sentiu que os espíritos se afastaram do recinto. Abriu novamente os olhos. Todos ali estavam emocionados, mas sentindo no coração uma alegria e paz indescritíveis.

# CAPÍTULO 13

Abdul não cabia em si, tamanha era a felicidade. Queria dizer a todos que estava apaixonado.

— Você só a viu duas vezes — cortou Raja, a prima que viera com eles para o Brasil.

Raja era da mesma idade que Abdul. Fora criada por tio Samir desde pequena, quando os pais haviam morrido num acidente de barco. Ela era secretamente apaixonada por Abdul, mas tinha vergonha de se declarar a ele. Por esse motivo, sentia raiva quando ele se referia a Antonieta.

— Que eu a visse apenas por meio de uma gravura, Raja. Antonieta é a mulher da minha vida.

— Como pode ter tanta certeza disso?

— Meu coração bate em descompasso só de eu pensar nela.

Raja fechou os olhos para não chorar. Levantou-se e saiu da sala feito um rojão. Esbarrou em Rami, que vinha na direção contrária.

— Cuidado! — ele alertou, mas Raja continuou a passos rápidos até seu quarto. Ele encarou Abdul e quis saber: — O que deu nela?

— Não sei. Nem percebi. — Abdul foi sincero.

— Que cara é essa? Já vi essa cara antes...

Abdul riu.

— Agora é para valer, irmão. Estou apaixonado. Encontrei o amor da minha vida.

— Sério?

— Muito sério.

— Quem é?

— Daqui da Corte. Uma jovem linda e adorável.

— Quando terei a honra de conhecê-la?

— Espero que em breve, meu irmão.

Abdul bateu nas costas do irmão e saiu assobiando, feliz da vida. Samir, o pai deles, adentrou a sala.

— Tudo bem, papai? — perguntou Rami.

— Sim. Estou cansado.

— De quê?

— Das mulheres desta cidade, meu filho. Elas me veem como uma enorme barra de ouro. Querem pegar de qualquer jeito.

Rami riu.

— Não conheço outro marquês viúvo e disponível. E não se trata de qualquer marquês. É o marquês de Ouro Belo.

— Pois sim. Se quer saber, eu gostaria mesmo de encontrar uma bela mulher e com ela me casar. Estou farto de receber tantas indiretas, ser abordado por senhoras que praticamente querem jogar suas filhas em meus braços.

Rami ia falar, mas um criado entrou no recinto e entregou um envelope para o marquês.

— O que é? — quis saber.

— Acabaram de entregar — respondeu o criado.

Samir olhou para o envelope e logo reconheceu o brasão. Abriu-o e leu. Era um convite para um evento com a família real. Ele suspirou e jogou o envelope sobre uma mesinha.

— O que foi, pai? — perguntou Rami.

— Outra festinha da família real.

— O senhor não gosta muito dessas festividades, não?

Samir fez que não com a cabeça.

— Muita futilidade para o meu gosto. Tanta coisa para se fazer neste país! E eles só pensam em festas e banquetes. Estou um tanto cansado disso tudo.

— Precisa se casar, pai.

— E com quem? Como lhe disse, só há interesseiras. Muitas sonham com o título de marquesa. Não vou dar meu nome e meu título para qualquer uma.

— Por isso precisa sair mais. Está muito quieto.

Samir ia responder, mas um criado chegou com novo envelope. Não havia brasão. A curiosidade falou mais alto e Samir o abriu e leu. Ficou pensativo por instantes.

— O que é dessa vez? — inquiriu Rami.

— Um convite. Para um sarau.

— Onde?

— Aí é que está. Não conheço essa senhora. — Samir leu o nome em voz alta: — Teresa Mesquita Magalhães Ribeiro de Sá.

Rami meneou a cabeça para os lados.

— Também não conheço. Se não me engano, esse sobrenome, Ribeiro de Sá, parece que é do dono do engenho de açúcar que fica para os lados de Andaraí Grande[1].

Um sorrisinho se formou no canto do lábio de Samir e ele disse:

— Quer saber? Eu vou a essa reunião.

— E se for outra interesseira?

1 Atual Grajaú, localizado na região da Grande Tijuca, Zona Norte do Rio.

— Na hora verei. O que quero é ir a eventos em que não haja ninguém da família real. Apenas isso.

— Não podemos esquecer que viemos na comitiva que saiu de Lisboa.

— E eles não podem esquecer que gastei muito dinheiro nessa empreitada.

— Tem razão, pai. Por isso ganhou o título de marquês e faz parte da nobreza.

Samir concordou com a cabeça e disse, convicto:

— Vamos todos. Eu, você, seu irmão.

— E Raja?

— Ficará em casa, obviamente. Não a quero circulando por aí.

— Raja não gosta de sair.

— Estive pensando... — disse Samir, reflexivo. — Acho que ela e Abdul se dariam bem, não?

— Como assim? Casar os dois?

— Sim. Formaríamos uma grande família.

— Eles são primos!

— E daí? — Samir deu de ombros. — Não vejo problema. Só não quero que Raja despose qualquer um.

Rami riu e fez que não com a cabeça.

— Se eu fosse o senhor, pensaria em outro para se casar com Raja.

— Como assim?

— Abdul está apaixonado, pai.

— Por quem?

— Não disse o nome. Apenas disse que encontrou o amor de sua vida.

Samir suspirou.

— Tem certeza disso?

— Tenho. Quer que eu o chame?

— Não é necessário. — Samir mudou de assunto. — O sarau será amanhã à noite. Avise seu irmão. Vamos os três.

— Sim, senhor.

# CAPÍTULO 14

Teresa estava impaciente. Queria que as netas, especialmente Antonieta, estivessem vestidas de maneira impecável. Com a ajuda de amigas, conseguira convidar um bom número de pessoas, consideradas importantes, para irem à sua casa.

— Já estão prontas — anunciou a criada.

— Quero que me traga uma a uma. Pode começar por Estelinha.

— Sim, senhora.

Teresa sentou-se numa banqueta defronte a um grande espelho. Mirou sua figura altiva refletida e sorriu.

— Nada mal para uma mulher na minha idade. As plumas ficaram ótimas — disse para si.

Estelinha entrou no quarto. Teresa fez um muxoxo. Não que Estelinha estivesse malvestida, não. É que Teresa sempre implicara com a neta. Achava Estelinha sem-sal, sem tempero, uma garota sem atrativos, muito diferente de Antonieta ou até mesmo de Cleonice, que ela achava até bonitinha. Era mais implicância de Teresa, porque a verdade, de fato, era que Estelinha era uma moça bonita e charmosa. Ela não a via assim. Cravou os olhos na neta, de cima a baixo.

— Até que não ficou mau. Dê uma volta.

Estelinha obedeceu e tropeçou na barra da saia. Quase veio ao chão.

— Cuidado, menina!

— A barra está muito comprida, arrastando-se ao chão.

— Está vestida de acordo com os últimos modelos europeus. Não tenho notícias de moças que tropeçam na barra ou na cauda do vestido. Aprenda a levantar o vestido com a mão, de maneira bem discreta. Será que não aprendeu nada nesses meses? Você não está aprendendo apenas bordado e francês; já teve aulas de boas maneiras. Preciso ter uma conversa séria com madame Dubois.

— Não levo muito jeito para vestir roupas tão sofisticadas. Além do mais, a quantidade de veludo e tafetá está me matando de calor. Está uma noite abafada.

— Use um leque. Abane-se.

— Sim, senhora.

— Agora vá. Quero ver Cleonice.

Estelinha assentiu e logo Cleonice entrou nos aposentos. Teresa gostou do que viu. O penteado estava bem-feito. Algumas fitas coloridas prendiam-se nos cachos castanhos.

— Dê uma volta — ordenou.

Cleonice fez que sim com a cabeça. Rodopiou, não de forma tão elegante como Teresa gostaria, mas não tropeçou.

— Gostei. Agora pode ir.

— Sim, senhora.

Cleonice fez uma mesura e retirou-se. Em seguida, entrou Antonieta, radiante. Teresa levantou-se emocionada.

— Está belíssima!
— Obrigada, vovó.
Ela nem precisou pedir. Antonieta, toda vaidosa, rodopiou com graça e leveza. As plumas nas cores verde e amarela contrastavam com sua pele alva e levemente rosada. Teresa aproximou-se e a beijou na testa.
— Você me surpreendeu. Não tenho reclamação a fazer.
— Estou tão ansiosa, vovó! Desde que o pai de Abdul confirmou presença, ah, estou que não caibo em mim de tão feliz!
— Tenho certeza de que teremos uma noite inesquecível.
— Eu também estou com essa sensação.
As duas se deram as mãos e saíram em direção ao salão já pronto para receber os convidados.

Na casa de Samir, Abdul não se decidia com as gravatas. Já havia atirado um monte delas pelo chão. Seu criado, amedrontado, apanhava uma a uma.
— Nada combina! — esbravejou.
Rami entrou no quarto. Riu com a insegurança do irmão.
— Não consegue se decidir por uma gravata?
— Você é sempre mais rápido do que eu. Já está aí, todo garboso, bem-vestido.
— Questão de prática. Veja você. — Rami aproximou-se e pegou uma gravata da mão do criado. — Esta gravata é perfeita. — Enrolou-a até tocar o queixo de Abdul.
Ficou ótimo. Rami tinha bom gosto e vestia-se com aprumo. Abdul olhou para sua imagem refletida no espelho. Gostou do que viu.
— Acha que vou impressionar a jovem por quem estou apaixonado?
— Claro que vai.

— Não sei...

Abdul estava tão nervoso que sentiu dores de barriga.

— Preciso...

Samir entrou no quarto.

— A carruagem chegou. O cocheiro está nos esperando.

— Abdul está com dor de barriga e...

Samir cortou Rami:

— Não quero saber. O cocheiro está esperando e sabe como gosto de ser pontual. Vamos embora. Ele que vá depois. Que pegue uma cadeirinha[1].

— São só alguns minutos — disse Rami.

— Nada disso. Vamos. Seu irmão precisa aprender a comportar-se como um homem.

— Mas papai...

— Nada de mas. Vamos já.

Rami concordou. Os dois saíram e deixaram Abdul. Assim que se viu pronto novamente, Abdul enervou-se.

— Por que não esperaram por mim? — esbravejou num tom alto.

Raja apareceu na soleira.

— Precisa de alguma coisa?

— Sim. Precisa limpar a latrina. — Apontou para uma bacia com excrementos no canto do cômodo.

— Ora, Abdul. Isso é serviço para um criado, não para mim.

— Estou brincando. Você está sempre tão séria.

Raja estremeceu. Ela era apaixonada pelo primo, mas Abdul a tratava como se fosse uma irmãzinha tola, não dava a mínima para ela.

*Quando será que vai perceber quanto eu o amo?*, indagou para si, um tanto chorosa.

— Abdul... — Ela queria ter coragem suficiente para se declarar.

---

1 Introduzida logo após a chegada da família real ao país, visto que dom João VI tinha dificuldade de caminhar, a cadeirinha era um tipo de condução utilizado para realizar pequenas distâncias.

— Diga. Vamos, desembucha!

Raja ia declarar seu amor por ele, mas um criado entrou no quarto e disse:

— Senhor, consegui uma cadeirinha. Está esperando.

— Ah, ótimo.

Ele passou por Raja sem nem mesmo se despedir. Ela sentou-se na cama e quedou pensativa. *Abdul conheceu uma moça e por ela está apaixonado. Será que eu ainda tenho chance? Se ele não se casar comigo, juro que não me caso com mais ninguém. Ninguém!*

# CAPÍTULO 15

Alguns convidados haviam chegado quando a carruagem com Samir e Rami aproximou-se da residência de Teresa. Desceram e logo dois criados os recepcionaram. Entregaram os chapéus longos e as casacas. Samir permaneceu com a bengala, estilosa.

Entraram e Samir observou o ambiente. Não era tão luxuoso quanto imaginava, mas percebia que havia muito bom gosto na decoração. Logo foi apresentado a Teresa. Ele beijou sua mão com suavidade. Teresa estremeceu.

— Seja muito bem-vindo, senhor marquês de Ouro Belo. Sua presença abrilhanta ainda mais este sarau.

— Nada de senhor marquês. Pode me chamar de Samir, por favor.

Teresa enrubesceu.

— Samir...

— Quem está radiante esta noite é a senhora. — Samir piscou para Teresa e iria dizer algo, mas Rami apresentou-se e se afastou, indo apanhar um copo de vinho de champanha, novidade que agradara os fluminenses. Teresa fizera questão de comprar uma caixa para impressionar seus convidados.

Ela cumprimentou Rami e o achou extremamente simpático. Logo outros convidados vieram cumprimentá-la, entretanto, Teresa sempre ficava de olho no marquês. Interessante observar que Samir também, sempre que podia, não tirava os olhos de Teresa. Estava encantado com aquela mulher madura e bonita.

Rami circulou pelo salão e deparou com Antonieta. Tão logo a viu, ele sentiu o coração querer saltar pela boca. O mesmo aconteceu com ela. Antonieta ficou deslumbrada com aquele moço alto, corpulento, de traços árabes marcantes. Os cabelos pretos lhe conferiam charme à parte, contrastando com os olhos esverdeados. Era parecido com Abdul, ela chegou a pensar.

Ele tomou a iniciativa. Apresentou-se:

— Eu sou Rami, filho do marquês de Ouro Belo.

Antonieta sentiu um choque pelo corpo. *Daí a semelhança! Então, este rapaz lindo e maravilhoso é o irmão de Abdul? Oh, meu Deus, ele é muito, mas muito mais bonito que Abdul*, pensou ela.

Antonieta mordeu os lábios aflita, contudo, disse:

— Eu sou Antonieta, neta de dona Teresa.

— Prazer. — Ele beijou-lhe a mão e Antonieta sentiu um tremor percorrer-lhe o corpo. — Está quente. Vamos tomar um ar no pátio?

Antonieta fez que sim com a cabeça. Apoiou-se no braço dele e saíram em direção ao jardim.

Nesse meio-tempo, Abdul chegou à casa de Teresa. Saltou da cadeirinha e mal prestou atenção aos criados que faziam a recepção dos convidados. Atirou o chapéu e a casaca ao chão e entrou no salão feito uma bala. Perscrutou o ambiente à procura de Antonieta. Avistou o pai, e foi até ele.

Samir conversava com uma condessa que lhe era toda sorrisos, o que irritara Teresa sobremaneira. Bernarda aproximou-se e indagou:

— Quem é aquela mulher sem graça e sem atrativos que não desgruda do marquês? — Ela fez a pergunta de propósito, pois sabia que Teresa estava interessada em Samir.

— É a condessa de Viamonte — respondeu Teresa, voz amarga.

— Ela é casada! — exclamou Bernarda, fingindo espanto.

— O marido está em viagem a pedido do príncipe regente. Ela tem fama de alcoviteira. Não sei por que a convidei.

— Melhor circular e chegar até eles — sugeriu Bernarda. — Vai que ele passa a noite toda apenas com olhos nela...

Teresa sentiu raiva. Sabia que Bernarda a estava provocando. Respirou fundo, caminhou sorrindo por entre os convidados e tirou o marquês da conversa com a condessa.

— Há quanto tempo está no Brasil? — perguntou ela, sabendo a resposta. Fez a pergunta apenas para puxar assunto.

— Eu e meus filhos viemos em uma das embarcações da família real. Como vê, não faz muito tempo.

— Eu gostaria de saber mais a respeito de você.

— Com todo prazer.

Samir passou a contar a sua vida. Teresa escutava com certo interesse. Samir entabulou deliciosa conversação, pois sentiu-se à vontade ao lado dela. Discorreu sobre suas origens, dizendo que era de família árabe, mas que o pai havia se estabelecido em Portugal e travara amizade com o marquês de Pombal. Como sua família era abastada, com o tempo, Samir passara a trabalhar com o príncipe regente e, pouco antes de as tropas de Napoleão invadirem Portugal, fora agraciado com o título de marquês de Ouro Belo. Tinha dois filhos, perdera a esposa para a tuberculose quando os meninos ainda eram pequenos e tinha uma sobrinha, Raja, que perdera os pais jovenzinha e estava sob seus cuidados. Era a sobrinha que cuidava das questões domésticas.

— Imagino como deve ser uma casa com três homens!

— Como lhe disse, a minha sobrinha cuida de tudo. Raja é uma boa menina.

— Depois que ficou viúvo, não pensou mais em casamento? — quis saber Teresa, interessadíssima.

— Até pensei, mas sempre fui alvo de interesseiras. Mais pelo meu título de marquês.

— Ainda é jovem — observou Teresa. — Pode, sim, casar-se de novo.

Ele a mirou com ternura e perguntou:

— Você também é jovem. Faço minha a sua pergunta: por que não se casou de novo?

— Porque não apareceu um homem à altura que pudesse despertar-me interesse.

— E agora?

Teresa enrubesceu. O marquês estava sendo apenas galanteador ou estava, de fato, interessado nela? A pergunta corroía a sua mente. Ela ia falar, mas a condessa de Viamonte puxou-o pelo braço de forma até indelicada. Samir deixou-se conduzir e Teresa ficou enfurecida.

— Vai deixar essa mulher estragar seus planos? — Era Bernarda, que tinha visto toda a cena.

— Ela me paga.

— Dizem que ela é fogo. Consegue todos os homens que quer. Faz o marido de gato e sapato.

— Essa cortesã de araque não vai estragar os meus planos.

— Como vai fazer?

— Já sei. Deixe comigo.

Bernarda fez ar de interrogação. Teresa sabia exatamente o que fazer. *Amanhã eu vou atrás daquele casal que faz feitiços. Eles vão me ajudar a frear essa alcoviteira.*

Enquanto Teresa matutava uma maneira de ficar grudada no marquês, Abdul percorria o salão em busca de sua amada Antonieta. Ele esbarrou em Estelinha e desculpou-se.

— Não foi nada — Estelinha respondeu. Percebendo que Abdul estava perdido, perguntou: — Está à procura de alguém?

— Sim. Conhece Antonieta?

Estelinha riu.

— É minha irmã.

Ele parou e a observou. Não eram nada parecidas. Ele a cumprimentou e quis saber:

— Tem ideia de onde está sua irmã?

Estelinha olhou para os lados e fez uma negativa com a cabeça.

— Talvez esteja no pátio.

— Obrigado.

Enquanto Abdul caminhava para o pátio, Antonieta, abanando-se com um leque, confessou:

— Tenho sede. Gostaria de um copo de água, mas esses criados não vêm ao pátio...

Rami a interrompeu com delicadeza:

— Não me importo de ir buscar água para você. Onde é a cozinha?

Antonieta achou singelo o gesto dele. Apontou:

— É logo ali.

Rami foi na direção da cozinha. Assim que ele sumiu entre os convidados, Abdul apareceu e colocou-se de frente a ela.

— Muito boa noite, minha amada!

Antonieta assustou-se. Estava tão entretida com Rami que esquecera-se completamente dele. Ela esboçou um sorrisinho.

— Olá, Abdul. Como vai?

Ele tomou a mão dela e a beijou com ternura.

— Estava morrendo de saudades.

Antonieta retirou a mão com rapidez. Desde que vira Rami, perdera completamente o interesse por Abdul. Para ela, Abdul agora não passava de um estorvo. Procurou ser delicada:

— Não sei se poderei lhe dar a devida atenção. Estou ajudando vovó a recepcionar os convidados — mentiu.

— Imagine. Não quero atrapalhar. Eu me alegro só de estar perto de você! — Ele suspirou, apaixonado.

— Então, eu preciso...

Nisso, Rami aproximou-se deles segurando um copo d'água. Abdul sorriu para o irmão:

— Veja, Rami. Esta é a jovem dama de quem lhe falei.

Rami ficou estático por instantes. Jamais poderia imaginar que Antonieta fosse a moça por quem Abdul estivesse apaixonado.

Ele fez um sinal com a cabeça.

— Pra... prazer — disse, sem jeito.

Antonieta estava adorando a cena. Dois irmãos, filhos de um marquês, apaixonados por mim. Mas disse:

— Prazer. É Rami o seu nome, certo?

Rami arregalou os olhos. Entendeu o que Antonieta estava fazendo.

— Sim.

Ele girou o corpo para se retirar. Estava aturdido. Abdul o segurou pelo braço.

— Fique aqui conosco. Quero que você veja o porquê de essa moça ter enlaçado o meu coração.

Rami fez que sim com a cabeça. Estava completamente sem graça. Ele e Abdul tinham se apaixonado pela mesma jovem... Rami gostava muito do irmão, jamais o desapontaria. No entanto, estava louco por Antonieta. Não abriria mão desse amor assim tão fácil. O que fazer? Ele não tinha a mínima ideia...

# CAPÍTULO 16

Cleonice andava de um lado para o outro do salão observando os convidados, os risos, a descontração. Tinha de admitir que Teresa era ótima anfitriã. Estava procurando Estelinha com os olhos quando percebeu um homem que a fitava sem parar. Cleonice ficou sem jeito. Ela abaixou os olhos e caminhou até o pátio, e o homem foi atrás. Ele a alcançou e abriu largo sorriso:

— Boa noite.

— Boa noite — ela respondeu.

— Deixe eu me apresentar. Sou Aurélio Duarte de Magalhães Couto Filho.

Cleonice levou a mão à boca. Esse sobrenome era famoso na cidade. Ela estendeu o braço e ele beijou-lhe a mão.

— Cleonice Dantas Ribeiro de Sá.

— Ribeiro de Sá! Então é parenta de dona Teresa, a anfitriã?

— Sou neta. E você é...

— Filho do vice-rei do Rio de Janeiro. Isso mesmo — falou, num tom de soberba.

Cleonice até que o achou bonito. Não era alto, mas tinha um rosto marcante; um pontinho no meio do queixo lhe conferia certo charme.

— E sua esposa?

Aurélio riu.

— Não sou casado. Ainda — disse, num tom sedutor, mirando fundo os olhos de Cleonice.

Ela sentiu as faces arderem. Era jovenzinha e estava havia pouco na cidade. Sabia que Aurélio era de família importante por conta do sobrenome. Estremeceu levemente ao pensar... À boca pequena, havia comentários maledicentes de que um dos filhos do vice-rei fosse um tanto alienado — nome que se dava a pessoas esquizofrênicas ou fora de seu juízo perfeito.

Aurélio percebeu a dúvida na cabecinha de Cleonice e foi rápido:

— Além de ser filho do vice-rei, também tenho um irmão doente, pobrezinho. Creio que já ouviu falar dele. Américo.

Cleonice não sabia o nome, mas sentiu leve sensação de bem-estar. *Então não é ele o louquinho da família. Graças a Deus.*

— Onde está seu irmão?

— Foi levado à força para a Europa. Lá há instituições que lidam melhor com pessoas alienadas. — Ele franziu o cenho. — É muito triste falarmos de meu irmão. Podemos mudar de assunto? — Antes de Cleonice abrir a boca, Aurélio disparou: — Sabia que você é uma das jovens mais belas deste sarau?

Ela sentiu-se lisonjeada. Havia tomado um pouco do vinho de *champanha* e estava levemente alegre. Deixou-se levar pelos encantos do jovem e assim permaneceu ao lado dele até praticamente o fim do evento.

Estelinha procurou um lugar para se sentar. Não estava gostando muito daquela balbúrdia. Era muita gente, muitas vozes, um falatório que a incomodava imensamente. Preferiria mil vezes estar em seus aposentos, lendo ou admirando um livro de gravuras. Todavia, tudo mudou ao avistar Angelina. Ela levantou-se num pulo e correu até ela.

— Tia! — Abraçou-a com enorme carinho. — Não sabia se dona Teresa a havia convidado.

— Quem me convidou, na verdade, foi Bernarda.

— Não importa quem a tenha convidado. Estou muito feliz que esteja aqui. Não sabe o tanto de saudade que estava sentindo.

Abraçaram-se novamente. Angelina afastou-se um pouco e apresentou seus amigos.

— Estelinha, estes são Sérgio e Dinorá. São irmãos. E amigos meus.

Sérgio beijou-lhe a mão e Dinorá a abraçou com certa efusividade, saindo um pouco do protocolo de boas maneiras.

Estelinha assustou-se a princípio com aquela demonstração de carinho. Sorriu meio sem graça.

— Prazer. Se são amigos de minha tia Angelina, também serão meus amigos.

Dinorá tomou a palavra.

— Você é mais bonita do que Angelina havia nos dito, não é, Sérgio? — Ele fez que sim com a cabeça e ela prosseguiu: — Meu Deus! Suas plumas são lindíssimas.

— Obrigada. Mas é coisa da senhora Teresa, quer dizer, minha... — Estelinha tinha dificuldade de chamar Teresa de avó. Prosseguiu: — Não sou tão ligada assim em moda. Prefiro me vestir com simplicidade, ainda mais numa cidade tão quente como esta.

— Tem toda a razão — interveio Sérgio, já encantado com Estelinha. Havia algo nela que o cativara. Dinorá percebeu o interesse do irmão e sentiu ciúme. Angelina captou no ar a situação. Sabia quanto Dinorá era intempestiva. Puxou-a pelo braço para apresentá-la a uma conhecida.

Dinorá seguiu-a meio a contragosto, e Sérgio pôde ficar a sós com Estelinha.

— Gosta da vida no Rio de Janeiro?

— Prefiro o campo — ela disse. — Aqui há muito agito. Outro dia acompanhei minha irmã, Cleonice, até a Rua Direita[1]. Era tanta gente na rua que eu não via a hora de voltar para casa. Além do mais, não gosto de... — Estelinha ficou sem graça.

— Não gosta de quê? — Sérgio interessou-se em saber.

— Eu me incomodo com pessoas que não são da minha estirpe.

— Não entendi.

— Os escravizados, por exemplo. Não gosto de lhes dirigir a palavra.

Sérgio admirou-se com essa faceta da moça.

— Por acaso está dizendo que tem sentimento de natureza hostil a pessoas diferentes de você, como cor da pele ou condição de vida desfavorável?

Ela fez que sim com a cabeça.

— Eu me incomodo com pessoas que não são normais.

— Normais em relação a quê? — Sérgio interessou-se.

Estelinha não soube se expressar direito. Mudou de assunto.

— Você prefere a vida agitada da cidade?

— Embora tenha estudado em Londres, ainda assim, como você, também prefiro o campo.

— Estudou na Inglaterra?

— Sim.

— Então conte-me como é.

— Como é o quê? — ele achou graça.

1 Atual Rua Primeiro de Março.

— Como é a cidade, as pessoas... o rei. Falando em rei, é verdade que Jorge III foi afastado do trono?

— É tudo muito recente — constatou Sérgio. — Parece que estabeleceram uma regência e o Príncipe de Gales, filho mais velho e herdeiro do rei, que também se chama Jorge, será o príncipe regente.

— Como ocorre aqui no Brasil.

— Isso mesmo. Você é uma moça inteligente e perspicaz.

Estelinha enrubesceu.

— Obrigada. É que eu gosto muito de ler. Minha madrasta não gosta muito. Diz que eu preciso aprender francês, economia doméstica e boas maneiras.

— Por quê?

— Para ter condições de arrumar um bom partido.

— Se depender de mim, você não precisará aprender mais nada.

Estelinha sentiu o ar sumir por instantes. O coração bateu descompassado e entabularam conversação até o momento em que os últimos convidados estavam se retirando do sarau.

# CAPÍTULO 17

A festa fora um tremendo sucesso. Teresa sabia receber muito bem e não deixara nada a desejar. A ideia de servir o vinho de *champanha* cativou as damas da sociedade. O acontecimento ganhou até uma pequena nota na *Gazeta do Rio de Janeiro*, o que alçou Teresa a um novo patamar na sociedade.

— Logo vou frequentar as festas da família real. Você vai ver.

Bernarda, que pousara ali e ia embora apenas no fim do dia, confessou:

— Você é boa nisso. Sabe receber, convidar as pessoas certas. Realmente, o sarau foi um sucesso.

Teresa sentiu-se nas nuvens, mas logo Bernarda a cutucou:

— O marquês de Ouro Belo saiu daqui acompanhado pela condessa de Viamonte.

Teresa rangeu os dentes de raiva.

— Não tem importância. O que é da condessa está guardadíssimo!

— Eu a conheço bem, Teresa. O que está tramando?

— Nada.

— Eu sei que está pensando em fazer algo contra a condessa. Diga-me, por favor. Estou morta de curiosidade.

— Não conto, por agora. No momento certo, você vai saber.

— Por quê?

— Porque você é meio tagarela. Logo vai contar para alguém e daí a notícia se espalha. Imagina eu estar no meio de algum fuxico justo agora! Preciso agir e me comportar como praticamente uma marquesa.

Bernarda magoou-se.

— Sabe que sou sua amiga.

— Minha amiga? Ora, Bernarda.

— É verdade. Sempre teve um pé-atrás comigo só porque me casei com seu filho. Sabe bem que amo Eurico.

— Isso é verdade. Prefiro você à Magda. Não simpatizava com ela.

— E por que deixou que ele se casasse com ela?

— Porque a família de Magda tinha dinheiro. Era única filha. Assim que se casou com Eurico, os pais dela morreram. Ela herdou todas as propriedades. Com a morte dela, Eurico teve sorte.

— Por esse motivo que me trata assim?

— Qual motivo?

— Ora, Teresa, eu não venho de família abastada.

Teresa suspirou.

— Se quer saber, eu até tentei impedir o seu casamento, mas Deodato e Eurico se uniram contra mim. Eu posso lá ter uma ascendência sobre meu filho, mas nunca contrariei Deodato.

— Eu lhe dei dois netos lindíssimos.

— Isso lá é verdade. Não posso negar — confessou Teresa.

— Então, veja como eu...

Teresa a interrompeu:

— Pode até gostar do meu filho, não duvido, contudo, você é louca por dinheiro.

— Somos parecidas. Sei que deseja se casar com o marquês por conta do status e do dinheiro. Eu também quero que Antonieta case bem. O filho do marquês está de olho nela.

— Qual deles?

— Como assim? — Bernarda não entendeu.

Teresa sorriu, animada.

— Eu fiz esse sarau porque Antonieta conheceu um dos filhos do marquês. Foi a oportunidade que encontrei para atrair o marquês até minha casa.

— Antonieta não me contou nada disso — entristeceu-se Bernarda. — Ela me conta tudo.

— Fui eu que pedi para ela ficar quieta. Eu a proibi de tocar nesse assunto. E, antes que fique magoada, pelo que notei ontem, no sarau, os dois filhos do marquês estão interessados nela.

— Notícia maravilhosa! — festejou Bernarda.

— Não sei, não. Se Antonieta não souber lidar bem com essa situação, poderá ocasionar uma tragédia.

— Imagine, Teresa. Antonieta é ajuizada. Pela minha filha, coloco a mão no fogo.

— Não confio totalmente em Antonieta. É sua filha, sei, só que notei como ela manipulou os irmãos. Ela é mais esperta do que imaginamos.

— Antonieta tem juízo. Vai saber fazer a coisa certa, quer dizer, fará a escolha certa. Tenho certeza.

— Espero que você tenha razão, pois não quero que nada atrapalhe os meus planos em relação ao marquês. Sabe que eu o achei bem simpático? Não seria difícil apaixonar-me por ele.

— Mas...

— Nada de mas, Bernarda. Se está novamente pensando na condessa de Viamonte, deixe comigo. Vou resolver essa questão. — Teresa não queria mais dar largas ao assunto. Mudou o tom: — Notei que Cleonice e Estelinha também se divertiram. Não sei quem é o rapaz com quem Estelinha conversava. Mas conheço o rapaz que fez a corte a Cleonice. É um dos filhos do vice-rei.

— Não me dei conta! — exclamou Bernarda, estupefata. — Logo Cleonice! Quem diria.

— Sim. Sei, à boca pequena, que esse rapaz não bate bem das ideias. Parece-me que sofre de certa alienação mental.

— Verdade? — Teresa assentiu. — E como pode estar aí, livre e solto? — Bernarda perguntou num tom de dúvida.

— Porque é de família influente, Bernarda. Ninguém se atreve a desafiar ou enfrentar alguém ligado à realeza. O pai desse rapaz foi vice-rei e agora faz parte do grupo escolhido por dom João para criar os ministérios. Com figura importante, ninguém mexe.

— Ele pode fazer algum mal a Cleonice.

— E quem é você para se preocupar com Cleonice? Nunca deu a mínima para ela ou Estelinha.

Bernarda ia protestar, no entanto, Teresa foi rápida:

— Não me venha com cenas, Bernarda. Sei que nunca engoliu as meninas. Sempre teve olhos e coração voltados para Alfredo e Antonieta.

Bernarda concordou, meio sem jeito.

— Não posso mentir para você — disse Bernarda, sincera. — Eu não as considero nem filhas do coração. Quando me casei com Eurico eram bem pequenas, mas nunca tive vontade de estreitar laços com elas.

— Então, por que se preocupar se Cleonice vai se relacionar com um louco? Desde que ela se case com ele e adote seu sobrenome pomposo, aproveitando as benesses de ser nora do vice-rei...

— Isso lá é verdade. Seria bom Cleonice unir-se ao filho do vice-rei. E quanto ao rapaz que abordou Estelinha?

— É amigo de Angelina. Não soube quem era. Deve ser excêntrico como ela.

— Não gosta de Angelina, não é mesmo?

— Não gosto nem desgosto. Ela é muito independente. Recusa-se a se casar de novo e vive naquele fim de mundo. Onde já se viu? Viver lá para os lados da Glória? E ainda por cima alforriou os escravos. Essa, sim, me parece uma alienada mental.

Bernarda riu. Ficaram conversando por mais um bom tempo e Bernarda voltou para a fazenda sem saber o que Teresa pretendia fazer em relação à condessa de Viamonte.

Naquela manhã, enquanto Teresa e Bernarda entabulavam conversa, Cleonice e Estelinha trocavam impressões acerca da noite anterior. Estelinha estava animada.

— Gostei muito de Sérgio. Parece-me um rapaz distinto. Um cavalheiro.

— Eu não o vi — tornou Cleonice. — Passei a noite em agradável conversa com o filho do vice-rei.

— Sério? — Cleonice fez que sim com a cabeça. — Meu Deus! E ele se interessou por você?

— Não só se interessou como quer porque quer conversar com vovó para fazer-me a corte. Quer frequentar a casa.

— Ele é bonito?

— É, sim — disse Cleonice, olhos fechados. Em seguida, comentou: — Ele me disse que tem um irmão com transtornos mentais.

— Igual ao rei Jorge III da Inglaterra?

— Não sei — respondeu Cleonice.

— Não tem medo de ficar frente a frente com um louco?

Cleonice deu de ombros.

— Aurélio me garantiu que o irmão, Américo, certa vez, chegou a ser levado á força para a Europa, porque lá há instituições que lidam melhor com pessoas alienadas. Desde que voltou para o Brasil, vive trancafiado em casa. É vigiado por dois criados, o dia todo.

— Quando ele virá conversar com dona Teresa?

Cleonice riu.

— Você não toma jeito! Não consegue chamar "dona Teresa" de avó.

— Não. Não consigo. Somos filhas da Magda. Portanto, ela era nossa mãe. E, se dona Corina estivesse viva, eu a chamaria de avó. Mas dona Teresa... é dona Teresa.

— Só você mesmo, Estelinha...

Cleonice ia perguntar sobre Sérgio, todavia, Antonieta entrou no quarto feito um tufão.

— Estou sendo cortejada pelos dois filhos do marquês de Ouro Belo. Viram como sou sensacional?

— Grande coisa — tornou Cleonice, sem vontade de conversar com ela.

— Tome cuidado com o que vai fazer — disse Estelinha.

— Cuidado com o quê? — indagou Antonieta, elevando o rosto num gesto de superioridade.

— Os dois são irmãos. Eu vi como eles a olhavam. Estão apaixonados. Com o amor não se brinca.

— Boba — respondeu Antonieta. — Sei bem o que vou fazer. Vou experimentar os dois. Ficarei com o melhor.

— Como é leviana! — Cleonice não se aguentou.

— Quem é você para falar comigo nesse tom, sua quebra-louças?

— Não sou desastrada — exasperou-se Cleonice —, mas você é leviana, sim.

Antonieta aproximou-se e lhe desferiu um sonoro tapa na cara. Cleonice sentiu a face arder. Foi revidar, mas Estelinha se colocou entre as duas.

— Parem, por favor.

Antonieta afastou-se, porém, antes, arranhou o rosto de Estelinha.

— Isso é para você não se meter mais entre nossas brigas.

Estelinha levou a mão ao rosto. Sangrava um pouco. Cleonice estufou o peito:

— Eu vou me casar e vou-me embora daqui. Nunca mais nos veremos.

Antonieta gargalhou. Estava fora de si.

— Você? Casar-se? Quem é o idiota que vai querer desposá-la?

— Aurélio Duarte de Magalhães Couto Filho! — Cleonice disparou, nervosa.

A gargalhada subiu um tom. Antonieta fez que não com a cabeça.

— Agora entendi. Somente um alienado mental se casaria com você.

— Ele não é louco! O irmão dele é que é — disparou Cleonice.

— Você vai ser muito infeliz.

— O que foi? Está me rogando praga?

— Pode ser.

— O meu desejo é que nenhum dos irmãos lhe faça a corte. Que fique sozinha pelo resto da vida.

— Isso não vai acontecer, Cleonice. Olhe para mim e olhe para você. Eu sou bonita, atraente, desejável. Você é desengonçada, não tem bom corpo. Só um degenerado poderia se interessar por você.

— Aurélio não é degenerado! — explodiu. — O irmão dele é que é.

Antonieta deu de ombros.

— Não importa. Se há um degenerado na família, isso implica dizer que você poderá gerar um alienado. Essa doença passa de geração para geração.

Cleonice avançou sobre ela e Estelinha, mesmo sentindo a face arder pelo arranhão, conseguiu apartá-las.

— Onde já se viu? Parecem animais.

— Cleonice é um animal — vociferou Antonieta.

— Saia do nosso quarto! — ordenou Cleonice.

— Eu vou-me embora. Mas saiba de uma coisa, Cleonice. Eu é que vou me casar e sumirei da sua vida. Se um dia tivermos a infelicidade de nos encontrar na rua, faça o favor de não me cumprimentar.

— Fique sossegada, Antonieta. Se isso acontecer, eu fingirei que não a conheço. Agora saia daqui. Suma!

Antonieta ajeitou o vestido e saiu, contrafeita. Cleonice correu até Estelinha. Nesse meio-tempo, pediu que uma criada fosse buscar um pano limpo e água para limpar o rosto da irmã.

— Está bem? — perguntou Cleonice, preocupada.

Estelinha fez que sim com a cabeça.

— Dói um pouco, mas estou bem.

— Antonieta não passa de uma libertina. Ela ainda vai se ver comigo.

— Não brigue mais com ela. Vamos torcer para ela se dar bem e se casar com um dos irmãos.

— Você é muito boba, Estelinha. Ela merece sofrer.

— Não diga isso, Cleonice.

— Eu a odeio.

A criada entrou no quarto com um pano limpo e água morna com sal. Cleonice tratou do arranhão no rosto de Estelinha. Passaram o dia no quarto, cada uma imaginando como seria a vida de casada...

# CAPÍTULO 18

Os dias seguiram céleres. Teresa tinha certeza de que Samir a procuraria, contudo, ele desapareceu. Ela soube, por meio de uma amiga da Corte, que ele fora visto ao lado da condessa de Viamonte. Sentiu um ódio descomunal.

*Ela é casada! Como pode querer tirar o marquês de mim? Isso não vai ficar assim.*

Teresa chacoalhou a sineta e uma criada apareceu.

— Pois não, dona Teresa.

— Preciso de uma sege[1], urgente. Arrume um segeiro o mais rápido possível.

---

1 Carruagem de duas rodas, com varais e um só assento, tendo a frente fechada por cortinas ou vidraça e puxada por dois cavalos.

— Sim, senhora.

Enquanto a carruagem era solicitada, Teresa sorriu de maneira maliciosa, antegozando o encontro com o casal que fazia trabalhos espirituais. Dali a pouco, estava sendo conduzida até uma chácara para os lados da praia do Sapateiro[2].

O condutor puxou a rédea e os cavalos pararam de cavalgar. Teresa saltou do carro e disse:

— Pode esperar. Eu já volto.

— Sim, senhora.

Ela caminhou alguns passos. Encontrou uma mulher cavoucando um punhado de terra. Aproximou-se.

— Boa tarde.

— Pois não?

— Eu vim porque preciso dos seus serviços.

A mulher a encarou de cima a baixo. Percebeu tratar-se de pessoa distinta.

— Prazer. Meu nome é Iracema.

— Olá, Iracema.

— Precisa de quê?

Teresa sentiu-se um tanto sem graça. Não sabia por onde começar.

— Eu... bem... é que...

— Já sei. É para fazer mal a alguém?

— Não necessariamente fazer mal. Eu quero afastar uma mulher de um homem por quem estou interessada.

— Ah, sei. Olha, esse tipo de trabalho quem faz é meu marido. Um instantinho, por favor.

Iracema limpou as mãos num avental e girou nos calcanhares. Entrou num casebre de pau-a-pique e logo saiu de lá acompanhada de um homem franzino, aparentando pouco mais de quarenta anos. Ele sorriu ao ver Teresa.

— Boa tarde, madame. Eu sou o Zé.

— Olá.

— Em que posso ajudá-la?

---

2 Atual praia de Botafogo.

— Preciso de um favor.

— Eu não faço favor. Eu cobro pelos meus serviços, porque funcionam.

— Tem certeza?

— Por que veio me procurar? É porque, seguramente, sabe que meus trabalhos são bons.

— Nunca mexi com essas coisas — disse Teresa, um tanto constrangida.

— Não sinta vergonha — elucidou Iracema. — Todo dia aparece alguém para pedir um servicinho.

— Quanto custa?

— Quanto custa o quê? — Zé quis saber.

— Afastar uma mulher da vida de um homem.

— Ah, esse tipo de serviço custa mil patacas[3].

Teresa arregalou os olhos e deu um passo para trás.

— É muito dinheiro!

— Meus serviços têm garantia. Prometo que funcionam.

— Não tenho como arrumar tanto dinheiro em tão pouco tempo.

— Aceitamos joias! — propôs Iracema, esboçando um sorrisinho irônico.

Teresa mordiscou os lábios, nervosa. Ela queria porque queria ter o marquês a seus pés. Mas era muito dinheiro. Naquele momento, ela sentiu um calafrio e pareceu escutar alguém:

— Você vai se tornar uma marquesa! Marquesa! — a voz escalou um tom. — O que são essas míseras patacas?

Teresa olhou para os lados e não viu ninguém. Iracema olhou para Zé e eles sorriram.

— A senhora pode pensar — incentivou Zé. — Pense quanto quiser e volte quando achar que pode arcar com o valor do serviço.

— Eu vou pagar! — Teresa exclamou num impulso.

3 A pataca era uma moeda de prata, com o valor de 320 réis, emitida pelo governo português até o século XIX.

— Está certo — ele concordou. — Preciso que me traga metade do valor e, quando eu for realizar o serviço, a senhora me traz a outra metade.

— Em quanto tempo eu o terei para mim?

— Mais rápido do que pensa — redarguiu Iracema.

Teresa sentiu firmeza na voz de ambos.

— Está bem. Encontrarei uma maneira rápida de conseguir o dinheiro.

— Não se apresse. Leve o tempo que for preciso — sugeriu Zé.

Ela assentiu e se foi. Subiu na sege e, enquanto retornava para casa, ficou pensando em como dispor daquele valor. *Eu tenho posses, mas não tenho esse dinheiro assim, fácil.*

A bem da verdade, era um valor alto, mas não uma fortuna. Para os padrões de Teresa, não exigiria dela tanto sacrifício. No entanto, em se tratando de Teresa... ela não queria se desfazer de suas joias. Não queria dispor de nada que fosse dela para pagar os trabalhos de feitiço de Zé. Pensou, pensou e logo lembrou-se de que Eurico guardara joias, da primeira esposa, para entregá-las a cada filha quando elas se casassem.

*As joias das meninas! Eu sei onde Eurico as guarda. Farei uma visita ao meu filho amado. Mato as saudades e aproveito e apanho as joias. Eurico nem vai perceber. Se perceber... eu coloco a culpa em alguém...*

# CAPÍTULO 19

Teresa enviou um mensageiro até a fazenda de Bernarda, solicitando que ela passasse uns dias em sua casa enquanto visitava Eurico. Alguém precisaria estar de olho nas meninas, ainda mais agora, quando as três flertavam com rapazes que, a seu ver, eram mais que bons partidos. Apenas implicara com Sérgio. Achava que um médico era profissão de um mortal qualquer. E, se ao menos fosse filho de marquês... Embora o pai de Sérgio fosse um homem de posses e mantivesse fortes ligações com a família real, Teresa achava que ele não estava à altura de desposar uma de suas netas. Se Antonieta se casasse com um dos filhos do marquês, talvez ela conseguisse casar Estelinha com o outro filho. Eram conjecturas. Mas Teresa não deixava de pensar no assunto.

Bernarda, longe da filha e sentindo-se sozinha, adorou a ideia. Despediu-se do marido e do filho e chegou à capital toda faceira.

— Não deixe as meninas sozinhas! — ordenou Teresa.

— Eu sei cuidar da minha filha — retrucou.

— Estelinha e Cleonice também são suas filhas. Ou é como se fossem...

Bernarda fez um ar de contrariedade.

— Farei o possível.

Teresa despediu-se e partiu no dia seguinte. Ali, Bernarda acompanhava com alegria e excitação as mudanças provocadas pela chegada da família real ao Rio. Fazia pouco mais de dois anos que dom João VI, acompanhado de uma esquadra com quinze mil pessoas, desembarcara no porto da cidade. No início, havia sido uma confusão dos diabos. O Rio de Janeiro era uma cidade com trinta mil pessoas, sendo metade delas composta de escravizados. Não havia moradia para todos os que tinham vindo com o príncipe regente e fora preciso expulsar famílias inteiras de suas casas tão e somente para acomodar essa nova leva de estrangeiros.

Após um tempo, as coisas começavam a se ajeitar. O Rio começava a ter ares — apenas ares — de uma cidade, e não mais de uma vila encravada entre o mar e uma vegetação cheia de charcos e pântanos. Muito aos poucos, essa invasão de estrangeiros mudaria hábitos, comportamentos, transformando o Rio na cidade mais importante do país. Para se ter uma ideia, até um pouco antes da chegada do príncipe regente ao país, as mulheres não podiam sair sozinhas de casa. Era inadmissível que uma dama de boa família perambulasse desacompanhada pela cidade. Embora o francês não fosse visto com bons olhos pela família real, pois a tomada de Lisboa por Napoleão fora a causa daquele mundaréu de gente descer o Atlântico, o idioma era considerado nobre. Do mesmo modo, o inglês também se tornara uma língua interessante a ser estudada e dominada por moças da nova elite.

Foi uma época de criação de escolas de primeiras letras, preceptores que ensinavam aritmética, história, grego e latim para filhos de famílias abastadas.

Esse ambiente com certo ar cosmopolita encantou Bernarda. Ela já imaginava o que comprar nas lojas mas, tão logo Teresa se despediu e partiu, Bernarda recebeu uma carta de Eurico. Ele precisava fazer uma viagem com urgência e ela tinha de voltar à fazenda. Ela fez um muxoxo.

— Logo agora que eu iria me relacionar com senhoras ligadas à Corte, fazer compras... Não tenho como avisar Teresa. Paciência. Vou conversar com as meninas. Elas são ajuizadas e tenho certeza de que vão se comportar. Ficarei ausente apenas alguns dias.

Bernarda pensou no quanto Teresa ficaria enfurecida com ela. Entretanto, eram ordens do marido. E ela cumpria as demandas de Eurico. Na manhã do outro dia, regressaria à fazenda. Antes, porém, deu instruções a duas criadas antigas de Teresa. Pediu que dobrassem a vigilância nas meninas. Elas concordaram, mais para fazer gosto a Bernarda, porque quanto a Antonieta, por exemplo, era impossível de lhe exigir obediência. Ela desprezava as criadas. Fazia o que lhe dava na telha. Estelinha também não gostava de receber ordens delas. Só sobrava Cleonice.

Antes de partir, ela a chamou na sala.

— Falei com as criadas, mas preciso que fique de olho nas suas irmãs.

— Eu? — admirou-se Cleonice. — Por que eu?

— Porque, porque... bem, porque você é a mais velha das três.

— Sabe que eu e Antonieta não nos damos bem.

— Não quero que fiquem melhores amigas — tornou Bernarda, seca. — Apenas quero que fique de olho. Esta cidade cresceu da noite para o dia, não quero que nada de mal aconteça a vocês e...

Cleonice a cortou, também seca:

— Confio em Estelinha e sei que ela vai se comportar. Não precisa de olhos que a vigiem o tempo todo. Aliás, eu e minha irmã somos moças comportadas e educadas. Não posso dizer o mesmo de Antonieta.

— Olhe como se dirige a mim! Eu sou sua...

Cleonice a cortou novamente:

— Minha o quê? Vai agora dizer que é minha mãe?

Antonieta estava escutando atrás de uma pilastra. Entrou na sala como se não soubesse o que estava acontecendo.

— Por que conversa com essa sonsa, mamãe?

Antes de Bernarda responder, Cleonice bramiu:

— Aproveite e converse com sua mãezinha. Eu não vou ficar de olho em você.

— Nem quero. — Antonieta mostrou-lhe a língua. — Mamãe, o que se passa?

Bernarda falou tudo o que ela já ouvira atrás da pilastra. E finalizou:

— Não quero que fique solta pela cidade.

— Imagine! Eu? Jamais. Não me responsabilizo por essa aí — apontou para Cleonice. — Sabia que o pretendente dela é meio alienado?

Cleonice exasperou-se.

— Aurélio não é alienado. Quanto a você, bem...

Antonieta a cortou e encarou a mãe:

— Eu vou me comportar até a senhora voltar. Pode confiar em mim — mentiu.

Aliviada, Bernarda partiu e, no futuro, sentiria certo remorso por ter deixado Antonieta sozinha. A bem da verdade, ela sentiria culpa por tudo o que viria a acontecer a Antonieta durante sua ausência...

Antonieta, livre dos olhares da mãe ou da avó, sentiu-se livre para fazer o que bem entendesse. Distante de Cleonice e Estelinha, ela decidiu que iria brincar com o sentimento dos dois irmãos. Determinou que o mais forte deles ficaria com ela, como um troféu.

Cleonice, depois da discussão, cheia de raiva e despeito de Antonieta, jurou para si mesma que se casaria com Aurélio. Estelinha, por sua vez, deixou-se encantar por Sérgio, mesmo que, todas as vezes que ele vinha lhe fazer a corte, Dinorá viesse a tiracolo.

Vamos relatar o que aconteceu, de fato, durante a ausência de Teresa...

Antonieta insistiu e Rami cedeu aos seus caprichos. Precisavam se encontrar... Ela escolheu uma loja de fazendas — como os tecidos eram chamados à época —, recém-inaugurada, localizada na Rua dos Latoeiros[1].

No meio da tarde, Rami apareceu. Ele tirou o chapéu e fez uma mesura. Antonieta sorriu e saiu da loja. Caminharam lado a lado pela estreita calçada.

— Estou perdidamente apaixonado por você.

— Eu também, Rami — disse ela.

Seguramente, ela estava interessada nos dois. Ambos lhe despertavam sentimentos os mais variados. Antonieta já era uma mocinha meio sem limites. Não se comportava como as moças de sua idade. Tinha um ardor que lhe queimava as entranhas.

— Eu não posso continuar a vê-la.

— Por que não?

— Meu irmão... Abdul está apaixonado por você.

— Qual nada! — ela mentiu. — Eu não sinto nada por ele.

— Jura?

— Juro. — Ela cruzou os dedos e os beijou. — Nunca lhe dei indícios de que estivesse interessada nele.

— Abdul diz que você está apaixonada por ele.

---

1 Atual Rua Gonçalves Dias.

— Imagina! Seu irmão deve estar com algum distúrbio. Eu juro que nunca disse nada a Abdul.

— Como vocês se conheceram? — quis saber Rami.

— Eu estava com minhas irmãs num passeio rápido pela Rua Direita, quando ele se aproximou e se apresentou. Mas Abdul foi galante com as três. Eu e minhas irmãs não entendemos com quem ele havia se encantado — mentiu de forma descarada.

— Ele me contou outra história.

— Pode me colocar na frente dele. Quero ver ele sustentar a sua versão! — Antonieta falou com convicção. Adorava correr riscos.

— Não. Nunca faria isso. Acredito em você.

Antonieta sorriu e completou:

— De mais a mais, soube, por intermédio de uma conhecida de minha avó, que sua prima Raja é apaixonada por ele.

— Isso lá é verdade — concordou Rami. — Mas é algo quase impossível de acontecer.

— Por quê?

— Papai não quer que Raja se case com qualquer um. Prometeu ao irmão dele, pai de Raja, que, se ela ficasse sozinha no mundo, cuidaria dela por toda a vida. E que ela jamais seria tocada por um homem.

*Que horror*, pensou Antonieta. *Não ser jamais tocada por um homem? Eu morreria.* Contudo, ela respondeu:

— Oh, que gesto nobre de seu pai.

— Não sei ao certo. Tenho pena de Raja. Ela faria tudo para se casar com Abdul.

— Então que se case com ele. Eu quero ser sua. Só sua.

Rami sentiu o corpo queimar. Antonieta o tirava do sério. Nunca pensara em ter relações íntimas com uma moça séria, entretanto, estava tão apaixonado... tinha vontade urgente de se casar com ela. Queria ter Antonieta só para si.

Ela percebeu quanto Rami a desejava. E colocava cada vez mais lenha na fogueira. A cada semana, marcava encontro com um deles, alternando a companhia dos irmãos.

Na semana seguinte ao encontro com Rami, foi a vez de Antonieta se encontrar com Abdul. Tanto Rami quanto Abdul jamais desconfiaram de que ela estivesse saindo com os dois ao mesmo tempo. Até porque, depois do sarau, eles não haviam tocado mais no nome de Antonieta.

No encontro com Abdul, Antonieta caprichou na conversa.

— Sabe quanto eu o admiro, não? — disse ela, voz melíflua.

Abdul não cabia em si tamanha era a felicidade.

— Muito mais do que admirá-la, eu a amo, Antonieta.

— Está me dizendo a verdade?

— A mais pura verdade.

— Soube que sua prima Raja o ama.

Ele fez um gesto com a mão.

— Imagine. Eu não gosto dela. Nunca gostei, quero dizer, como mulher. Ela é como uma irmã para mim.

— Vai saber...

— Jamais, Antonieta. Raja não significa nada para mim. Nada.

— Assim é melhor. Porque estou apaixonadíssima por você.

Abdul sentia o corpo arder. Queria possuí-la de qualquer jeito. Diferentemente de Rami, achava que o tempo não era seu aliado. Queria apressar o enlace.

— Vou conversar com meu pai. Ele há de consentir nosso enlace.

— Por que não consentiria?

— É que em nossa família temos uma regra.

— E qual é? — perguntou, interessadíssima.

— O filho mais velho se casa primeiro.

— E se ele não se casar?

— O mais jovem não poderá se casar.

— Está falando sério?

— Seriíssimo.

Antonieta matutou e disparou:

— Por exemplo, imaginemos que seu irmão se case. O que aconteceria com você, quer dizer, conosco?

— Ah, seria ótimo!

— Como assim, Abdul? Não entendi.

— É que, se Rami desposar uma moça, eu estou liberado para me casar. Então, poderemos nos casar.

— Entretanto, Rami precisa arrumar uma noiva.

— Não se preocupe, meu bem — disse ele, voz amável. — Há um monte de moçoilas loucas para se casar com Rami. Afinal, ele é o primogênito do marquês de Ouro Belo. Além do mais, Rami tem uma pequena fortuna que minha mãe lhe deixou, à qual ele só poderá ter acesso quando se casar. Regras da família — Abdul disse e levantou a mão para o céu.

Foi nesse momento que Antonieta decidiu que Abdul não lhe era mais interessante. Jogaria todo seu charme em cima de Rami. E o que fazer com Abdul?

*Bom, ele que vá plantar batatas. Eu estou pouco me lixando para os sentimentos de Abdul. Se Rami é o primogênito e tem de se casar... e ainda vai receber uma pequena fortuna... não vou deixar que nenhuma libertina consiga esse intento.*

A fisionomia dela se transformou. Se antes estava valendo a pena sair com os dois irmãos ao mesmo tempo, agora Antonieta tinha certeza de que não mais se encontraria com Abdul. Ela fingiu leve mal-estar.

— Não está passando bem? — preocupou-se Abdul.

— É o sol.

Ele a abanou com as mãos.

— Quer um pouco de água?

— Não, querido. Está muito quente. Prefiro voltar para casa. Pode me acompanhar?

— Claro, meu anjo.

Abdul nada percebeu, mas esse seria o último encontro amoroso entre eles. Antonieta o havia descartado naquele momento. Pobre Abdul...

# CAPÍTULO 20

Falemos de Cleonice. Indubitavelmente, Aurélio se apaixonara por ela. Ele frequentava duas vezes por semana a casa de Teresa. Enquanto conversavam amenidades, o jovem casal era vigiado por Bernarda . Até que, certo dia, ela decidiu que uma criada poderia ficar de olho neles.

— Não quero nenhum assanhamento — ordenou Bernarda à criada.

— Sim, senhora.

— Caso Cleonice se mostre muito efusiva, interfira. É uma ordem.

— Sim, senhora.

A criada ia perguntar como proceder caso ocorresse o contrário, ou seja, caso Aurélio avançasse o sinal. Mas não deu tempo de fazer a pergunta. Bernarda apanhou o leque e saiu num tiro. Agora frequentava a casa de suas novas amigas, sempre para tomarem um chá e, obviamente, fazerem comentários maledicentes e fuxicos que envolviam a família real.

Numa dessas tardes, pouco tempo depois que Bernarda saiu, Aurélio chegou com um ramalhete de flores. Entregou-o a Cleonice, que o apanhou, emocionada. Ela aspirou o delicado perfume das flores.

— Que lindo. Amei estas flores.

Na sequência, pediu para a criada ajeitá-las num vaso.

Aurélio discorria sobre assuntos da Corte e Cleonice o ouvia com grande interesse. Nessa tarde, Antonieta entrou em casa e mal reparou no casal. Nem os cumprimentou. Só que, enquanto caminhava em direção ao quarto, ouviu de Aurélio:

— Sabe, Cleonice, eu quero me casar com você.

Cleonice sentiu as faces arderem.

— Mesmo?

— Sim. Estou muito apaixonado e sinto um profundo desejo de tê-la só para mim.

Ela sentiu o corpo arder. Nunca se permitira ter intimidades com quem quer que fosse, mas estar ao lado de Aurélio lhe trazia essas sensações. Cleonice sentia que o coração ia saltar da boca.

— Eu também o amo, Aurélio.

Antonieta parou por um instante e riu baixinho, sem que eles percebessem que ela ouvira a conversa.

Então quer dizer que o casalzinho está apaixonado! Quem diria que a sonsa da Cleonice despertaria desejos num homem. Se bem que, pelo que ouvi por aí, Aurélio é que é o louquinho da família, e não seu irmão, embora ele não dê sinais... Eu vou destruir esse amor deles. Cleonice não vai se casar com ele. Já sei o que vou fazer... Ela entrou no quarto e deu uma gargalhada. Você vai me pagar por tudo o que me fez, Cleonice. Ah, se vai...

Estelinha e Sérgio estavam se dando bem. Ele estava com a real intenção de casar-se com ela. Faltava pouco para se declarar. Embora pertencente a uma família abastada, Sérgio não queria usufruir o dinheiro dos parentes. Evaristo, seu pai, fora um destacado feitor — espécie de posto de confiança do rei, geralmente escolhido entre a nobreza —, que gerenciava o comércio de feitorias localizadas no litoral do continente africano. Com o passar do tempo, Evaristo tornou-se um notório mercador de escravizados. Seu sucesso como mercador — ou traficante — lhe rendera o título de barão de Canoas.

Sérgio recebera educação esmerada de um preceptor português que lhe ensinara línguas, aritmética, história natural e ciências. Graças a esse grande mestre, tivera condições de estudar medicina em Londres. Esse senhor tinha lhe deixado uma pequena fortuna como herança e, assim que se formara médico, Sérgio havia usado esse dinheiro para se estabelecer na Corte, preocupando-se em calçar bem a estrada que o conduziria a um futuro próspero e seguro.

Como se graduara com honra ao mérito, fora convidado pelo próprio príncipe regente para participar do grupo de pouquíssimos médicos que inaugurariam a cadeira de Anatomia no recém-criado Hospital Real.

Os encontros entre ele e Estelinha se espaçaram um pouco em virtude dessa nova empreitada. Dinorá aproveitou que o irmão estava se dedicando ao novo trabalho junto a outros médicos e passou a visitar Estelinha amiúde. Praticamente todo santo dia ela baixava na casa de Teresa para visitar Estelinha.

Cleonice chegou a comentar com ela:

— Esquisito isso.

— O quê?

— A visita diária de Dinorá. Ela não tem nada melhor para fazer?

— Ela gosta da minha companhia. Além do mais, mora longe.

— Sei que ela reside para os lados da freguesia do Catete. Não acha estranho?

— Por quê? Diferentemente de Sérgio, que não quer saber do dinheiro da família, Dinorá usa e abusa dos pais.

— Ela é muito jovem para viver sozinha numa chácara, tão afastada da cidade.

— Dinorá já me explicou isso. Ela tem os pulmões fracos, e o ar do Catete lhe faz tremendo bem.

— Não sei não, Estelinha. Aurélio comentou comigo... — Ela parou de falar, sentindo-se encabulada.

— O que está insinuando, Cleonice?

— Desculpe, Estelinha. Não tenho nada a ver com sua vida.

— Mas pensou algo. O que foi?

— Dinorá gosta demais de você — enfatizou.

Estelinha não entendeu.

— Ela quer uma nova amizade, só isso.

— Ela nem mais frequenta a casa de tia Angelina. Soube que não participa mais das reuniões. E justamente ela, que adorava esses encontros.

— E daí? Tia Angelina mora longe. Vai ver Dinorá se cansou.

Cleonice meneou a cabeça para os lados. Não gostava dessa aproximação de Dinorá. Sentia que havia, por parte dela, muito mais que amizade. Que Dinorá tinha outras intenções em relação à sua irmã. Fez o sinal da cruz pelo pensamento que invadira sua mente.

*Não, isso não é possível*, disse para si. Todavia, logo ela se esqueceu de Dinorá. Estava apaixonada. Queria se casar com Aurélio o mais rápido possível.

— Aurélio disse que quer se casar comigo — mudou de assunto.

— Estava demorando para ele se declarar — constatou Estelinha. — Aurélio está muito apaixonado.

— Como sabe?

— Pela maneira como ele olha para você.

— Eu também sinto o mesmo — confessou Cleonice.

— E agora? O que falta para concretizarem a união?

— Conversar com papai.

— Ele não vai se opor. Aurélio é filho do último vice-rei. Imagine. Papai vai adorar saber que uma de suas filhas despertou interesse num rapaz da nossa estirpe.

Cleonice suspirou, feliz. Ia falar, mas a criada entrou e avisou:

— Dona Dinorá está na sala.

Cleonice revirou os olhos.

— Está vendo, Estelinha? Ela não desgruda.

— Quanto exagero!

— Diga a ela que tem aula com madame Dubois — sugeriu Cleonice.

— É verdade. Temos aula. Mas ela também frequenta a casa de madame Dubois.

— Paciência — disse Cleonice, inquieta. — Fique de olho nela, Estelinha. Se ela...

— Se ela...? — Estelinha quis saber.

— Nada. Talvez a minha cabeça esteja vendo coisas demais.

Estelinha levantou-se e caminhou até a sala. Ao vê-la, Dinorá sentiu uma pontinha de emoção. Correu para abraçá-la, com desejo. Estelinha sentia que Dinorá a apalpava de maneira acintosa. Sorriu e afastou-se.

— Você aqui?

— Como Sérgio está envolto nos projetos do príncipe regente, venho visitá-la todos os dias.

— Hoje é dia de aula de francês e bordado. Você também não tem aula com madame Dubois?

— Tenho. Em dias diferentes dos seus. Gostaria que fizéssemos aulas juntas, se você não se importar.

— Claro que não — respondeu Estelinha.

— Até gosto das aulas de bordado. Mas francês? — Dinorá indagou, num tom acima do normal.

— Sim. Não gosta do idioma? Acho que falar outra língua, ainda mais uma que seja europeia, nos coloca num outro nível, diferenciando-nos dessa gente pobre e ignorante.

— Concordo com você, Estelinha. Quanto mais atributos tivermos, mais admiradas seremos. No entanto — ela disse, pensativa —, a família real fugiu de Portugal por causa de Napoleão Bonaparte. Deveríamos repudiar essa língua.

— Madame Marocas Dubois diz que a língua não tem nada a ver com as invasões das tropas napoleônicas em Portugal. O francês, por exemplo, está presente na maioria dos livros, dos romances.

Dinorá sorriu.

— Você me convenceu. Vou acompanhar você nessa aula.

— Não sei se madame Dubois vai permitir, porque você vai em outro dia e...

— Vamos tentar.

Dinorá não gostava de bordado nem de francês. Fora imposição da mãe: ou ela frequentava as aulas ou Dinorá deixaria a chácara e seria confinada a um convento. Ela engolira as aulas e faltava bastante. Madame Dubois não reclamava se Dinorá ia ou não às aulas, pois recebia o pagamento direitinho. E cobrava um valor elevado de suas alunas.

Nessa tarde, porém, Dinorá faria um sacrifício para assistir a uma enfadonha aula de francês — segundo palavras dela — apenas para estar ao lado de Estelinha.

De certa forma, a sorte estava do lado de Dinorá. Uma chuva intensa caiu naquele momento, fazendo com que o trajeto entre a casa de Teresa e de madame Dubois ficasse impraticável.

Presas ali na casa, Estelinha teve uma ideia.

— Façamos o seguinte — ela sugeriu —, não dá para irmos à aula. Vamos tomar um refresco e, assim que a chuva passar, poderemos ir ao pátio. Ficaremos no pátio.

— Excelente ideia — aprovou Dinorá.

— Vamos tomar um refresco e conversar — emendou Estelinha.

Dinorá ajeitou-se no sofá. Conforme elas entabulavam conversação, Cleonice, da ponta do corredor, meneava a cabeça para os lados.

— Não estou gostando nada dessa aproximação de Dinorá. Ela está sufocando Estelinha.

# CAPÍTULO 21

O rosto de Claudete se tensionava conforme escutava o que Jacinto lhe dizia. Angelina, depois de uma breve caminhada, entrou na casa e encarou Claudete. Num primeiro momento, cumprimentou o rapaz:

— Bom dia, Jacinto.

— Bom dia, dona Angelina.

— Como está Dalva?

— Muito bem.

— E o pequeno Arthur?

— Forte feito um touro — disse ele, orgulhoso.

— Fico feliz. — Ela notou o rosto dele um tanto contraído e, pelos gestos de Claudete, sentiu algo no ar.

— Tem alguma coisa que queiram me dizer?

Claudete olhou para Jacinto e ele abaixou a cabeça, um tanto envergonhado.

— Sabe o que é, dona Angelina, ontem à noite um grupo de ciganos apareceu por aqui e pediu para passarem uns dias aqui nas terras. Era muito tarde e não quis acordá-la.

— O que você fez, Jacinto?

— Eu os deixei ficar e...

Ela o cortou com amabilidade na voz:

— Que bom.

Jacinto sorriu.

— Sabia que a senhora os deixaria ficar. Não é um grupo grande, mas há crianças entre eles. Foram expulsos da Corte.

— Deixe-os ficar o tempo que for necessário. Vou lhe pedir um favor.

— Pois não.

— Quero que me traga o líder do grupo. Gostaria de conhecê-lo.

— Sim, senhora.

— Não acha perigoso? — indagou Claudete, apreensiva.

— Perigoso o quê?

— Não sei... Ouvimos tantas coisas sobre os ciganos.

— Ouvimos, disse bem. Nunca tivemos contato com um cigano que fosse. Quero os conhecer.

— Obrigado, dona Angelina.

Jacinto se despediu e Claudete continuou desconfiada.

— Não sei, não... Essa gente...

— Deixe de ser preconceituosa! — repreendeu-a Angelina.

Claudete lembrou-se de si mesma. *Angelina tem razão. Estou me comportando como Estelinha. E, de mais a mais, quem sou eu para julgar alguém?*

Uma lágrima escapou pelo canto do olho, e ela espantou o pensamento com a mão.

Claudete era neta de escravizados. Quando os pais morreram, ela ainda era muito pequenininha. Angelina a levara para dentro de casa e dela cuidara. Claudete crescera praticamente como filha de Angelina. Por conta das convenções sociais, tinha o título de dama de companhia. Era apegada a Angelina e morreria por ela, se fosse preciso.

Angelina tinha percebido, desde muito cedo, que Claudete não se interessava por rapazes. Como era um espírito lúcido, muito à frente do seu tempo, Angelina acreditava que as pessoas podiam ser felizes ao lado de quem desejassem, independentemente de condição social, etnia, sexo... Numa época em que a moral e os costumes eram rígidos e engessados, Angelina era a favor da liberdade. Nunca questionou Claudete. Jamais lhe fizera uma pergunta que pudesse embaraçá-la. Simplesmente respeitava-a como era. E assim levavam a vida.

Depois do almoço, Jacinto apareceu na varanda da casa. Uma das criadas o viu e foi chamar Claudete. Ela vinha discutindo com a criada sobre a limpeza de determinado cômodo. Chegou falante à varanda e estancou o passo assim que viu aquelas pessoas.

O líder do grupo estava atendendo uma cigana anciã, doente, e não pôde ir ao encontro. Em seu lugar, uma mulher e seus dois filhos acompanharam Jacinto. Dirce era mestiça, de estatura mediana. Tinha um olhar penetrante e transmitia firmeza e segurança na voz. O rapaz, Nicolau, alto, forte, de olhos escuros iguais aos da mãe, era o filho mais velho e, por esse motivo, chefe da sua família, visto que na cultura cigana o homem é quem lidera, cuida e protege sua prole. Como Dirce ficara viúva recentemente, Nicolau assumira o lugar do pai. Ao lado dele estava Célia. Era uma moça bonita, cujo sorriso era cativante.

Claudete os cumprimentou e, ao fixar os olhos em Célia, sentiu leve tremor. Apenas sorriu e logo saiu para chamar Angelina.

Angelina veio e se apresentou.

— Estamos muito gratos com sua generosidade — agradeceu Nicolau. — Falo em nome do grupo. Embora eu, minha mãe e minha irmã não sejamos ciganos, fomos acolhidos pelo grupo e nos sentimos como parte dessa família.

— Além de tudo, somos gratos à senhora — ajuntou Dirce.

Angelina sorriu.

— Podem ficar o tempo que necessitarem.

— Eu os orientei a ficarem perto do riacho — comentou Jacinto.

— Isso é bom. Podem usar a água do riacho, colher os frutos das árvores que o rodeiam.

— Temos uma pequena criação de porcos — revelou Nicolau.

— Podem criá-los à vontade.

— Não ficaremos muito tempo — alertou Dirce. — Não ficamos muito tempo no mesmo lugar. Somos nômades e nosso caminho é livre.

— Sim — disse Angelina. — Conheço bem pouco sobre a cultura cigana, mas você poderá me contar suas histórias, seus costumes.

— Não tem asco de nós? — quis saber Célia, chocada. Afinal, ela crescera sendo julgada pelas pessoas. Em cada cidade que adentravam, eram tratados feito réprobos, criaturas indesejáveis.

— Por que sentiria? O que me difere de você? — Célia não soube responder. — Somos pessoas, temos carne, osso, cérebro e espírito. Talvez a nossa posição social seja diferente, mas somos semelhantes.

— A senhora é uma sábia! — observou Nicolau.

— Sou apenas uma mulher que enxerga a vida de outra forma. Se ela é boa ou ruim? Importa apenas a mim tal julgamento.

— Dona Angelina é um anjo — revelou Jacinto. — Ela alforriou todos os escravos dela e ainda nos deu terra para plantarmos e vivermos com dignidade.

— Logo se vê que é uma mulher digna — interveio Dirce. Ela tinha uma mediunidade acima da média. Sua sensibilidade era apreciada naquela cultura. Nem precisava ler a mão de uma pessoa. Apenas mirando fundo os olhos do outro, Dirce já fazia uma clara leitura de seu passado e futuro. Sorriu para Angelina. — É uma alma nobre, logo percebi quando a vi. Será sempre abençoada e terá uma boa vida até o fim deste ciclo.

Angelina agradeceu com uma mesura.

— Está sendo muito boa para nós. Obrigada — disse Célia.

— Eu que agradeço — tornou Angelina.

— Apareça mais tarde em nossa tenda — convidou Nicolau. — Teremos cantoria e dança. E comida. Muita comida! São nossos convidados.

— Irei com prazer.

Quando iam se despedir, Dirce pousou suas mãos nas de Angelina. Mirou fundo os olhos dela e segredou:

— Felisberto a ama muito. Está sempre lhe enviando eflúvios de amor. Vai esperá-la, nem que leve muitos e muitos anos.

— Sabe o nome do meu marido!

— O espírito dele se apresentou a mim. É uma alma nobre. Ele a ama muito.

— Sei disso — murmurou Angelina, emocionada.

Eles se foram e Angelina levou a mão ao peito. Sentiu uma saudade imensa de seu marido. Fez uma prece sincera e entrou em casa sentindo paz. Muita paz.

# CAPÍTULO 22

Teresa estava ansiosa e impaciente. Fazia alguns dias que chegara à fazenda e não conseguira falar com Eurico. Ele havia feito uma viagem de última hora, para tratar da compra de terras para os lados de Minas Gerais. Estava para retornar. Irritou-se sobremaneira quando Bernarda ali apareceu.

— Eu roguei para que ficasse cuidando das meninas. O que está fazendo aqui?

— Desculpe, Teresa. Sei que pediu.

— Exatamente! — bradou Teresa. — Sei que não está nada preocupada com Estelinha e Cleonice. Entretanto, não desgruda de Antonieta.

— Convenhamos, elas estão muito bem. Suas criadas estão de olho nelas. Além do mais, as três já têm pretendentes. Isso me alegra.

— Você gosta da vida na cidade. Por que voltou tão rápido? Não sei quantos dias ainda vou ficar por aqui.

— Eu só vim para passar dois dias. Recebi uma carta de Eurico. Ele pediu que eu viesse porque precisou se ausentar. Quando ele retornar de viagem, voltarei à sua casa.

— Não será necessário. Assim que meu filho retornar de viagem, eu voltarei para a cidade — Teresa falou num tom impaciente.

Bernarda percebeu a inquietação e perguntou:

— Está um tanto aflita. O que foi?

— Nada que seja da sua conta.

— Por que me destrata assim? Sou sua nora e, acima de tudo, sua amiga.

— Amiga? — Teresa gargalhou. — Nunca demonstrou ser.

— Gosto de você, Teresa. É verdade. — Ela nada disse. Bernarda prosseguiu: — Meu pai deu muitas terras a Eurico. Foi meu dote.

— E daí? Nada mais natural.

— Eu lhe dei um neto homem. E uma neta adorável.

Teresa balançou a cabeça.

— Nisso tenho de concordar. Você foi melhor do que a primeira esposa dele.

— Está vendo? Não sei por que me trata de modo rude.

Teresa a olhou de cima a baixo. Era verdade. O que a fazia, vez ou outra, sentir raiva de Bernarda? Ela não saberia dizer. A fim de evitar uma conversa enfadonha, disparou:

— Sabia que nunca concordei com aquele casamento?

Bernarda sabia muito pouco sobre Magda, a primeira esposa de Eurico. Ele mal tocava no nome dela. Nunca trocara uma linha de conversa que fosse com Bernarda a respeito disso. Curiosa, quis saber:

— Você gostava dela, Teresa?

— De quem, da Magda?

— Sim.

— Não gostava nem desgostava. Apenas não queria que Eurico se casasse tão jovem. Ele a engravidou e Deodato, muito correto, correu com os proclamas. Aí nasceu Cleonice. Logo depois Magda engravidou de novo. Ela passou mal durante toda a gestação. Achei que fosse perder a criança. Mas ela levou a gravidez até o fim. Logo que Estelinha nasceu, ela teve uma forte hemorragia. Não durou dois dias depois do parto.

— Deve ter sido um tempo bem triste...

— Qual nada — retrucou Teresa. — Eu incentivei Eurico a trabalhar e que deixasse as crianças aos cuidados das criadas. Se dependesse de mim, assim que estivessem mais crescidinhas, eu as mandaria para um colégio interno. Na Europa, de preferência, bem longe de mim.

— E por que não fez isso?

— Porque Deodato, mais uma vez, não permitiu. Ele adorava as meninas. E incentivou Eurico a se casar de novo. Você deve agradecer Deodato, porque, se não fosse a insistência dele, Eurico não a teria desposado.

— Eu me apaixonei por Eurico. Sei que muitos não acreditaram em mim, tecendo comentários maledicentes a meu respeito, de que me casei por puro interesse.

— E não foi?

— Não! — Bernarda disse num tom acima do normal.

Teresa a mirou por instantes. Percebia que Bernarda gostava mesmo do seu filho. Isso a perturbava. Ela tinha um ciúme muito grande de qualquer mulher que se aproximasse de Eurico. Com o passar dos anos, porém, esse ciúme fora abrandando. Ela amava o filho acima de tudo, no entanto, sentia vontade de viver e experienciar os prazeres do mundo. Percebia-se ainda jovem e queria se casar de novo, viajar, fazer novas amizades, conhecer novos lugares. A bem da verdade, embora louca pelo filho, Teresa já tinha se apaixonado, de forma intensa, ainda jovem. Ao lembrar-se de Bento, suspirou. Voltou ao presente e disse:

— Sim, você se apaixonou pelo meu filho. Mas devo salientar que não tratou bem as meninas.

— Elas nunca gostaram de mim — defendeu-se Bernarda.

Teresa a olhou por instantes, sem nada dizer. Não é que não gostasse de Bernarda. Quando Eurico a apresentara aos pais, Teresa sentira uma leve pontada no peito. Num primeiro momento, ela não simpatizara com Bernarda. Com o passar do tempo, Bernarda dava sinais de que era uma boa esposa, dedicada. Em relação às filhas do primeiro casamento de Eurico, ela entendia o posicionamento da nora. Desde que se casara com Eurico, ela havia tentado, mas não tinha conseguido, criar um laço afetivo com as meninas. Parecia que havia, sim, uma barreira invisível entre Estelinha, Cleonice e Bernarda. Era algo ligado ao passado das três? Com certeza. Não só com o passado delas, mas também com o passado de Teresa. Ela e Bernarda se conheciam havia algumas vidas. A animosidade que Teresa sentia desde que a conhecera era porque em última encarnação ambas haviam tido muitos atritos. A vida, sempre sábia e generosa, as juntara outra vez, a fim de que ambas pudessem reestabelecer os laços de afeto construídos no passado e que, infelizmente, tinham sido esgarçados com o tempo.

Teresa não tinha consciência disso. Essas experiências estavam escondidas no inconsciente, porém, toda vez que ela e Bernarda se encontravam, aquele incômodo ressurgia.

Posto que a ambição de Bernarda a irritava um pouco, Teresa não tinha do que reclamar.

Bernarda quebrou o silêncio:

— Eu repito: elas não gostam de mim.

Teresa voltou a si. Encarou-a com um sorriso:

— Aproveite que as três estão enamoradas de bons pretendentes. Trate de casar todas elas, o mais rápido possível.

— E daí?

— Daí que você as casa e fica livre de responsabilidades. Poderá viver ao lado de seu marido e de seu filho, ficar mais próxima de Alfredo. Precisa se empenhar em lhe arrumar uma bela jovem. De preferência, de boa família, ligada à Corte, por exemplo.

— Já tenho pensado nisso há algum tempo — confidenciou Bernarda. — Tenho alguns contatos na cidade e não será difícil encontrar uma filha de barão ou conde que esteja pronta para o matrimônio.

— Não sei se seria uma boa escolha ir pelos seus contatos — ajuntou Teresa. — Deixe-me perguntar às minhas amigas da Corte. Assim que retornar à capital, tratarei desse assunto.

— Não confia em mim, não é? Acha que não tenho competência para arrumar um bom partido para o meu filho?

— Não se trata disso, Bernarda. Sabe quanto aprecio Alfredo. Apenas me preocupo com o gênio dele. Alfredo é voluntarioso.

— Lá, isso ele é.

— Pois então. Não podemos apresentar qualquer mocinha para ele. Deixe que eu sei como tratar desses assuntos.

— Está bem. — Bernarda sorriu, na esperança de que Teresa fosse mais amável com ela à medida que o tempo passasse. Mudou de assunto: — Poderia compartilhar comigo por que está passando esses dias na fazenda...

— Eu quero algumas joias.

Bernarda remexeu-se na cadeira. Sabia que Eurico guardava joias de família no cofre da biblioteca. Soubera, por meio de uma criada, que na época do dote o pai de Magda lhe entregara um pequeno baú recheado com todas as joias de família. Ela era louca por dinheiro e tinha a esperança de que um dia pudesse tê-las só para ela.

Teresa captou o pensamento de Bernarda e tornou, amável:

— Fique tranquila. Não vou pegar todas as joias. Se se comportar direitinho, como uma boa nora, boa esposa e boa mãe, eu lhe darei alguma de presente.

— Jura? — Bernarda abriu um sorriso e levou a mão ao peito, tamanha a emoção.

— Juro. Mas é um assunto que fica aqui entre nós duas.

— Claro!

— Consegue manter segredo, Bernarda?

Ela fez que sim com a cabeça e indagou:

— Posso saber por que quer as joias?

— Não. Por ora, prefiro não dizer nada.

Bernarda concordou. Não perguntaria mais nada e não abriria mais a boca. Só de saber que ganharia uma joia... ficou extremamente feliz.

# CAPÍTULO 23

Abdul estava irritadíssimo. Fora duas vezes à casa de Teresa; na primeira vez, Antonieta não o recebera. Na segunda, ela não estava em casa. Ele não soubera, mas ela saíra com Rami.

Atirou um castiçal contra a parede. Raja passava pelo corredor e, ao ouvir o barulho, entrou no quarto.

— O que aconteceu? — indagou, assustada.

— Nada — respondeu, encolerizado.

— Faz dias que o vejo assim, um tanto irritado.

— Vá tratar da sua vida, Raja. Não me amole, por favor.

— Só quero ajudar. Sabe quanto gosto de você.

— Sei. E agradeço, mas agora quero ficar sozinho.

Raja queria atirar-se em seus braços e dizer que o amava, mas Abdul não lhe dava a mínima. Nunca olhara para ela como uma mulher, de fato. Ela, então, teve uma ideia. Sabia que Abdul tinha uma queda por bebida. Saiu do quarto e voltou com uma garrafa de conhaque. Entregou um copo a ele.

— O que é isso?

— Uma bebida para ajudar você a se acalmar.

Ele apanhou o copo e o virou de um gole só. Estalou a língua no céu da boca e encheu novamente o copo. Raja observava tudo com uma alegria interior indescritível. Era isso mesmo que ela queria, que ele se embriagasse. E por quê? Porque hoje ela teria, de uma vez por todas, um pouquinho de Abdul. Só um pouquinho.

Abdul foi bebendo e, dali a uma meia hora, estava bêbado. Não conseguia mais ficar em pé. Raja aproximou-se e tirou suas botas. Ajudou-o a se deitar na cama.

— Isso, Abdul. Precisa descansar.

Ele balbuciava o nome de Antonieta. Raja pegou a mão dele e a levou ao peito dela. Ele abriu e fechou os olhos. Ela apenas disse:

— Antonieta — e Abdul, com o racional nublado pela bebida, deixou-se levar. Ele esboçou um sorriso.

— Antonieta. Minha princesa.

Raja foi tocando partes do corpo dele. Logo, Abdul e ela estavam despidos e, por alguns instantes, Raja se sentiu a mulher mais desejada do mundo. Ela estava tão feliz que, consumado o ato, deitou-se ao lado de Abdul e adormeceram juntos.

Foi algum tempo depois que Abdul acordou e, na penumbra do quarto, sem concatenar direito as ideias, olhou para o lado e viu as costas nuas de Raja. Ainda sob os efeitos etílicos, acreditou ser Antonieta. Abraçou-se a ela, sussurrou palavras de amor em seu ouvido. Raja despertou como se estivesse no sétimo céu. Virou-se para Abdul e confessou, voz melíflua:

— Eu o amo tanto.

— Eu também. — Ele a beijou com ardor e, logo em seguida, abriu os olhos. Ao tomar consciência de quem era, gritou: — O que está fazendo? — Depois, empurrou Raja com tamanha violência que ela se desequilibrou e caiu da cama. Ela se levantou aos poucos e puxou a coberta para cobrir o corpo nu. Abdul saltou da cama e recobrou completamente a consciência.

— O que significa isso?

— Eu... eu... — ela gaguejava. Não sabia o que dizer.

— Você se aproveitou de mim? — Raja não respondeu. Ele olhou para si. Estava nu. Seus olhos tiveram a atenção voltada para o lençol da cama, com manchas de sangue. Ele levou a mão ao peito, horrorizado.

Raja tentou acalmá-lo:

— Você não tem culpa de nada. Nós nos relacionamos. Aconteceu.

— Você é virgem. É minha prima! — gritou horrorizado.

— Era — ela consertou. — Sempre quis tê-lo para mim, Abdul. Eu o amo. Esqueça essa moça e case-se comigo. Prometo que vou fazer você o homem mais feliz do mundo.

Ele sentiu nojo. Cuspiu na cama.

— Eu tenho asco de você, Raja. Nunca, em mil anos, me deitaria com uma mulher feito você.

— Por que não?

— Porque... porque...

— O que Antonieta tem que eu não tenho?

— Tudo! Antonieta tem tudo. Ela é o amor da minha vida.

— Você é o amor da minha — ela retrucou.

— Não sou.

— Não tem problema. O meu amor é suficiente para nós dois. Apenas me aceite, Abdul.

— Nunca vai me ter, Raja.

— Por quê? — ela perguntou, chorosa.

— Porque eu amo outra mulher.

— Essa paixão é passageira. Eu posso fazer você esquecer essa mulher.

— Não pode, porque eu não quero.

— Dê-me uma chance, Abdul — ela implorou.

— Você nunca significou nada para mim. Nada.

— Abdul...

— Nem que Antonieta não me quisesse, eu jamais ficaria com você.

Raja percebeu que seria impossível conquistar o amor do primo. Fizera tudo de caso pensado. Tinha certeza de que, ao perceber que a havia deflorado, Abdul esqueceria Antonieta e a pediria em casamento. Em vão. Abdul não mudara de ideia. E, pelo visto, jamais mudaria. Ela rangeu os dentes de raiva. E disparou:

— Eu vou contar ao tio Samir que você me forçou. Você exigiu que eu me deitasse com você. Praticamente me violentou.

— Isso não é verdade, Raja.

— Pode ser a partir de agora. Quero ver se tio Samir vai permitir que se case com a sua Antonieta! Ele vai exigir que se case comigo.

— Não caso com você por nada deste mundo.

Ele arrancou o lençol da cama e atirou-o no chão. Vestiu-se com rapidez, apanhou o lençol e saiu feito um tufão. Antes, porém, disse, enraivecido:

— Eu quero que você morra. Nunca mais vou olhar para você. Se papai souber o que me obrigou a fazer, juro que acabo com a sua vida. Você poderá ter tudo, mas nunca, em hipótese alguma, terá o meu coração. Eu sempre vou desprezá-la, para todo o sempre.

Abdul deixou o quarto, chamou um criado e pediu que incendiasse o lençol imediatamente. Depois, pediu que voltasse ao quarto e arrumasse a cama. Saiu em direção à casa de Teresa, decidido.

— Antonieta vai me ver. Nem que eu passe o dia plantado na porta, mas ela vai ter que me receber!

Enquanto isso, Raja, sentindo-se humilhada, chorou. Chorou muito. Depois de resmungar e praguejar, ela vestiu-se e logo estava em seu quarto. Voltou a chorar copiosamente. Ela amava Abdul, se entregara a ele, e ele, por sua vez, desprezara seu amor. De repente, o amor transformou-se em ódio. Ódio puro. Ela rangeu os dentes com tanta raiva que mordeu a bochecha e sentiu o gosto amargo de sangue.

— Você me paga, Abdul. Você vai ser meu e de mais ninguém. Nem que eu tenha de matar a sua amada. Nem que eu tenha de sujar minhas mãos de sangue... mas farei você ser meu.

# CAPÍTULO 24

Abdul praticamente invadiu a casa de Teresa. Como lá não havia nem ela nem Bernarda, foi fácil entrar. Estelinha e Cleonice estavam em aula com madame Dubois. As criadas tentaram impedir, contudo, ele as empurrou com violência e gritou:

— Só saio daqui quando Antonieta chegar.

Elas correram para o interior da casa. Abdul permaneceu no pátio. Cruzou e descruzou as pernas diversas vezes, nervoso. Tamborilava os dedos na banqueta. De minuto em minuto, tirava o relógio do bolso e consultava as horas. Parecia que o relógio não se movia. Abdul estava cada vez mais irritadiço.

Não demorou muito e Antonieta chegou à casa, toda lépida. Havia avançado o sinal e tinha permitido a Rami lhe dar um beijo. Um beijo, não. Vários beijos. Aproveitaram os fundos da igreja. A iluminação era feita com velas e o ambiente era escuro. Ela o levara atrás da sacristia e ali haviam trocado beijos e mais beijos. Rami sentira-se o homem mais feliz do mundo. Ia, naquela mesma noite, anunciar ao pai que iria pedir a mão dela em casamento. Sabia que teria de enfrentar o irmão, mas o coração falava mais alto. Rami acreditava que Abdul sentira apenas uma pequena paixão por Antonieta. Quer dizer, Antonieta fora até repetitiva, jurara a Rami que mal conhecera Abdul, que nunca havia saído com ele e que, se ele dissesse o contrário, estaria mentindo, com o intuito de separá-los.

— Eu juro que Abdul mente. Nunca conversei com ele. Apenas o cumprimentei na rua certa vez.

— Jura?

Antonieta havia beijado os dedos.

— Estou falando a verdade, por mais que doa. Não quero que a amizade entre você e Abdul fique estremecida por minha causa. Se isso acontecer, eu...

Rami a silenciara, pousando delicadamente os dedos em seus lábios:

— Nada vai acontecer. E tem mais...

— O quê?

— Vou conversar com meu pai hoje à noite.

— Está falando sério? — Antonieta empolgara-se.

— Sim. Não quero mais passar um minuto sem você ao meu lado.

— Oh, Rami.

— Você será minha, Antonieta. Só minha.

Rami, apaixonado, acreditara em todas as palavras dela.

Antonieta jogou as luvas e o chapéu nos braços da criada. A moça tentou falar-lhe, mas ela, que destratava naturalmente os criados, nem lhe deu atenção. Apenas ordenou:

— Faça-me uma limonada. Vou para o pátio. Está um calor infernal.

A criada mal abriu e já fechou a boca. Fez que sim com a cabeça, guardou as peças de roupa e foi preparar o suco. Antonieta bufou e adentrou o pátio. Surpreendeu-se ao ver Abdul, que cochilava num banco. Ela irritou-se sobremaneira, afinal, havia dado ordens às criadas de que Abdul estava impedido de entrar. Ela estava decidida a se casar com Rami e não voltaria atrás. Agora precisava ser franca e direta. Bem direta. Aproximou-se do rapaz e cutucou o ombro dele.

Abdul abriu os olhos e, ao vê-la, abriu largo sorriso. Levantou-se de um pulo.

— Minha querida, estava morrendo de saudades de você.

Antonieta revirou os olhos. Estava cansada de Abdul e suas juras de amor melosas. Ia falar, mas a criada apareceu com uma bandeja trazendo o refresco. Antonieta bebericou o copo de limonada. Ofereceu a Abdul.

— Não, obrigado. Quero um copo de água.

A criada assentiu. Saiu com a bandeja e foi pegar um copo de água para ele.

— O que faz aqui? — ela perguntou, tentando não demonstrar contrariedade.

— Vim duas vezes. Você não me atendeu na primeira vez e não estava em casa quando voltei a procurá-la.

— E o que tem a me dizer de tão urgente?

— Ora, Antonieta, o nosso amor.

— Como assim, o nosso amor? — Ela se fez de desentendida. Queria ganhar tempo com perguntas bobas só para ganhar tempo no pensamento.

— Eu decidi que não quero mais esperar.

— Esperar pelo quê, Abdul?

— Ora, Antonieta. Não quero mais passar um minuto sem você ao meu lado.

Antonieta levou a mão à boca. Abdul falava como o irmão, usando, inclusive, as mesmas palavras!

— Está falando sério? — Ela estava incrédula.

— Nunca falei tão sério em toda minha vida. Vou conversar com meu pai hoje à noite.

— Não acha que ainda é cedo?

— Não quero mais passar um minuto sem você ao meu lado.

— Oh, Abdul.

— Você será minha, Antonieta. Só minha.

Ela mordiscou os lábios. Rami iria fazer o mesmo. E agora? Pensou com extrema rapidez e devolveu:

— Calma.

— Como calma? Eu a amo. Você me ama. Vamos nos casar. Ponto.

— Não coloque palavras na minha boca.

— Como assim? — Ele não entendeu.

— Você pode até me amar, mas eu...

Abdul a silenciou com um beijo.

— Claro que eu a amo. Desde a primeira vez que a vi. Nada será capaz de destruir esse amor — Abdul disse, enquanto pensava nos momentos que havia passado com Raja. — Sou capaz de qualquer coisa para ter você só para mim.

— Seu pai poderá recusar.

— Ora, por quê? É a mais bela das moças da Corte.

— Seu irmão precisa casar primeiro. Não é a regra?

— Sim. Rami deve se casar primeiro, mas quem criou essa regra foi meu pai. Eu não vou acatar as ordens dele.

— Se fizer isso, não terá herança.

— E daí, Antonieta? Eu sou um homem inteligente, bem relacionado. Posso trabalhar com o que quiser.

— E a fortuna de seu pai?

Abdul deu de ombros.

— Não fui eu quem a construiu. Também não sou homem de grandes gastos ou luxos. Poderemos ter uma vida simples, porém confortável. A bem da verdade — Abdul baixou o tom de voz e segredou —, minha mãe deixou-me em testamento umas terrinhas perto de onde sua tia mora. Construiremos nossa casa, eu vou cultivar cana e teremos uma vida boa. Simples, mas boa.

Antonieta revirou os olhos, atordoada. Então Abdul preferia abrir mão de uma gorda herança para ter uma vida simples? Será que ele tinha problemas mentais? Antonieta não era mulher de vida simples. Ela nascera para brilhar, para viver os luxos e prazeres da Corte. Jamais se contentaria em viver como tia Angelina, no meio do mato, no fim do mundo, longe da alta sociedade que se formava com a chegada da família real ao Rio de Janeiro. Não. Ela jamais aceitaria isso. Sentiu leve mal-estar só de pensar na vida idealizada por Abdul. Decidida, Antonieta praticamente cuspiu as palavras:

— Não o amo, Abdul.

— Ora, imagine. Claro que me ama.

— Não...

Ele sorriu e passou os dedos no rosto dela.

— Ama, sim. Nós nos amamos desde o primeiro olhar, lembra? Foi um momento mágico, especial.

— Abdul...

Ele não a deixava concluir as frases.

— Sei que pode estar se sentindo insegura. Eu vou estar sempre ao seu lado. Ah, já sei — ele disse, ao ver Antonieta com o rosto afogueado —, está com medo de que seu pai diga não, de que ele não me aceite como seu noivo. Isso não vai acontecer. Eu sou o filho do marquês de Ouro Belo.

— Por favor, Abdul...

— Sempre disse que me amava. Na verdade, você me disse isso tantas vezes!

O pior é que ela havia lhe dito. Mas Antonieta se fez de sonsa:

— Não me lembro de ter dito que o amava.

— Não importa. Eu a amo e vamos nos casar.

— Abdul, por favor, não insista.

— Eu conversarei com seu pai. Vou até a fazenda para oficializar o pedido. Posso até dispensar o dote. Eu quero você só para mim.

— Não quero que vá falar com meu pai.

— Por que não? Ele vai adorar saber que você vai se casar com o filho do marquês de Ouro Belo.

— Eu decidi que não vou me casar com você.

Abdul acreditou que Antonieta estivesse fazendo charme. Estava disposto a sair dali com o compromisso firmado de que iriam se casar.

— Vou esperar sua avó chegar de viagem. Primeiro, falarei com ela. Em seguida, marcaremos de eu ir ter com seu pai.

Antonieta não via saída. Precisava ser firme.

— Não. Abdul, não vai haver casamento entre nós...

Ele a cortou com amabilidade na voz:

— Imagina! Sei que é um grande passo, mas vai dar tudo certo. Vamos nos casar e...

Antonieta o interrompeu numa explosão de raiva:

— Eu vou me casar com Rami! Com Rami, entendeu?

— Como assim, casar-se com Rami?

— Vou repetir: vou me casar com Rami.

— Está brincando comigo.

— Não. Estou lhe dizendo a mais pura verdade. Meu coração é de Rami, pertence a ele.

— Como assim? Disse que me amava.

— Já falei que não me lembro de ter-lhe dito isso. De mais a mais, supondo que eu tenha dito, agora não sinto mais nada por você.

— Nosso amor não pode acabar assim.

— Claro que pode! Estou determinando — Antonieta falou quase num grito.

— E os nossos beijos? Você não fingia...

Ela não fingia. Houvera ótimos momentos com Abdul. Ele até beijava melhor que Rami, mas Rami... bem, Rami era o primogênito e ela teria muitas benesses em se casando com o filho mais velho de Samir. Mesmo que gostasse um tantinho mais de Abdul, abriria mão desse amor. Aliás, na cabeça de Antonieta, vinham outras ideias. Ela percebeu que Abdul não iria ceder com tanta facilidade, contudo, precisava resolver o assunto de uma vez por todas.

Ela se aproximou dele e o beijou. Abdul sentiu o corpo arder de desejo. Em seguida, ela disse:

— Tenho uma proposta a lhe fazer.

— Diga! — Ele estava por demais empolgado, até sorridente.

— Eu me caso com Rami e você se torna meu amante.

— Não entendi.

— Como não entendeu, Abdul?

— Você se casa com meu irmão e...

— E você, Abdul, se torna meu amante. Manteremos tudo em família — Antonieta sugeriu.

— Está me propondo ser seu cunhado e amante ao mesmo tempo?

— Viu como é inteligente? Sim. É isso mesmo.

Abdul afastou-se dela, apoplético.

— Está insinuando que eu me torne seu amante? Diz isso assim, como se fosse algo natural?

— Isso mesmo.

Abdul descontrolou-se. O braço levantou num impulso e o tapa foi forte. Antonieta arregalou os olhos. Levou a mão ao rosto, indignada.

— Como se atreve? — ela enervou-se, dando um passo para trás.

— Sou eu quem pergunto: como você se atreve a me fazer uma proposta tão indecorosa, indecente?

— Ora, Abdul. Agora deu para ser um santinho? Qual o problema? Nós nos damos bem, temos gostos parecidos.

— Então case-se comigo!
— Não, querido. Vou me casar com Rami.
— Por que vai se casar com ele se ama a mim?
— Ora, por quê? Porque Rami é o primogênito.
— Ah, então é isso? Vai se casar com Rami...
— Ah, Abdul. Por favor, não tenho de lhe dar satisfações — exasperou-se Antonieta. — Aceite minha proposta e seremos, nós três, muito felizes.
— Imagine Rami saber disso. Ele jamais vai aceitar uma proposta tão obscena!
— Preste atenção, Abdul. Para que contarmos a Rami sobre esse acordo? Ele não precisa saber.
— Mas vai! — A voz dele saiu rouca.
— Como assim?
— Eu vou contar a ele o que me propôs.
Antonieta riu. Depois gargalhou.
— Idiota! Mil vezes idiota.
— Creio que quem está se passando por idiota, me fazendo proposta tão acintosa, é você.
— Querido... Acha mesmo que Rami, apaixonado por mim, vai acreditar em você? No irmão que teve uma paixonite pela noiva dele?
— Vou contar tudo a Rami. Tudo.
Ela deu de ombros.
— Pode contar. Eu vou desmentir você na frente de todos. Farei que a Corte o veja como um pusilânime, fraco, covarde...
Imediatamente, Abdul lembrou-se da conversa que tivera havia pouco com Raja. Ele dissera a ela que, caso contasse ao tio sobre a intimidade que haviam tido, ele a desmentiria. Não havia provas. O lençol com a prova de que ele a deflorá-la fora queimado. E agora Antonieta o fazia provar do mesmo veneno. Abdul sentiu um ódio descomunal.
— Vamos ver quem vai se dar melhor: eu ou você!
— Quer mesmo apostar? — Antonieta o desafiou.

— Ouça — Abdul tentava mudar a opinião de Antonieta —, nós nos amamos, você se entregou a mim. Como pode, depois de momentos tão íntimos, dizer-me que escolheu, a partir de agora, deitar-se com meu irmão?

— Não me deitei ainda com Rami. Só trocamos beijos e algumas carícias.

— Então... — ele suplicou —, se você não se deitou com Rami, é porque me ama. Afinal, você já foi minha.

— E daí?

— Eu a deflorei, Antonieta. Como vai fazer para mostrar a Rami que não é mais pura? Acha que meu irmão vai se casar com uma deflorada?

Antonieta fingiu consternação e forçou uma lágrima. Com uma das mãos, secou-a e, voz melíflua, tornou:

— Oh, imagine eu ter de contar a triste história de uma menina que foi violentada por um dos criados da casa. Tão indefesa...

— Mas você não foi violentada, porque eu...

Antonieta começou a gargalhar. Foi então que Abdul entendeu o jogo dela.

— Você é mentirosa e ardilosa. Como pude me apaixonar por mulher tão vil?

— Porque eu sou linda, irresistível! O que posso fazer? — Ela continuou a rir.

Abdul apanhou o copo de água e, extremamente irritado, atirou-o contra a parede.

— Rameira!

Ele bufou e saiu dali espumando ódio.

Antonieta sentiu uma pontinha de desespero. *Abdul revelou-se um autêntico traga-mouros*[1]*. Se ele disser ao pai ou ao irmão sobre minha proposta, juro que vou negar até o fim de minha existência. Abdul não vai estragar o meu futuro. Não vai!*

---

1 Indivíduo violento, bruto.

# CAPÍTULO 25

Naquela mesma tarde, enquanto Antonieta, Rami e Abdul selavam seus destinos, Estelinha e Cleonice terminavam mais uma aula com madame Dubois e com Dinorá a tiracolo. Cleonice olhou para Estelinha de soslaio. Puxou-a num canto, enquanto Dinorá tirava uma dúvida com a madame.

— Você viu a que ponto ela chegou? — Cleonice estava indignada.

— Você está vendo coisas que não existem — alertou Estelinha. — Dinorá vive sozinha.

— Isso não é desculpa. Ela tem um irmão.

— Sérgio mal regressou do exterior. Provisoriamente, ele mora na casa dos pais, que, por sinal, estão sempre viajando.

Logo vai pedir a minha mão em casamento. Como vê, Dinorá vai continuar só, pobrezinha.

— E daí? — Cleonice deu de ombros. — Estelinha, ela praticamente grudou em você.

— Ela me vê como uma boa amiga.

— Será?

— Sim. Ela é um pouco chata às vezes, mas é porque não tem amigos. Além do mais, em breve ela vai se tornar minha cunhada.

— Não sei, não... — Cleonice falava com dúvida na voz.

— Pode deixar. Eu vou conversar com ela. Vamos tomar um ar, passear.

— Veja lá o que vão conversar. Ela pode confundir as coisas. — Cleonice falou num tom e logo se envergonhou. Achava que era um grande pecado uma mulher flertar com outra. Tinha medo de que Dinorá fizesse mal à sua irmã, ou à reputação dela.

— Vai correr tudo bem — tranquilizou-a Estelinha.

— Bom, eu vou para casa. Aurélio vai me visitar.

— Que beleza! Quem sabe...

— O quê?

— Estava aqui pensando, Cleonice. Quem sabe não casemos juntas! No mesmo dia.

Cleonice sorriu.

— Pode ser. Não tinha pensado nessa possibilidade.

— Podemos pensar!

Cleonice despediu-se de madame Dubois e fez leve aceno para Dinorá. Ao sair, sussurrou:

— Estelinha, por favor, volte logo.

— Está bem, pode deixar.

Cleonice despediu-se da irmã e ganhou a rua. De uma coisa Cleonice tinha certeza: ela não confiava em Dinorá. Havia algo na moça que a fazia ter um pé-atrás, como se Dinorá, a qualquer momento, fosse causar a ela ou a Estelinha algum tipo de constrangimento.

Cleonice foi para casa caminhando. Ao chegar, quase foi derrubada por Abdul, que mal a cumprimentou.

— O que deu nele? — indagou Cleonice.

— Não é da sua conta, sua intrometida.

— Estúpida! — rebateu Cleonice.

Antonieta meneou a cabeça e suspirou.

— Pode me xingar, falar mal. E sabe por que eu não ligo? Porque logo vou me casar e nunca mais vamos nos ver.

— Sempre diz isso, mas não casa. Pelo que vi há pouco, seu namorado saiu daqui bem nervoso.

— Já disse, não é da sua conta.

— O que está tramando, Antonieta?

— Eu já disse...

Cleonice a cortou, seca:

— Sei que está tramando alguma coisa. Eu vi outro dia a senhorita de mãos dadas com o irmão do Abdul.

— E daí? Rami me ama.

— Você namora Abdul.

— Não tenho de lhe dar satisfações. Por que não vai atrás do seu namoradinho alienado?

— Aurélio não é alienado.

— Será?

Cleonice aproximou-se e meteu o dedo em riste:

— Não se aproxime dele.

Antonieta gargalhou.

— Eu?! Aproximar-me de Aurélio?

— Você é capaz de qualquer coisa para atazanar a minha vida.

Antonieta teve uma ideia e jogou a isca:

— Não queria ser eu a lhe dar a notícia, mas seu pretendente esteve aqui e me fez a corte.

— Impossível. Aurélio só tem olhos para mim.

— Acha mesmo? E por que Abdul saiu daqui furioso?

— Não faço a mínima ideia.

A mente de Antonieta era sórdida. Ela disparou:

— Aurélio veio aqui à sua procura — mentiu de forma deslavada. — Eu disse que você tinha ido à aula de bordado e de francês, que ele podia ficar no pátio, tomando um ar, enquanto você não chegava. Fui gentil e lhe servi um refresco. Ele bebericou e, em seguida, tentou me agarrar.

— Não acredito! — Cleonice subiu o tom da voz.

— É a mais pura verdade. Ele tentou me beijar à força. Disse-me que sou linda, que desperto nele os desejos mais inconfessáveis. Nesse momento, Abdul chegou e, se não fosse ele, vai saber o que Aurélio poderia ter feito comigo, uma frágil mocinha.

Cleonice ficou um tanto atordoada. De certa forma, a história tinha sentido. Justificava a ira de Abdul. Contava muito o fato de ela ter certa insegurança em relação à sua beleza. Sempre percebera como Antonieta despertava a cobiça nos homens, algo que ela raramente fora capaz de fazer.

— Aurélio é apaixonado por mim. Vai se casar comigo.

— Se eu fosse você, pensaria duas vezes antes de desposá-lo. Eu não me casaria com um homem que cobiça a futura cunhada.

Cleonice teve vontade de avançar sobre Antonieta, mas, insegura, fora picada pelo despeito. Ia ter uma conversa séria com Aurélio. Deixou o pátio aflita e correu para seus aposentos. Atirou-se na cama e chorou.

Antonieta regozijava-se por dentro.

*A tonta acreditou na história. Agora terei de fazer com que essa cena inexistente se torne verdadeira. Se Aurélio me confrontar, e ele vai, eu desminto e digo que Cleonice inventou tudo...*

Dinorá estava radiante.

— Você vai ser minha cunhada. Não é uma maravilha?

— Por que esse assunto agora? Sabe que seu irmão deseja pedir a minha mão em casamento.

— Não sei... é que, ao nos tornarmos cunhadas, poderemos fazer muitas coisas juntas.

— É — disse Estelinha, sem muita empolgação.

Elas se despediram de madame Dubois e, ao saírem da casa, Dinorá convidou:

— Vamos até o Beco dos Cachorros[1]?

— Fazer o quê?

— O príncipe mandou instalar recentemente um chafariz ali. Disseram que a água é boa.

— Mas é na direção contrária da minha casa.

— Não tem problema. — Dinorá fez sinal para um cocheiro. Subiram na carruagem e logo chegaram ao local, que servia como estacionamento de carruagens e pastagem dos animais. Havia ali um chafariz, no entanto, ao cair da tarde, o movimento de transeuntes estava bem tranquilo.

— O chafariz é bonito — concordou Estelinha.

Dinorá a puxou pelo braço e enfiou a mão na água que jorrava. Bebericou um pouco.

— Prove.

Estelinha fechou a mão em concha e tomou um gole. Não gostou. Tinha gosto de terra.

— Não gostei.

Dinorá apanhou um lencinho e passou nos lábios de Estelinha. Olhou para os lados e avistou um muro. Puxou Estelinha para lá.

— Venha.

Num impulso, ela beijou Estelinha nos lábios.

— O que foi isso? — Estelinha afastou-se com rapidez, empurrando-a com força.

— Desculpe, Estelinha. É que eu...

— Eu o quê? — ela cortou Dinorá, a voz cheia de indignação.

---

1 Atual Rua Alcântara Machado.

— É minha amiga, vai ser minha cunhada. Eu gosto muito de você.

— Não precisa me beijar dessa forma.

— Eu gosto muito de você — repetiu Dinorá, as faces ardendo de vergonha.

— Eu também, Dinorá, mas não se trata disso...

Dinorá novamente avançou e a beijou, agora à força. Estelinha se desprendeu dela com raiva.

— Está maluca? — bramiu, enquanto limpava os lábios com a água do chafariz. Estelinha sentiu nojo. Queria sumir dali. O coração batia descompassado. — Eu vou me casar com seu irmão!

— E daí? Podemos ser muito amigas. Ninguém vai descobrir.

— Descobrir o quê? — Estelinha estava perplexa.

— Podemos nos tornar amantes.

Estelinha arregalou os olhos e, num gesto impulsivo, desferiu um tapa no rosto de Dinorá.

— Você é nojenta e eu tenho asco de pessoas como você.

— Por favor, desculpe-me.

— Não, Dinorá. Não desculpo. Você não é normal. Eu detesto pessoas que não são normais.

— Normais como?

— Você é uma degenerada, pecadora. Afaste-se de mim!

Dinorá aproximou-se para lhe implorar perdão, e Estelinha a empurrou com força, derrubando-a no chão.

— Nunca mais encoste o dedo em mim. Se fizer isso, vou contar a seu irmão sobre esse comportamento abjeto.

Estelinha afastou-se e correu. Dali a uns metros, avistou uma sege. Fez sinal e subiu, em estado apoplético. Não podia imaginar que Dinorá chegasse a tanto. Lembrou-se das advertências de Cleonice.

— Ela estava certa. Eu não enxerguei isso. Meu Deus! — Estelinha dizia, enquanto passava a luva nos lábios, enojada.

Não sabia como abordar o assunto com Sérgio. O que dizer a ele? Que sua irmã estava interessada nela? Era algo aviltante, indecoroso. Estelinha sentiu raiva de Dinorá.

— Abusou da minha ingenuidade. Aproximou-se de mim apenas para... para... — Não conseguiu concluir a frase. Estava por demais chocada com o comportamento leviano de Dinorá.

Chegou à casa e, ao entrar no quarto, percebeu que Cleonice havia chorado.

— O que aconteceu?

— Nada.

— Por favor, Cleonice. Diga-me. Confie em mim.

Cleonice se pôs novamente a chorar e contou a Estelinha o que Antonieta lhe dissera.

— Ela não pode estar falando a verdade.

— Será? Antonieta é linda, todos a cobiçam. Por que Aurélio não a cobiçaria?

— Porque ele ama você.

— Será? — indagou, insegura.

— Quer saber de uma coisa? — Cleonice fez que sim com a cabeça e Estelinha prosseguiu: — Sérgio não a acha tão interessante assim. Já me disse que Antonieta nada lhe desperta.

— Jura?

— Se Aurélio se portou de maneira leviana, bem, você precisa saber. Ele tem de lhe dar satisfações — Estelinha disse, voz trêmula.

Cleonice percebeu o estado emocional alterado da irmã. Quis saber:

— O que aconteceu com você? Não estou gostando dessa cara.

Estelinha suspirou.

— Você tinha razão.

— Razão do quê?

— Dinorá...

— O que tem ela?

Estelinha sentiu vergonha, contudo, respirou fundo e despejou de uma só vez:

— Você estava coberta de razão! Dinorá tentou me agarrar. Ela me beijou. — Fez cara de nojo.

Cleonice indignou-se e avaliou:

— Eu lhe disse que ela era devassa.

— Sim. Uma libertina. — Estelinha estava coberta de raiva. — Ela abusou de nossa amizade.

— E agora? Vai falar com Sérgio?

— Não sei ao certo.

— Precisa contar, Estelinha.

— Ela pode dizer que é mentira. Que inventei tudo só para afastá-la do irmão.

— E então? Vai deixar que o assunto se encerre dessa forma? E se, quando casada com Sérgio, ela tiver uma recaída? Poderá usar de desculpas por toda a vida. Não deixe que ela manipule você!

— Não sei como agir.

— Calma. Vamos encontrar uma maneira de você falar a verdade.

— Assim espero.

— Vamos ao pátio. Quero tomar um ar — convidou Cleonice.

Estelinha concordou. Sentia-se aflita. Tanto ela quanto Cleonice estavam enfrentando uma situação delicada. Dependendo de como lidariam com a circunstância, a vida delas tomaria um rumo. Ou outro...

# CAPÍTULO 26

Na casa de Samir, aparentemente, tudo parecia estar em ordem. Desde que Abdul humilhara Raja e saíra de casa, ela havia permanecido no quarto. Tinha chorado bastante e pensado em tudo o que acontecera horas antes. Sentira um prazer indescritível ao se relacionar com Abdul e, logo depois, sentira-se a pior das criaturas.

— Ele me paga! — Rangia os dentes enquanto falava baixinho. — Ele não vai se casar com Antonieta. Vai ser meu. Eu vou contar tudo para o tio Samir. Tudo!

Ficou no quarto tomando coragem para falar com Samir. Não quis jantar. Estava se esforçando para manter o mínimo de equilíbrio e contar a verdade para o tio.

Enquanto isso, Rami aguardava o pai para lhe dizer quanto amava Antonieta e que iria desposá-la. Estava ansioso porque gostaria que Abdul lá estivesse. Queria, de uma vez por todas, dissolver qualquer animosidade e selar a paz com Abdul. Afinal, Rami gostava muito do irmão.

Ele serviu-se de uma bebida e ficou na sala sozinho, tamborilando os dedos numa mesinha lateral. Estava impaciente.

— Cadê meu pai? — quis saber, enquanto consultava o grande relógio sobre belíssimo aparador.

Um criado adentrou a sala munido de um envelope. Rami o apanhou, abriu e leu. Na missiva, Samir dizia ao filho que, a pedido do príncipe regente, tivera de se ausentar da capital e que retornaria dali a dois dias.

Rami esboçou contrariedade. Queria tanto falar com o pai! Mas esperaria, afinal, o que seriam dois míseros dias perto de uma vida toda que teria ao lado de Antonieta?

Levantou-se e pediu para chamar Raja. Quando ela apareceu na sala, Rami assustou-se. Ela estava pálida, os cabelos em desalinho.

— Está tudo bem? — ele perguntou.

— Sim. Estou indisposta — e já mudou de assunto: — A que horas tio Samir chegará?

— Ele não virá.

— Como assim?

— Teve de viajar a pedido de dom João VI.

Ela tentou disfarçar a contrariedade. Queria tanto falar com o tio! Sentiu-se cansada e impotente.

— Não se importa se comer sozinho? Estou deveras indisposta. Prefiro ir me deitar.

— Está bem.

Rami pediu para servirem o jantar. Enquanto comia, imaginava como seria sua vida ao lado da mulher de seus sonhos...

Abdul saiu da casa de Teresa feito um rojão, quase atropelando Cleonice. Ganhou a rua e foi andando a esmo. Caminhou bastante, espumando de ódio. Se alguém aparecesse em seu caminho naquele instante, seria capaz de matar o sujeito.

Virou numa ruela e entrou numa baiuca. Sentou-se e pediu vinho. Uma rapariga aproximou-se, toda sorridente. Abdul quase a esbofeteou:

— Saia daqui, rameira!

A mulher espantou-se com tamanha grosseria. Afastou-se. O dono da taverna aproximou-se:

— Algum problema, senhor?

— Nenhum! — esbravejou Abdul. — Sabe com quem está falando? — O homem fez que não com a cabeça e ele empostou a voz: — Sou filho do marquês de Ouro Belo!

— Muito nos orgulha a sua presença — disse o homem, não acreditando muito naquilo.

— Quero beber em paz. Pode ser? Aliás, me traga mais vinho. Eu tenho dinheiro para comprar esta taverna. — Abdul tirou um monte de moedas do bolso e as colocou sobre a mesa. O homem sorriu satisfeito.

— Poderá beber quanto quiser.

E Abdul encheu-se de vinho. A cada caneca, rangia os dentes, lembrando-se de como Raja fora leviana e como Antonieta, à sua maneira, também comportara-se de maneira leviana.

— Mulheres! — suspirou.

E tornou a beber. Já era tarde da noite quando, trançando as pernas, Abdul deixou o estabelecimento. O dono ainda quis chamar um cocheiro para o levar para casa.

— Não preciso de ninguém para nada! — Ele empurrou o homem e ganhou a rua, trôpego. Caminhou um pouco e avistou uma moça do outro lado da via. Ela se parecia muito com Antonieta. Abdul não sabia se era uma visão, se era uma moça parecida ou se era a própria Antonieta. Ele abriu os braços e gritou:

— Minha amada Antonieta! Espere por mim.

Atravessou e não notou a carruagem que vinha a toda brida. O cocheiro nem teve tempo de frear os cavalos. Logo os animais passavam por cima de Abdul. Ele teve morte instantânea.

# CAPÍTULO 27

Eurico voltou de viagem e não estava lá de bons humores. Quisera comprar umas terras em Minas Gerais e o negócio não evoluíra como pretendia.

— Perdi a viagem e um excelente negócio. Tudo culpa sua!

— Calma, pai. — Alfredo tentava apaziguar os ânimos.

Os criados deixaram alguns baús na sala, a pedido de Alfredo. Eurico andava de um lado para o outro, irritadíssimo.

— Não me conformo!

— Pai, eu disse que não queria me casar com ela.

— Você não decide nada. Eu sou seu pai. Eu mando!

— Sinto muito se o decepcionei, mas jamais me casaria com uma mulher de que não gosto, por quem não nutro sentimentos.

— Ora, ora! Quanta bobagem. De onde tirou isso? De algum folhetim barato?

— Eu penso diferente do senhor — tornou Alfredo.

Eurico aproximou-se e meteu o dedo em riste:

— Escute aqui, rapaz. Acha que a gente se casa por amor?

— O senhor não se casou por amor?

— Não. Claro que não.

— Não ama a mamãe? — Eurico não respondeu. Alfredo perguntou novamente: — O senhor não ama a mamãe?

— Está desviando o assunto — bramiu, de maneira exasperada.

A raiva exacerbada de Eurico tinha mais a ver com a abstinência sexual. Tinha certeza de que, nessa viagem, iria se deleitar e deitar-se com inúmeras mulheres. Havia uma cortesã em Vila Rica que ele conhecia havia bastante tempo. Sempre que fazia viagens para esses lados, Eurico não poupava esforços para copular com várias mulheres. No entanto, durante essa viagem, já na ida, experimentara indicativos de bastante desconforto, como feridas nos genitais e dor ao urinar. Eurico já conhecia os sinais da gonorreia. Perdera a conta de quantas vezes tivera de recorrer a chás e tônicos que ajudavam a diminuir os sintomas. Ele estava mais interessado em encerrar aquela conversa que não estava levando a nada e pedir a uma antiga criada da casa, a quem sempre recorria nesses momentos, que lhe preparasse o que ele considerava uma poção mágica.

Bernarda e Teresa entraram na sala. As duas tinham escutado o que Eurico havia dito. Bernarda percebeu os olhos úmidos. Eurico afastou-se de Alfredo e as cumprimentou.

Teresa correu para abraçá-lo.

— Quanta saudade, meu filho.

Ele a abraçou com ternura. Adorava Teresa.

— Olá, mamãe. O que está fazendo aqui?

— Vim passar poucos dias. Depois conversaremos.

— E as meninas? Se Bernarda também está aqui, quem está cuidando delas?

— Eu cheguei ontem e estou partindo logo mais — respondeu Bernarda.

— É bom mesmo que volte para perto delas. Justo agora, num momento em que estão enamoradas. Não quero surpresas antes do casamento.

Bernarda ia perguntar se era a mesma surpresa que ele causara na família ao engravidar Magda, mas engoliu a irritação.

Alfredo cumprimentou a mãe e a avó. Em seguida, Teresa quis saber:

— Por que estão discutindo?

— Perdi um negócio por causa das sandices do seu neto — ironizou Eurico.

— Pode dizer o que aconteceu? — Ela pousou a mão sobre o braço do neto.

— Eu não sabia que o negócio só seria fechado caso eu me casasse com a filha do dono das terras — explicou Alfredo. — Não quero me casar por obrigação. Quero me apaixonar.

Teresa achou bonitinho o gesto do neto; Bernarda também. Mas, antes de dizerem qualquer coisa, Eurico vociferou:

— Tem cabimento um argumento desses, mamãe? Ele quer se casar por amor! — Fez uma voz esganiçada.

— E qual o problema de casar-se por amor? — indagou Bernarda. Eurico não respondeu. — É contra o casamento por amor?

— Não sou contra nada — respondeu Eurico, contrafeito. — Só acho que Alfredo precisa ter mais pulso firme, deixar de lado essas tolices.

— Você não me ama? — A voz de Bernarda saiu num fio. Ela estava prestes a cair no choro.

Eurico nada disse. Teresa, percebendo o clima, puxou-o pelo braço.

— Que bom que você chegou. Vamos à biblioteca. Precisamos conversar.

Eles saíram da sala e Bernarda sentou-se numa banqueta, deixando o choro correr solto. Alfredo aproximou-se.

— Mamãe, não fique assim.

— Como não ficar? Quando conheci seu pai, eu fiquei mais empolgada que ele. Confesso que acreditei, juro, que o tempo o faria perceber minhas qualidades e me amar. Quando lhe dei um filho homem, ele exultou de alegria. E eu, apaixonada, acreditei que, a partir do seu nascimento, seu pai fosse me amar.

— Papai falou da boca para fora. Lógico que gosta da senhora.

— Ele foi claro. E ninguém me disse. Eu mesma escutei.

— Está nervoso. Aliás, está nervoso até demais — disse Alfredo, desconhecendo que Eurico estivesse sentindo grande desconforto. — Queria que eu me casasse com a filha do conde de Manágua.

Bernarda arregalou os olhos.

— O conde de Manágua?

— Sim, mamãe. Por quê?

— Ele é muito rico. Veio com a família dele numa das esquadras da Corte portuguesa.

— E daí, mamãe? Somos donos de um bom punhado de terras. Não somos os mais ricos da Corte, mas temos uma vida muito boa. E, afinal de contas, para que ter mais e mais? Viver assim já não basta?

Bernarda não pensava dessa forma. Era apaixonada por dinheiro. Mas Alfredo tinha razão. Eles tinham uma vida muito boa. Ela sempre quisera mais. Por quê? Talvez porque crescera com dificuldades e apenas quando atingira a adolescência o pai herdara pequena fortuna de um tio que não se casara e não tivera filhos. Bernarda tinha medo de voltar a passar necessidades.

Ela observou Alfredo. Ele era um moço bonito, pele bem branquinha, os cabelos castanhos penteados para trás. Tinha muito orgulho dele. E percebia, em seu semblante, que ficara chateado. Alfredo não gostava de se indispor contra o pai.

— Ao menos conheceu a filha do conde?

— Sim. Não gostei. Não me despertou nada, nenhum sentimento. Pode parecer uma grande asneira, mas eu queria muito me apaixonar por uma mulher.

Ela afagou seus cabelos.

— Se é isso que quer...

— Papai quer que eu faça um bom casamento, desde que ele escolha a noiva. Caso contrário, disse que vai me deserdar.

Bernarda levou a mão ao peito.

— Ele não pode fazer isso!

— Disse-me isso antes de chegarmos em casa.

— As terras são nossas. Além do mais, sua tia Angelina preza muito pela maneira como vem conduzindo os negócios. Moramos na parte das terras que ainda são dela. Seu pai não pode tomar uma atitude tão drástica.

— Ele diz que é o homem da família, mãe. Que ele decide tudo.

— Vamos conversar com ele.

— Qual nada. Parece que ele está decidido. Imagine que, tão logo chegamos de viagem, ele enviou uma missiva convidando o conde de Manágua e a filha para vir nos visitar?

— Sério? — Alfredo fez que sim com a cabeça. — Seu pai não pode tomar esse tipo de atitude. Preciso de tempo para preparar a casa, recepcionar à altura o conde e sua família.

— Isso a senhora faz com facilidade. Sabe receber muito bem as visitas.

Ela sorriu. Ao menos, Alfredo percebia e enaltecia suas qualidades, diferentemente do marido. De repente, um pensamento surgiu e Bernarda quis saber:

— Esse conde é casado? Tem filhos?

— Viúvo. Só tem uma filha.

— Hum...

— Conhece papai. Quando ele coloca alguma coisa na cabeça...

Bernarda concordou. Ia falar, mas desistiu. Alfredo, por seu turno, olhou para a mãe e sentiu piedade. Ela era uma boa mulher, cuidava muitíssimo bem da casa, prezava pela boa educação dos filhos. Era um tanto deslumbrada com o luxo, com a Corte, mas era uma boa pessoa. Ele depositou um beijo em sua testa.

— Preciso ir. Fiquei de me encontrar com Alberto para ele me colocar a par dos assuntos da fazenda.

Alfredo despediu-se e Bernarda ficou na sala pensativa. Como o filho bem dissera, ela tinha uma boa vida, mas e o amor? Bernarda sentia falta de ser amada. Nova lágrima escapuliu pelo canto do olho. Logo ela se levantou e foi dar ordens às criadas, antes de se preparar para retornar à capital. Tinha muito o que fazer.

Na biblioteca, Teresa explicava ao filho por que precisava das joias.

— Estou recebendo pessoas da Corte. Preciso causar boa impressão.

— As joias de Magda ficarão comigo. Pertencem às meninas.

Teresa fez cara de poucos amigos. Sabia que Eurico ia dizer aquilo.

— Estelinha e Cleonice estão comprometidas. Não acha que está na hora de usarem as joias da mãe?

— Não sei, mãe. Não entendo desses assuntos.

— Por isso estou aqui, meu filho. Porque eu, sim, entendo desses assuntos. Deixe as joias comigo. Prometo que suas filhas serão agraciadas com tanta beleza.

— É, tem razão. Melhor deixar esse assunto nas suas mãos. Além do mais, não há joias de Bernarda, apenas de Magda e...

— E de dona Corina, primeira esposa de Deodato.

— É.

— Pois bem. Eu cuido disso.

Eurico sorriu. Foi até o cofre, apanhou um pequeno baú. Entregou-o a Teresa.

Ao abrir o baú, os olhos dela faiscaram. *Hoje eu vou até o Zé. Uma joia dessas fará com que ele comece os trabalhos para afastar do meu caminho aquela condessa enxerida. Vou me dar muito bem. E então... terei muito mais joias do que há neste baú...*

Eurico a arrancou de seus pensamentos.

— Preciso de um favor da senhora — pediu, enquanto disfarçava a dor.

— Claro, meu filho. O que é?

— Convidei o conde de Manágua para conhecer nossas terras. Caso aceite o convite, e tenho certeza de que vai aceitar, ele e a filha deverão chegar daqui a um mês. Preciso que auxilie Bernarda nos preparativos. A senhora tem um traquejo social que Bernarda não tem.

— Quanto tempo mais quer que eu fique?

— Pode voltar para casa. Gostaria que retornasse à fazenda daqui a duas semanas, pode ser?

Teresa virou o rosto para não demonstrar a contrariedade. Mas jamais diria um não a Eurico.

— Claro, meu filho. Retornarei com o maior prazer.

— Quando vier, quero que as meninas voltem com a senhora.

— Voltem? Como assim? Elas estão comprometidas com rapazes de estirpe. Quer dizer, apenas o pretendente de Estelinha não é de posses, mas é de excelente família.

— O pai não é amigo da família real?

— Pois é. — Teresa contou a Eurico, em poucas palavras, que Sérgio não queria o dinheiro do pai.

Eurico meneou a cabeça.

— Que estúpido!

— Também acho — concordou Teresa. — No entanto, o moço tem prestígio. Ele foi convidado por dom João VI para dar aula de anatomia.

Eurico deu de ombros. E enfatizou:

— Quero que elas estejam aqui quando o conde chegar.

Teresa concordou. Esboçou um leve sorriso. Conhecia muito bem o filho. Tinha certeza de que Eurico ia apresentar as meninas ao conde. Se Alfredo não se casasse com a filha dele, bem, o conde poderia se casar com uma de suas filhas, mesmo que estivessem comprometidas. Afinal, o que valia era o noivo receber o aval do futuro sogro. No momento, Eurico tinha as cartas na mão. Podia decidir sobre quem se casaria com Antonieta, Estelinha ou Cleonice.

*Inteligente o meu filho*, pensou. Antes de fechar o baú, apanhou um anel que fora de Corina. Era um anel sem muito valor, contudo era muito bonito. Decidiu dá-lo a Bernarda. *Assim ela fica mais dócil. Melhor ter uma aliada a ter uma nora amargurada e contra mim, atrapalhando meus planos.*

Teresa deixou o baú na biblioteca e Eurico lhe entregou a chave do cofre. Em seguida, ela foi até os aposentos de Bernarda.

— Eurico quer que traga as meninas.

— Como? Justo agora?

— Daqui a duas semanas, mais ou menos. São ordens do seu marido.

— Mas...

Teresa a interrompeu:

— Nada de mas. Se Eurico pede, é uma ordem. De mais a mais, não é de bom-tom que as meninas fiquem à solta.

— Tenciono voltar para a cidade hoje, Teresa. Você volta comigo?

— Não, por agora. Preciso resolver assuntos no meu lado da fazenda. Vou oferecer a minha casa para acomodar o conde e a filha dele.

— Excelente ideia! Estava aflita em acomodá-los nos quartos das meninas e de Alfredo.

— Minha casa está vazia. E ficará assim para todo o sempre, visto que pretendo viver em definitivo na cidade. A minha casa de fazenda é mais bem decorada que a sua. — Teresa olhou com ar de mofa ao redor. — Por tudo isso, prefiro hospedar o conde nela.

— Você é quem sabe... — Bernarda limitou-se a dizer.

— Você volta para a cidade sozinha. Eu voltarei daqui a uns dias.

— Não sei por que tanta preocupação em deixar as meninas sozinhas. Temos criadas que estão conosco há anos e sabem lidar com elas. Confio na minha filha. Antonieta jamais me decepcionaria. Já não posso dizer o mesmo em relação a Estelinha ou Cleonice.

— Bom, fique tranquila. Delas, cuido eu.

— Será que o conde de Manágua virá mesmo até nós?

— Sim — respondeu Teresa. — Por esse motivo Eurico quer que as meninas voltem para casa. Na certa, vai apresentá-las ao conde. Vai saber o que se passa na cabeça de Eurico.

Bernarda não respondeu. Estava irritada e magoada com o marido. Simplesmente assentiu e, a contragosto, respondeu:

— Se ele decidiu, decidido está. Quem sou eu para contrariar uma ordem de meu marido?

Teresa abriu o lenço e dele tirou o anel que havia pegado no baú. Entregou-o a Bernarda.

— Tome. É presente meu.

Bernarda arregalou os olhos. Era uma joia belíssima. Apanhou o anel e ele encaixou-se perfeitamente em seu dedo.

— Obrigada, Teresa. Muito obrigada! — disse, emocionada, beijando a joia.

— Não há de quê.

Por ora, Bernarda esqueceu-se de suas dores.

# CAPÍTULO 28

No dia seguinte, bem cedinho, Teresa chamou um dos criados e pediu uma carruagem com destino à praia do Sapateiro. Lá chegando, desceu e disse:

— Conforme o combinado, espere-me. Eu o pagarei pela espera. — Ela tirou duas moedas de um saquinho e as entregou ao rapaz.

— Muito obrigado, senhora.

— Na volta, terá mais.

Teresa avistou uns cachorros perambulando por ali, além de outros bichos, como galinhas, porcos, carneiros. Prendeu a respiração, deixando o ar entrar e sair somente pela boca. O cheiro era insuportável. Avistou Iracema e a chamou pelo nome.

— Como vai, dona Teresa? — ela a cumprimentou assim que a reconheceu.

— Preciso falar com o Zé.

— Vou chamá-lo, um instante.

Logo Zé apareceu, as mãos e parte da camisa manchadas de sangue.

— Bom dia.

Teresa sentiu asco. Afastou-se e o cumprimentou com um gesto de mão.

— Como vai, Zé?

— Bem. Estava terminando de fazer um pequeno trabalho — apontou para a camisa ensanguentada. — E então, decidiu?

— Sim — ela disse, sentindo o ar sufocá-la. Tirou uma joia da bolsinha que carregava. Zé apanhou a joia e os olhos de Iracema encheram-se de cobiça.

— Bonita joia.

— É de família. Está conosco há mais de cem anos — mentiu, apenas para valorizar a peça.

Zé riu e fez que sim com a cabeça. Entregou a joia para Iracema.

— Está certo, dona Teresa. Vou começar a trabalhar para a senhora hoje à noite.

— Não pode começar agora?

— Não. O tipo de serviço que me pediu só faço à noite.

— E quando vou ter o resultado?

— Em breve. Alguns dias, no máximo uma semana.

— A outra parte do pagamento...

Zé a interrompeu:

— Não carece preocupar-se agora. Sei que vai me pagar o restante. Porque, quem não paga, ah, dona Teresa, quem não paga sofre. Sofre muito.

Os olhos dele ficaram vermelhos como fogo. Era como se Zé tivesse incorporado uma entidade maléfica. Teresa percebeu aquela energia pesada e sentiu leve tontura.

— Acredite — tornou ela —, eu vou pagar você porque sei que tem boa fama e seus trabalhos dão resultado, são infalíveis.

— Agradeço, dona Teresa. — Ele fechou os olhos e, ao abri-los, vaticinou: — Sete noites a partir desta. E vai ter o que quer.

— Obrigada.

Teresa voltou para a fazenda do filho. Antes de retornar à cidade, porém, sentiu medo. E olha que Teresa não era mulher de sentir medo à toa. Apanhou mais um punhado de joias e, no dia seguinte, retornou à praia do Sapateiro. Pagou Zé e ele agradeceu mais uma vez.

— Seis noites e tudo estará resolvido.

— Obrigada. Muito obrigada.

Ele fitou um ponto indefinido e, em seguida, saiu catando umas ervas pelo chão. Fez dois maços e os entregou a ela.

— O que é isso? — Teresa não entendeu.

— Esse — ele colocou na mão esquerda dela — é para o seu filho. E esse outro — botou na mão direita — é para trazer equilíbrio à sua neta.

Teresa estava estupefata. Zé não sabia nada da vida dela. Como poderia ter descoberto que ela tinha um filho ou uma neta?

— Por quê? — indagou, um tanto confusa.

— O dele é problema de homem. Já a menina... bom, ela está sendo atormentada por um egum[1].

— Não entendi.

— Não tem necessidade de entender. Apenas faça os chás com essas ervas. As dores do seu filho vão amainar. Quanto à menina, ela precisará tomar um copo, ao acordar, durante três dias. E a senhora precisa fazer uma oração enquanto ela toma o chá. Qualquer reza serve, desde que feita com vontade, com desejo de que ela melhore.

---

1 Egum — do iorubá egun — é um termo das religiões de matriz africana que designa os espíritos que já desencarnaram e ainda vão adquirir o seu grau de consciência; na maioria das vezes, não sabem que desencarnaram.

— Eu tenho três netas! Qual delas vai precisar disso?

— A senhora vai saber. Ela não está passando bem.

— Por favor, Zé...

— Nada mais posso dizer. Que Deus ajude seu filho e ilumine o caminho dessa menina. Ela está caindo na escuridão.

— Mas...

Teresa estava cheia de perguntas. Zé rodou nos calcanhares e, sem nada dizer, sumiu pela mata adentro. Ela mordiscou os lábios, apreensiva. O que será que Zé estava querendo lhe dizer? Teresa não sabia precisar.

Ao entrar na casa, encontrou Eurico na biblioteca. Ele estava suando, não parecia estar bem. Ao vê-lo, assustou-se.

— O que foi?

— Nada, mamãe.

Ela pegou o macinho de ervas e colocou-o sobre a escrivaninha.

— O que é isso?

— Um boticário pediu para eu lhe entregar. — Tinha mentido sobre quem lhe dera as ervas, contudo, Teresa estava estupefata. *Meu Deus! Como o Zé sabia que Eurico não passa bem?*

Eurico a arrancou de seus pensamentos.

— Por quê? — perguntou a ela, desconfiado.

— Não faço ideia, meu filho. — Ela deu de ombros. — Só sei que ele me disse para você tomar o chá porque vai ficar bom.

Eurico apanhou as ervas e saiu, estugando o passo, em direção à cozinha. Interessante observarmos que dali a alguns dias ele estaria bem melhor e, obviamente, voltaria a se deitar com as moças que trabalhavam no bordel próximo da fazenda.

Nessa mesma tarde, depois de se despedir do filho, Teresa retornou à capital. Logo que entrou em casa, uma criada veio correndo avisar:

— Antonieta não está nada bem, senhora. Já fizemos chás de tudo que conhecemos e ela não para de vomitar. Não acha melhor chamar um médico?

Teresa lembrou-se de Zé.

*Como ele adivinhou? Que mistério é esse? Uma coincidência, talvez?*, pensou, um tanto descrente.

Caminhou até o pátio e não gostou nada do que viu. Antonieta estava prostrada, branca feito cera. Mal se mantinha sentada. Estava sendo amparada por duas criadas.

— O que aconteceu? — quis saber Teresa.

— Ela está assim desde a madrugada, senhora — informou uma criada.

Teresa tocou no braço de Antonieta. Estava gelado.

— Você comeu algo diferente? — perguntou.

Antonieta nada disse. Balbuciou algumas palavras desconexas. Teresa apanhou o maço de ervas e ordenou à criada:

— Faça um chá com essas ervas. Agora. E faça numa quantidade que dê para três copos.

— Sim, senhora.

A criada saiu e a outra continuou abanando Antonieta com um leque. Teresa pediu para ela se retirar. Ela mesma sentou-se ao lado da neta e abanou-a com o leque.

— Antonieta, meu bem. O que se passa com você?

— Eu não quero... Abdul...

Teresa chamou um criado alto e forte. Ele pegou Antonieta nos braços e a conduziu até o quarto dela. Teresa manteve apenas uma vela acesa no recinto. Assim que ele a deitou e saiu, Teresa ajoelhou-se na cama e orou com fervor:

— Pai Nosso que estais no céu...

# CAPÍTULO 29

Não demorou muito para a notícia da morte de Abdul se espalhar pela cidade. Era filho do marquês de Ouro Belo, figura importante e de destaque na Corte. Samir tinha viajado naquela noite e só voltaria dali a dois dias. Quem tratou do velório, em casa, foi Rami. Estava desolado.

Horas antes, ainda quando o sol não havia surgido no horizonte, um comissário da Intendência da Polícia batera à sua porta, informando que havia um corpo e que...

Rami o interrompera:

— Por que veio bater na minha porta a essa hora?

— Porque o dono da taverna garantiu que o rapaz havia gritado no estabelecimento que era filho do marquês de Ouro Belo.

Rami girou nos calcanhares e deixou o homem ali parado, sem saber o que fazer. Correu até o quarto de Abdul. Estava vazio. Rami passou a mão na testa, o suor escorrendo, tamanho o desespero. Gritou pelo nome do irmão e Raja acordou, assustada.

Rami bateu na porta do quarto dela e entrou.

— Sabe de Abdul?

Sonolenta, Raja demorou um pouco a concatenar o pensamento.

— Ele saiu ontem à tarde. Até a hora de eu me deitar, ele ainda não havia chegado — tornou, agora apreensiva e nervosa, lembrando-se do episódio com o primo. Não quis comentar com Rami que Abdul saíra dali um tanto perturbado pelo desenrolar dos acontecimentos.

Rami voltou à porta. O intendente foi simpático:

— Posso vir aqui mais tarde — ia fazer uma piadinha de mau gosto, afirmando que o morto não sairia do lugar, mas achou o momento inapropriado. Respirou fundo e concluiu a frase —, caso não esteja confortável em me acompanhar.

— Eu vou. Aguarde apenas um momento. Vou apanhar minha casaca e meu chapéu.

Tudo isso tinha acontecido no início da manhã. Rami estava com dor de cabeça, não se alimentara. Contratara os serviços funerários e dois clérigos vieram oferecer o interior da igreja para o sepultamento, hábito comum às famílias católicas daqueles tempos. De acordo com o nível social do falecido, a igreja oferecia à família a oportunidade de o enterrar no interior do templo, em solo sagrado, para que pudesse, assim, estar próximo dos santos. Quem não tivesse tanto destaque na sociedade, ou seja, gente comum, era enterrado atrás ou nas laterais da igreja.

Rami agradeceu mas preferiu esperar a chegada de Samir. De volta à capital, ao saber do ocorrido, Samir sentiu-se triste e abatido. Não se conformava com o que tinha acontecido.

— Foi atropelamento, pai — elucidou Rami.

Samir aproximou-se do esquife, fechado. Pousou a mão sobre a tampa.

— Queria me despedir — tornou, inconsolável. — Por que não posso ver meu filho?

— Ele ficou muito machucado, pai.

Samir fechou os olhos e lembrou-se de Abdul, desde pequenino até dois dias atrás. O coração estava pesadíssimo. A casa começou a encher de gente, desde figuras importantes a curiosos. O príncipe regente enviara uma mensagem de condolências.

Raja aproximou-se do tio e o abraçou. Samir deixou-se abraçar e nada disse. Ela, por sua vez, estava em estado apoplético. Não conseguia concatenar direito as ideias. Dois dias antes, ela havia embriagado Abdul e o forçara a ter relações com ela. Queria correr e dizer ao tio que o primo a deflorara contra a sua vontade. Tinha certeza de que se casaria com Abdul. E agora...

*Como isso pôde acontecer? Não consigo me conformar*, pensou Raja. Ao mesmo tempo que jamais deixaria de sentir o prazer que tivera ao se deitar com o primo, paradoxalmente, ela sentiria muita raiva de Abdul, fosse porque ele a desprezara, fosse porque morrera. Ela estava indignada e assim ficaria, entre altos e baixos nos sentimentos, para o resto da vida.

Raja jamais teve coragem de contar ao tio sobre a relação íntima com Abdul. Depois da morte do rapaz, ela fechou-se em copas. Nunca mais pensou em se casar. O tio, que tanto a mantinha presa em casa, fosse por proteção ou não, seria influenciado pela futura esposa e mandaria Raja para um convento localizado na região serrana do Rio. Levaria muitos anos até ela desencarnar, perto dos noventa anos de idade. Raja morreria triste e cheia de rancor. Mas o tempo, tanto na nossa como em outra dimensão, corre de um jeito próprio. Dali a muitos anos, ela retornaria ao planeta e teria nova chance ao lado de Abdul. Será que até lá o rancor já teria passado?

Quando Teresa soube do ocorrido, num primeiro momento, entristeceu-se. Em seguida, alegrou-se, pois encontrara, nessa tragédia, o momento perfeito de consolar Samir. Fez as meninas se arrumarem para o velório, mas Antonieta ainda estava extremamente prostrada. Não tinha forças para se levantar da cama. Fazia dois dias que bebia, a contragosto, o chá amargo daquelas ervas enviadas por Zé. No terceiro dia, porém, irritadíssima, Antonieta deu um tapa no braço da criada e o copo com o chá espatifou-se no chão.

Essa mesma criada, depois de recolher os cacos e limpar o cômodo, meio sem jeito, confessou:

— Dona Teresa, desculpe, mas a menina Antonieta está com um encosto.

— E eu sei lá o que isso significa, criatura?

— É o espírito de um falecido, um egum...

Teresa arregalou os olhos. *Zé me disse isso, que minha neta estava com um egum... eu pedi para fazer o chá e rezei. Agora não me lembro quanto de chá que era para Antonieta beber. Nem quantas rezas...*

Era verdade. Ela mal se lembrava. Seria uma vez só? Três dias e três noites? Uma semana? As palavras de Zé tinham se embaralhado na sua mente. Depois que soubera da morte de Abdul, ela só tinha pensamentos voltados para Samir. E ainda contara nos dedos... Zé lhe dissera que o feitiço daria resultado dali a uma semana. Faltavam dias ainda... Teresa balançou a cabeça e afastou por ora o pensamento.

— E o que pode ser feito para isso sair de perto da minha neta?

— Só com um ritual.

— Ritual? Como? Imagina que minha neta vá participar de um ritual? Somos católicas, apostólicas, romanas! Não tem nada de paliativo? — A criada não entendeu. — Nada que possa ser feito por agora?

— Bom, eu sei fazer umas rezas. A Rosana, esposa do seu Alberto, é boa nos benzimentos. Ela pode me ajudar.

— Ela e o marido vivem do outro lado, nas terras que eram de Angelina.

— Se fosse a senhora, mandava buscar ela agorinha mesmo. Só a Rosana mesmo para salvar a menina.

Teresa sentiu medo. Acreditou piamente nas palavras da criada. Olhou para Antonieta e sentiu uma dor no peito sem igual. Ela precisava de ajuda, imediatamente. Diante disso, Teresa ordenou que um dos criados fosse à fazenda do filho e trouxesse Rosana. Levaria algumas horas, mas Teresa, por algum motivo, acreditou na criada.

— Eu preciso ir ao velório. Ao mesmo tempo, não posso deixar minha neta nesse estado.

— Pode ir, senhora — a criada a tranquilizou. — Ficarei aqui nas minhas rezas. Antonieta não vai morrer.

Teresa concordou com a cabeça. Beijou a neta e saiu do quarto.

Enquanto isso, Estelinha e Cleonice estavam na sala à espera da avó. Foi Estelinha quem disse:

— Viu o estado de Antonieta? Imagine quando souber o que aconteceu com Abdul.

Cleonice deu de ombros.

— Não estou nem aí para o sofrimento dela. Aliás, que sofra bastante.

— Como fica seu sentimento de piedade, Cleonice? Ela está enferma. Não sabemos o que tem.

— Deve estar mal por causa das malvadezas que pratica. Antonieta não é de confiança. Se quer saber, para mim, ela tem alguma coisa a ver com a morte de Abdul.

— Imagine! Ela não saiu de casa desde que ele aqui veio.

— Eu vi como ele saiu daqui.

— Viu?

Cleonice fez que sim com a cabeça.

— Quase me atropelou. Não estava em seu juízo perfeito. Vai ver morreu porque estava com a cabeça fora do lugar. Culpa de quem? De Antonieta.

Estelinha ficou remoendo os pensamentos.

— Será?

— Será o quê? — quis saber Teresa, que entrava na sala naquele momento.

— Nada — respondeu Estelinha. — Estamos preocupadas com Antonieta. — Olhou para Cleonice e fez sinal para ela concordar.

Cleonice disse numa voz fingida:

— Estamos preocupadas com Antonieta.

— Pedi para buscarem a Rosana.

— A esposa do capataz? — indagou Estelinha, com ar de espanto. — Por que vão chamar aquela mulher ignorante?

— Porque preciso daquela mulher ignorante para benzer Antonieta.

Cleonice revirou os olhos.

— O mal de Antonieta é... — Ela calou-se.

Estelinha completou:

— O mal de Antonieta é que ela come muito pouco.

Teresa concordou.

— Isso lá é verdade. Vou pedir para fazerem uma boa canja para ela se alimentar melhor e, depois, nós três vamos até a casa do marquês.

As meninas concordaram.

Chegando à residência do marquês de Ouro Belo, Teresa viu o que não queria ver: a condessa de Viamonte já estava ali, consolando Samir. Ela sentiu um ódio surdo dentro de si. Na sequência, sorriu. *Tenho certeza de que o feitiço do Zé vai fazer efeito. Não vai demorar muito para você sair de cena, sua meretriz de araque.*

No canto da sala, Estelinha e Cleonice observavam as pessoas. O clima era de grande consternação. Aurélio apareceu com o pai, a mãe e o irmão Américo. Eram bem parecidos, mas Cleonice julgara Aurélio o mais bonito. Embora estivesse num ambiente carregado de dor e pesar, alegrou-se ao vê-lo. Ele também alegrou-se ao vê-la. Depois de dar os pêsames a Rami e Samir, aproximou-se. Cumprimentou Estelinha e os olhos brilharam ao encarar Cleonice.

Estelinha preferiu afastar-se. Olhou para os lados e viu Raja em outro canto, sozinha, olhar alheio. Foi até ela e puxou conversa. Raja não estava com muita vontade de conversar, mas sentira a candura na voz de Estelinha e falou um pouco de sua vida.

Nesse meio-tempo, Aurélio era todo olhos e ouvidos para sua amada.

— Estava com tanta saudade.

— Eu também — respondeu, olhando para Américo.

— O que foi?

— Seu irmão.

— O que tem ele?

— Você me disse que ele tem crises e é vigiado por criados.

— Américo foi medicado. — Antes de ela fazer nova pergunta, Aurélio disparou: — Queria vê-la todos os dias.

— Vamos devagar, Aurélio. Duas vezes por semana está de bom tamanho.

— Quero me casar com você.

— Eu também.

— Se eu pudesse, ah, Cleonice, eu a teria agora mesmo.

Ela enrubesceu. Não gostava quando Aurélio falava nesse tom.

— Respeito, Aurélio. Estamos num velório!

— Desculpe. Quando estou ao seu lado, eu fico maluco.

— Contenha-se, por favor.

— Está bem. Vou providenciar a ida à fazenda. Quero formalizar o pedido de casamento.

— Está falando sério?

— Claro! Quero ser seu esposo. Para que esperar mais?

— É que... — Ela não sabia como abordar assunto tão delicado.

— Sem rodeios, meu amor. O que se passa?

Ela decidiu falar. Não suportava mais ficar calada e com dúvidas.

— Antonieta me disse que você lhe fez a corte.

— Como?

— Isso mesmo. Que foi me visitar e, como eu não estava, aproveitou para cortejá-la.

Aurélio riu.

— Está brincando comigo? Eu mal converso com Antonieta. Jamais faria isso.

— Jura?

— Meu amor... Sério? Preciso jurar? Você é o amor da minha vida.

Cleonice sentiu-se lisonjeada.

Dali a algumas horas, houve o cortejo até uma igreja ali perto da residência. Abdul fora enterrado próximo do altar, o que deixou Samir com o coração um pouco menos pesado.

— Descanse com os santos, meu filho. Que Deus o tenha para todo o sempre.

Rami despediu-se do irmão com uma pequena oração. E, mesmo ungida de ódio, Raja se esforçou para também rezar.

# CAPÍTULO 30

Era meio da noite quando Rosana chegou à casa de Teresa.

Teresa a recebeu sem muitos salamaleques.

— Vamos ao que interessa.

Logo Rosana foi conduzida ao quarto de Antonieta. O ambiente estava quase na escuridão. A criada que pedira para chamar Rosana estava ali, de vigília.

Ao entrar no quarto, Rosana percebeu o espírito de Abdul ao lado da cama, irritadíssimo. Pediu para Teresa deixar ela e a criada a sós. Teresa concordou. Não queria ficar no quarto. Sentia calafrios e vontade de sumir dali. Ela fez que sim com a cabeça e voltou para a sala.

Rosana aproximou-se da cama de Antonieta. Ajoelhou-se e começou a rezar. Imediatamente Abdul sentiu grande incômodo.

— Saia daqui, sua bruxa!

Rosana murmurava determinadas palavras, e Abdul começou a se debater.

— Pare com isso! Essas palavras estão me matando.

— Você já está morto — observou Rosana.

— Não estou. Não está falando comigo?

— Eu tenho sensibilidade suficiente para perceber os mortos.

— Mentirosa.

— Então toque em mim. Vamos.

Abdul levantou o braço e quis dar um tapa no rosto dela. O braço atravessou Rosana como se estivesse atravessando o ar. Tentou de novo. E de novo.

— O que está acontecendo comigo?

— Você morreu. Já disse.

— Não morri.

— Então me diga — sugeriu Rosana —: qual a última cena que lhe vem à mente?

— Eu estava aqui com Antonieta.

— Não. Você foi atraído para este ambiente. Conte-me o que aconteceu há duas noites.

O espírito de Abdul franziu o cenho. Ele tentou se recordar.

— Bem, eu vim até aqui. Queria ver Antonieta.

— Sim. E depois?

Ele fez força para concatenar as ideias.

— Eu... eu saí daqui furioso. Antonieta não me tratou bem.

— E então?

— Fui até uma taverna. Bebi vinho, muito vinho...

Rosana não precisou mais fazer perguntas. Abdul lembrou-se de quando saíra do estabelecimento, bêbado. Jurara ter visto Antonieta do outro lado da rua. Tinha atravessado e...

Ele deu um grito.

— Não! Isso não aconteceu. O carro passou e eu reclamei com o condutor.

De fato, logo que fora pisoteado pelos cavalos, o espírito de Abdul havia sido arremessado do corpo físico. Estava tão bêbado que gritara com o cocheiro. Mas tudo ficara embaralhado e novamente ele tinha pensado em Antonieta. Quando notara estar um pouco mais sóbrio, havia percebido que estava ao lado dela no quarto. Embora Abdul não se recordasse de como tinha ido parar ali, alegrara-se. Abdul a abraçara e a enchera de beijos.

— Minha amada! Por que me destratou?

Antonieta começara a passar mal naquele instante. Assim que o espírito dele a abraçara, tinha sentido um calafrio e o sangue gelar. A pressão despencara. Quanto mais Abdul tentava abraçá-la e conversar, mais doente ela ficava.

Ele não se dera conta de que, ao se aproximar de Antonieta, sugava dela suas energias vitais. Se continuasse agindo assim, poderia levá-la à morte.

— Entende agora o que está acontecendo? — perguntou Rosana a ele.

— Não pode ser. Estou falando com você. Como posso ter morrido?

— Você está em outra dimensão — explicou ela.

— Não consigo entender.

— Não precisa. Apenas aceite que seu tempo no mundo expirou. Agora você se encontra no mundo dos espíritos. Se se deixar conduzir pelos amigos que aqui estão — ela apontou para o lado —, logo estará bem melhor e poderá se preparar para voltar.

Abdul virou o pescoço e viu dois rapazes. Eram enfermeiros do astral. Eles sorriram para Abdul, mas ele sentiu medo. Dessa forma, seu espírito foi arremessado à taverna, último lugar que frequentara em vida. Ali, ele percebeu que havia outros como ele, ou seja, desencarnados. O curioso fato era que esses espíritos conversavam, bebiam e comiam como se estivessem vivos. De fato, estavam vivos, mas não tinham mais o elo que os mantivesse em condições de permanecerem no planeta. Tinham perdido o corpo físico. Era apenas preciso tomarem consciência do fato e se deixarem levar para as cidades da dimensão astral.

Abdul aprendeu a beber por meio da vampirização. Aproximava-se de uma pessoa, encostava em seu corpo e logo sentia as sensações da bebida no próprio corpo. Passou a vagar pelo mundo dos vivos. Deixou o espírito deteriorar-se a ponto de, certa vez, não saber mais quem era. Abdul perdera a referência de quem era, de quem fora.

Muitos anos depois de seu desencarne, foi recolhido por um grupo de espíritos abnegados que peregrinavam por lugares insalubres e com energia densa. Isso aconteceu em torno de 1895, isto é, muitos e muitos anos depois de sua morte. Ele seria submetido a uma série de tratamentos, contudo, seu corpo perispiritual fora tão afetado pelas energias deletérias do mundo que Abdul reencarnaria numa condição bem diferente desta última. Seu corpo físico sofreria limitações, tudo em virtude da maneira como vivera no período em que estivera na erraticidade.

Voltando ao quarto de Antonieta... Rosana fez sentida prece, agradecendo aos amigos que ali tinham estado para ajudar Abdul. Também fez uma prece dirigida especialmente a Abdul, vibrando para que ele aceitasse ajuda o quanto antes e pudesse se preparar melhor para uma nova etapa reencarnatória.

Ela agradeceu a criada, que também tinha rezado e ajudado a manter o ambiente com boas energias. Olhou para Antonieta e ela começou a se remexer na cama. Estava bem fraquinha, mas não estava mais sob o jugo de Abdul. Rosana aproximou-se com um copo d'água.

— Beba.

Antonieta abriu os olhos e perguntou:

— Quem é você?

— Rosana.

— Que Rosana?

— Esposa do Alberto. O capataz da fazenda de seu pai.

Antonieta fez força para pensar. As ideias foram se ajeitando na mente. Lembrou-se vagamente dela.

— O que está fazendo dentro do meu quarto?

— Eu vim a pedido da sua avó. Ajudar você.

— Não preciso da ajuda de ninguém. — Antonieta fez tremenda força e sentou-se na cama.

— Está muito fraca. Esses dias foram difíceis.

— Saia daqui. Eu não preciso de ninguém. Ainda mais a esposa de um capataz!

— Entendo que esteja com os pensamentos embaralhados, mas precisa descansar e repor as energias com caldos e...

Antonieta a cortou:

— Não preciso da sua ajuda. Pode ir embora.

Rosana nada disse. Levantou-se, fez agradecimento mental aos espíritos que a haviam ajudado, despediu-se da criada e saiu.

Antonieta gritou com a criada:

— Saia daqui você também, criatura dos infernos. Eu quero ficar sozinha. Posso?

A criada saiu correndo.

Rosana chegou à sala e Teresa estava aflita.

— E então?

— Está tudo bem agora.

— Aquela coisa ainda está grudada nela?

— A senhora quer dizer um "espírito"?

— Não importa o nome, só quero saber se *aquilo* saiu dela.

— Saiu — respondeu Rosana. — Saiu. Mas Antonieta precisa estar rodeada de boas companhias. Não está em seu juízo perfeito.

— Como assim?

— Desculpe-me a sinceridade, dona Teresa. Antonieta tem um temperamento estouvado. Se continuar agindo assim, por meio da impulsividade, poderá atrair sérios problemas para si.

Rosana foi gentil. Ela tinha a capacidade de ver cenas futuras da vida de alguém. Quando Antonieta a colocara para fora do quarto, tivera uma visão. E essa visão não fora nada agradável. A bem da verdade, Rosana sentira compaixão pela jovem. Antonieta estava cavando a própria cova. No entanto, ela preferiu não assustar Teresa.

— Minha neta é uma moça bem-educada — devolveu Teresa, um tanto incomodada com o comentário.

— Sim, ela é. Que Deus as proteja.

Rosana ia falar mais alguma coisa, mas viu uma entidade barra-pesada atrás de Teresa. Compreendeu, naquele momento, que não só Antonieta precisava de ajuda, mas Teresa também. Aquele tipo de espírito era ligado a falanges que realizavam trabalhos espirituais com o intuito de atrapalhar a vida das pessoas. Rosana conhecia essas entidades. Já conversara com algumas delas ao longo da vida. Percebeu que Teresa havia solicitado um trabalho para prejudicar... a condessa de Viamonte. Rosana teve nova visão: a condessa acamada, doente. E viu Teresa, muitos anos à frente. Fez que não com a cabeça.

Teresa quis saber:

— Mais alguma orientação?

— Não, senhora. Sua neta está bem.

— Está tarde. Eu lhe ofereceria um quarto, mas...

— Não tem problema — disse Rosana, sincera. — Eu vou dormir com os criados. Amanhã bem cedinho, retornarei à fazenda. Boa noite.

— Boa noite — devolveu Teresa.

Em seguida, ela correu ao quarto da neta. Antonieta estava ainda pálida, mas recobrara a vitalidade.

— Está melhor, querida?

— Estou bem melhor, vovó. Só não gostei daquela mulher no meu quarto.

— Ela veio rezar para você sarar.

— Sarar de quê?

— Você estava doente. Não sabíamos o que era.

— Não era melhor chamar um médico? Foi chamar a esposa do capataz? Meu pai sabe disso?

— Claro que sabe. Preciso lhe contar algo.

— Diga.

— É sobre Abdul.

— Nem me fale, vovó. Aquele rapaz é um sujeito espurco. Não podemos confiar nele. Fica inventando histórias, mentiras a meu respeito, só para atrapalhar o meu relacionamento com Rami. Impressionante como ele não me dá sossego...

Teresa a cortou com amabilidade na voz:

— Querida, sinto lhe informar... Abdul morreu.

— Morreu? — Antonieta repetiu a pergunta porque não entendera ao certo o que a avó lhe dissera.

— Sim. Sofreu um acidente. Foi atropelado por uma carruagem. Os cavalos o pisotearam e ele não resistiu.

Antonieta deu de ombros.

— Antes ele do que eu.

— Como me diz uma coisa dessas, assim tão friamente?

— Ele estava atrapalhando o meu futuro.

— Você gostava dele.

— Falou no tempo certo, vovó. Gostava. Depois que conheci Rami, tudo mudou.

— E renunciou ao amor de Abdul.

— Qual nada! Ele não me amava. Tenho certeza de que agia da maneira como agia porque tinha ciúme da minha relação com o irmão.

— Você o descartou como se fosse um objeto sem valor.

— Isso mesmo. Está vendo, vovó? A senhora me entende. Somos muito parecidas.

Teresa sentiu uma tristeza sem igual. Infelizmente, precisava admitir: Antonieta era muito parecida com ela.

— Pensei que...

Antonieta a cortou:

— Pensou. Mas fique tranquila. Logo vou me casar com Rami. Serei rica, nora do marquês de Ouro Belo. — Antonieta suspirou, feliz da vida.

Teresa deu-lhe um beijo de boa-noite e foi para os seus aposentos. Logo adormeceu e, no dia seguinte, estaria mais preocupada com o resultado do feitiço de Zé do que com a saúde da neta. Porque Teresa era assim...

# CAPÍTULO 31

Na semana seguinte, uma notícia alegrou o coração de Teresa: a condessa de Viamonte sofrera um acidente doméstico e quebrara uma das pernas. Ficaria de molho na cama por meses, a ponto de o marido decidir que ela deveria receber cuidados médicos do outro lado do Atlântico. Dali a alguns dias, a condessa partiria para a Europa. Chegaria aos ouvidos de Teresa que ela ficaria acamada e doente por muito tempo. Passados dois anos do acidente, a condessa ficaria viúva e se casaria com um nobre da Prússia. Nunca mais ela retornaria ao Brasil.

Assim, Teresa passou a visitar o marquês, fosse para o consolar, fosse para mostrar a ele que ela era uma mulher à sua altura. O marquês, entristecido, sem a companhia da condessa, foi-se deixando levar pelo jeito amoroso com que ela o tratava. Em pouco mais de duas semanas, ele já estava lhe fazendo a corte.

Nesse ínterim, Antonieta recuperou-se de maneira surpreendente. Estava belíssima na missa de sétimo dia de Abdul. Rami, embora ainda abalado com a morte do irmão, não deixou de notar a beleza de Antonieta. Estava verdadeiramente apaixonado por ela. Ela, por seu lado, não estava tão apaixonada assim. Era mais um deslumbre. Queria ser rica de verdade — segundo palavras dela — e desfrutar a vida praticamente como uma marquesa. Rami era o homem que lhe ofereceria esse novo mundo.

Mas o que fazer com a impulsividade? Antonieta poderia simplesmente viver esse momento e esquecer a animosidade que tinha, por exemplo, com Cleonice. Todavia, o espírito dela não se conformava com a alegria da irmã. Havia algo em Antonieta que a irritava sobremaneira todas as vezes que via Cleonice em estado de graça.

Sempre fora assim, desde que se entendera por gente. Agradecia o fato de não terem tido a mesma mãe. Em relação aos sentimentos que nutria por Estelinha, era como se ela nada representasse a Antonieta. Se Estelinha se casasse, tudo bem para ela. Se Estelinha morresse, também tudo bem para ela. Antonieta não tinha um pingo de sentimento em relação às irmãs. Essa ojeriza não lhe fazia nada bem. Por causa dela, Antonieta estava prestes a perder tudo o que desejava na vida.

Vejamos, por exemplo, como funciona o livre-arbítrio...

Depois que a missa acabou, ela foi consolar Rami.

— Estou desolada. O que posso fazer para você ficar menos triste?

Ele pegou na mão dela e a beijou.

— Já está fazendo bastante. Só o fato de estar aqui, não tem ideia de como é bom ver você. Obrigado.

— Faço tudo o que for preciso para você ficar bem.

— Sabe, meu amor, essa desgraça com Abdul tem me feito pensar que a vida pode acabar assim, num estalar de dedos.

— É verdade — ela concordou.

— Por isso... eu gostaria de ir à fazenda falar com seu pai e pedir a sua mão. Concorda?

Antonieta exultou de felicidade.

— Claro! Mas não acha cedo?

— Não. A vida continua. Eu a amo. Não temos mais o que esperar.

— Pois bem. Eu aceito!

Rami quis abraçá-la, mas o momento não permitia essa demonstração de carinho. Ele apenas sorriu. Teresa aproximou-se, ele se despediu.

— Vovó! Ele vai pedir a minha mão em casamento.

— Já não era sem tempo! Se tudo correr bem, eu serei sua avó e sua sogra.

Antonieta não entendeu. Teresa afastou-se e foi cumprimentar duas amigas. Antonieta virou-se para o lado e viu Cleonice e Aurélio. Pareciam apaixonados. Ela sentiu um ódio surdo brotar no coração, nublando a sensatez.

— Ela não pode ser feliz. Eu vou acabar com esse noivado.

Antonieta poderia fazer outra escolha, ou seja, contentar-se com o pedido de casamento. Afinal, não era o que mais queria? Casar-se com Rami e ter uma vida de luxo? Só que ela escolheu seguir por outro caminho.

Passou perto do casal e ouviu Aurélio:

— Amanhã à tarde eu passarei na sua casa.

— Não será possível. Terei aula com madame Dubois. Poderemos nos encontrar depois da aula. Dar uma volta...

Ele adorou a ideia.

— Perfeito. Amanhã, à tardezinha, eu vou até a casa de madame Dubois.

— Isso. É na Rua Senhor dos Passos, número...

Antonieta sorriu por dentro e por fora.

*Amanhã eu destruo esse amor...*

No dia seguinte, Antonieta pretextou ter acordado com fortes cólicas. Fingiu, obviamente, mas, como havia recentemente passado por aquela situação envolvendo o espírito de Abdul, Teresa achou melhor que ela ficasse de repouso.

— Sei que vai se encontrar com o marquês, vovó.

— Vou desmarcar. É importante estar ao seu lado.

— Nada disso! Não quero ser estraga-prazeres. A senhora vai sair, sim. Se precisar de alguma coisa, eu chamo uma das criadas. É só uma cólica. Logo passa.

— Tem certeza?

— Claro, vovó. Não quero estragar o seu dia.

Teresa sorriu e agradeceu.

— Obrigada.

— Disponha.

Assim que Teresa saiu, Antonieta levantou-se rapidamente e correu até a cômoda em frente à cama. Ali tinha papel, pena e tinta. Ela escreveu um bilhete e chamou um dos criados.

— Leve isso para Aurélio — e deu o endereço da casa dele. — Agora!

— Sim, senhorita.

No bilhete, Antonieta se passava por Cleonice. Dizia a Aurélio que não iria à aula de madame Dubois e, portanto, que ele viesse à casa pontualmente às duas da tarde. Eles estariam sozinhos e poderiam namorar mais à vontade.

Quando recebeu a missiva, Aurélio sentiu um calor percorrer-lhe o corpo. Tinha forte desejo sexual e não se deitava com prostitutas porque tinha medo de doença. Perdera dois amigos para a sífilis, doença cujo tratamento era inexistente na época. A pessoa com sífilis — uma infecção sexualmente transmissível — pode ter danos cerebrais irreversíveis e deformidades no rosto antes da morte. Aurélio tinha pavor de pegar alguma doença. Cabe salientar que, no início do século XIX, as nações, mesmo as mais desenvolvidas, não tratavam de questões de higiene como nos dias de hoje.

Assim, Aurélio apelava para a masturbação. Nunca tivera intimidades com uma mulher. Por esse motivo, não via a hora de desposar Cleonice e ter com ela todos os momentos de prazer com os quais sonhara desde a puberdade.

*Hoje eu vou poder amar a minha futura esposa...*

# CAPÍTULO 32

Às duas da tarde, na casa de Teresa estavam apenas Antonieta e os criados, mas eles só cumpriam suas funções, alheios ao que acontecia com Teresa ou com as meninas. Teresa fora se encontrar com o marquês de Ouro Belo e as meninas tinham ido para a aula na casa de madame Dubois.

No quarto, Antonieta contava os minutos, ansiosa, aguardando a chegada de Aurélio.

Ele chegou no horário. Um criado o conduziu até o pátio e foi chamar Antonieta, como ela exigira. Dali a alguns minutos, ela apareceu, lindíssima. Aurélio levantou-se e a cumprimentou:

— Boa tarde, Antonieta.

— Boa tarde. Que bons ventos o trazem até aqui?

— Vim a pedido de Cleonice.

— De Cleonice? Estranho...

— Por que estranho?

— Cleonice não está. Foi para a aula de bordado e francês.

Aurélio sentiu-se confuso. Apanhou o bilhete no bolso da calça e o releu.

— Deve estar havendo alguma confusão, pois ela me escreveu para estar aqui às duas horas. E estaria sozinha. Veja. — Ele entregou o bilhete a Antonieta.

Ela sorriu. Apanhou o bilhete e o rasgou em pedacinhos.

— Cleonice anda um tanto alheia das ideias. E agora? O que vai fazer?

— Bom, se você não se importar, eu vou ficar aqui e esperar o momento de ir buscá-la na casa de madame Dubois. Está uma tarde abafada — ele falou, tirando um lenço da casaca e passando-o sobre a fronte suada.

Antonieta, num impulso, pegou a mão dele e a levou até os seios. Aurélio estremeceu.

— Não prefere passar o tempo fazendo outras coisas? — Ele não respondeu. Estava perturbado. Novas gotas de suor começaram a escorrer da testa.

— Eu... eu... — ele gaguejou. — Não sei ao certo...

Antonieta puxou a mão dele contra si e lambeu um dos dedos dele, de maneira voluptuosa.

— Venha comigo. Vou lhe mostrar algo de que vai gostar.

Aurélio estava tão transtornado que se deixou levar. Além do mais, Antonieta era uma moça belíssima, encantadora.

Ela o conduziu até o quarto. Uma das criadas viu quando os dois o adentraram. A criada, estarrecida, levou a mão à boca. Nada podia fazer. Ainda mais quando era assunto ligado a Antonieta. Se Estelinha as tratava com desdém, Antonieta era muito rude, às vezes até cruel com as criadas. Era melhor não se meter. Por esse motivo, a criada não comentou nada com nenhum outro criado e prosseguiu com seus afazeres.

Tão logo entraram no quarto, Antonieta aproximou-se de Aurélio e o apalpou de maneira sensual.

— Eu sempre o achei um homem bonito, viril. — Apertou-o. — Se não estivesse apaixonado por Cleonice...

Inesperadamente, ela o beijou e Aurélio correspondeu. Ele nunca havia sido beijado ou beijara daquela forma. Os beijos com Cleonice eram de boca fechada, ao estilo de selinhos. Antonieta enfiou a língua em sua boca, fazendo rodopios, excitando-o num grau jamais imaginado.

Ela afastou-se e baixou a parte de cima do vestido. Ao ver aquele par de seios nus, belíssimos, Aurélio pensou que fosse ter uma síncope.

— Antonieta, o que é isso?!

— Nada — disse, enquanto pegava a mão dele e a levava aos seios. — Apenas quero que me sinta. — Involuntariamente, ele apalpou os seios e revirou os olhos, dominado pelo prazer. Ela quis saber: — Sou bonita? — Ele fez que sim com a cabeça. — Não quer provar?

De repente, a visão ficou turva e os pensamentos, desconectados, como se os neurônios tivessem entrado em curto-circuito. Aurélio, num grau de excitação jamais sentido, avançou sobre Antonieta. Ela pediu que ele parasse.

— Calma! Eu apenas...

Ele não mais a escutava. O desejo falara mais alto e Aurélio não se conteve. Empurrou Antonieta sobre a cama e a possuiu com fúria. Ela gritou, esperneou, mas de nada adiantou. Aurélio tapou a boca dela. Parecia um animal no cio.

A mesma criada que os vira entrar no quarto escutou os gritos e, desesperada, invadiu o aposento. A cena lhe causou indignação e espanto. Ela gritou com tanta força que, na sequência, outros criados correram até a porta do quarto. Antonieta mordeu a mão de Aurélio e, assim, conseguira gritar por socorro. Ela estava desesperada.

Dois criados corpulentos adentraram o quarto e arrancaram Aurélio à força. Ele estava completamente fora de si. Os olhos giravam nas órbitas e ele se debatia feito um animal acuado.

Foi naquele momento que Teresa chegou à casa. Ouviu a balbúrdia e correu até o corredor. A cena era pavorosa. Aurélio, com a calça arriada, tentava se livrar dos criados brutamontes.

— O que está acontecendo?

Uma criada lhe contou o que Aurélio fazia com Antonieta. Teresa deu meia-volta e saiu aos gritos pela rua. Um intendente da polícia estava próximo. Logo, Aurélio era levado à força para a cadeia do Aljube, na rua de mesmo nome[1].

Ocorre que Aurélio enlouquecera de vez. O pai sempre soubera que o filho era um tanto alheado. Aurélio nunca fora "normal". Apresentava um comportamento estranho desde criança. Quando garoto, masturbava-se na frente dos criados. A mãe, horrorizada com o comportamento infame do filho, adoecera e morrera em pouco mais de um ano. O irmão, Américo, tinha verdadeiro asco de Aurélio. Quantas e quantas vezes ele implorara para que o pai ou levasse Aurélio para tratamento fora do país ou o internasse no Hospital Militar do Morro do Castelo, visto que a ala da Santa Casa de Misericórdia destinada a receber os loucos e os alienados só seria inaugurada em 1852.

O pai sempre fizera vista grossa para as esquisitices do filho. Nunca se decidira sobre o que fazer com Aurélio. Agora, no meio desse escândalo, o antigo vice-rei conseguira que Aurélio fosse transferido da cadeia para os porões do hospital. Era lá que mantinham os loucos. Aurélio foi arremessado num porão escuro, fétido, totalmente insalubre.

E ali ele ficaria até morrer de tuberculose, dali a dois anos. Aurélio seria resgatado por um bando de espíritos abnegados.

---

1 Atual Rua Acre.

Permaneceria em recuperação numa clínica no astral e dela fugiria, preferindo vagar pelo mundo dos encarnados.

Depois que levaram Aurélio, Teresa retornou ao quarto e encontrou Antonieta num estado deplorável. Ela não dizia coisa com coisa. Ardia em febre. Teresa pensou em chamar um médico. Mas já estava aflita por conta dos comentários que logo surgiriam. Afinal, não houve quem não vira Aurélio ser arrancado da casa dela à força e levado imediatamente à cadeia.

Uma criada deu a sugestão de chamar Sérgio. Ele era médico do Real Hospital Militar. Teresa assentiu e a criada correu para chamá-lo. Quando ele a viu, decidiu que Antonieta precisava ser levada ao hospital.

— Ela não pode ficar aqui.

— Está muito fraca — ponderou Teresa. — Não pode ser atendida em casa?

Sérgio observou Antonieta com minúcia e notou que ela estava com hemorragia. Havia sangue pelas pernas.

— Ela precisará de cuidados médicos. Melhor ser removida para o hospital.

Teresa assentiu.

— Ela vai sobreviver?

— Sim — asseverou Sérgio. — Ela é uma moça forte e saudável. Tenho certeza de que vai superar e se recuperar desse momento trágico.

Teresa fitou Sérgio. Momento trágico? Então ele já sabia! Toda a Corte já deveria estar sabendo. Teresa sentiu vergonha. Não porque o fato mancharia a reputação de sua neta, mas porque toda essa confusão poderia atrapalhar o plano dela de se casar com o marquês. Todavia, ela era esperta e já tinha uma história para contar a Samir caso ele colocasse algum entrave na formalização do pedido de casamento. Mas Samir nem se atentaria ao ocorrido. Casar-se-ia com Teresa independentemente dos fatos ocorridos há pouco.

Antonieta foi levada ao hospital e logo recebeu os cuidados necessários. A hemorragia estancou. Dali a uma semana, receberia alta e voltaria para casa. Contudo, ficaria bem pouco na casa da avó, porque Eurico, ao ter conhecimento daquela tragédia, ordenou que as três filhas retornassem imediatamente para a fazenda. Era uma ordem.

# CAPÍTULO 33

Passava das quatro da tarde quando Estelinha e Cleonice terminaram as aulas com madame Dubois. Cleonice olhava de um lado ao outro da rua. Nada de Aurélio aparecer.

— Ele ficou de me encontrar no fim da aula. Eu lhe dei o endereço.

— Calma, Cleonice. Deve ter acontecido alguma coisa.

— Não sei. Se tivesse ocorrido um imprevisto, Aurélio me enviaria uma mensagem.

— Vamos aguardar mais um pouco — sugeriu Estelinha.

— Está bem. Logo ele virá.

— Está empolgada com esse rapaz!

— Estou. Acho que encontrei o amor da minha vida. Aurélio é tão gentil, educado, um verdadeiro cavalheiro.

— E a história de que ele sofre dos nervos?

Cleonice meneou a cabeça.

— Um embuste, uma grande mentira, isso sim. Segundo Aurélio, é o irmão dele, Américo, que tem problemas de ordem mental.

— Pobrezinho. Eu o vi no velório de Abdul e, francamente, eu o achei um rapaz comum. Não me pareceu que fosse alienado.

— Não entendo dessas coisas, Estelinha. Seria melhor perguntar ao seu pretendente. Sérgio é médico, deve entender bem desse assunto.

— Você tem razão. Podemos perguntar ao Sérgio.

O tempo passava e nada de Aurélio aparecer. Dali a uns minutos, uma das criadas de Teresa apareceu, lívida, transtornada.

— Por que está aqui? — quis saber Cleonice.

— Por favor, dona Teresa pede que venham correndo para casa.

— O que aconteceu? — indagou Estelinha.

— Uma tragédia.

As duas se entreolharam, surpresas.

— Diga logo, menina — exigiu Cleonice.

— É a dona Antonieta... ela... foi para o hospital.

— Vamos — disse Estelinha.

— Preciso esperar Aurélio.

— Ele não vai vir — disparou a criada.

Cleonice nada entendeu. Estelinha a puxou pelo braço e elas estugaram o passo. Ao se aproximarem da casa, havia uma concentração de pessoas próximo da entrada.

Estelinha e Cleonice se entreolharam, como querendo saber o que havia acontecido. A criada correu para dentro da residência. As meninas foram se aproximando e, conforme atravessavam a massa de gente para entrar na casa, ouviam frases do tipo:

"Meu Deus! Que tragédia!"

"Pobre moça. Tão jovem..."

"Bem que se dizia que o filho do vice-rei é virado das ideias..."

"Ele merece morrer!"

Cleonice sentiu o peito contrair-se. Ela apertou a mão de Estelinha e entraram na casa. Naquele momento, Antonieta já havia sido levada ao hospital. Teresa encontrava-se na sala, encostada numa poltrona, sendo abanada por uma das criadas.

— Vovó! — Cleonice exclamou. — O que aconteceu?

Teresa a olhou com desprezo.

— O seu noivo, aquele pulha!

— Está falando de Aurélio?

— De quem mais? — indagou num tom irônico. — Por acaso está namorando outros?

— Vovó, que horror! — Cleonice sentiu o rosto arder.

— Diga-nos o que aconteceu — pediu Estelinha, com jeito.

— Aquele desaforado do Aurélio... — Teresa levou as mãos ao rosto e começou a chorar. — Como pôde? Nós confiamos nele...

— Pelo amor de Deus, vovó!

— Por favor, dona Teresa — pediu Estelinha.

Teresa odiava quando Estelinha a chamava pelo nome. Nunca se conformara de a menina não a chamar de avó.

Ela levantou-se e despejou as palavras sobre Cleonice, indignada:

— O seu pretendente, noivo ou o que quer que seja violentou a minha Antonieta.

— Como assim? — Cleonice não entendeu.

— Não se faça de estúpida, Cleonice. Você já tem idade para entender. Sei que ficava se bolinando com esse devasso, pervertido. E me diziam que o atormentado era o irmão...

— Por favor, não estou entendendo. Por que esse monte de gente na porta de casa?

— Porque seu noivinho foi arrancado daqui à força. Foi levado para a cadeia. É lá que ele merece ficar. Que apodreça no xadrez.

— Mas o que Aurélio fez de tão grave? — Cleonice estava impaciente e chorosa.

— Ele abusou sexualmente de Antonieta. Compreende agora?

Cleonice levou a mão ao peito. Estelinha a amparou e a sentou numa cadeira.

— Calma — e, virando-se para uma criada, pediu: — Um copo de água com açúcar, já!

A criada fez que sim com a cabeça e logo voltou com o copo cheio. Estelinha o levou aos lábios de Cleonice.

— Beba.

Cleonice tomou uns goles e empurrou o copo.

— Estou enjoada.

— Deveria sentir vergonha e culpa em vez de se sentir enjoada — vociferou Teresa. — Seu noivinho manchou a honra de Antonieta, conspurcou o nome de nossa família. E agora? Como vamos viver com isso?

— Eu não entendo... — Cleonice estava com as ideias desalinhadas. — Aurélio ficou de encontrar-se comigo na casa de madame Dubois às quatro da tarde. O que ele estava fazendo aqui?

— O quê? Ora, Cleonice, enquanto você fazia biquinho, dizendo "*Je suis*", Aurélio estava aqui, deleitando-se com o corpo frágil de Antonieta. — Ela meteu o dedo em riste: — Sua irmã está no hospital. Se algo acontecer a Antonieta, sou capaz de mandar você para um convento nos quintos dos infernos. Você é a culpada por tudo isso.

Cleonice pôs-se a chorar. Estelinha tentava consolá-la:

— Venha, vamos para o quarto.

Cleonice deixou-se levar, enquanto Teresa despejava uma série de absurdos sobre Cleonice, chamando-a de libertina e destruidora do bem-estar da família.

No quarto, Cleonice não conseguia raciocinar direito. Andava de um lado ao outro do cômodo.

— Não pode ser. Aurélio jamais faria algo tão pavoroso assim.

— Precisamos saber o que se passou — contemporizou Estelinha. — O fato é que Aurélio esteve aqui e...

— Por que ele se deitaria com Antonieta se estava apaixonado por mim? Diga-me! — Estelinha não soube responder. — Eu tenho certeza de que tem o dedo podre de Antonieta nessa história. Ela deve ter aprontado, ou tentado aprontar algo para mim, e deu errado.

— Não diga isso! — censurou Estelinha. — Antonieta não é uma santa, mas não seria capaz de chegar a tanto.

— Não? Eu tenho certeza de que ela chegaria a muito mais. Tudo para me atingir, me machucar.

Estelinha achou que Cleonice estivesse exagerando. Não achava que Antonieta fosse capaz de tamanha insensatez. Ela abraçou-se a Cleonice e tentou consolar a irmã. Era o que podia fazer naquele momento tão delicado. Mais nada.

# CAPÍTULO 34

Cleonice esperava ansiosa pela alta hospitalar de Antonieta. Não via a hora de confrontá-la. Antonieta voltara para casa e estava mais corada. Fora levada para seu quarto e Teresa a enchera de mimos.

— Quero que fique forte para voltarmos logo para a fazenda.

— É o que mais quero, vovó. Sei que papai exige nosso retorno, porém, depois do que aconteceu, não quero ficar aqui. Não suporto estar no meio de um escândalo.

— Logo passa — tornou Teresa. — E outro escândalo virá. É assim mesmo. Logo vão esquecer a tragédia que lhe aconteceu...

Antonieta não prestava atenção no que Teresa lhe dizia. Estava pensando nela, na vida dela, em como contar essa história para Rami... Pensou nele e sentiu um aperto no peito. Será que, depois do acontecido, Rami ainda teria vontade de desposá-la? Por que levara tão longe essa empreitada? Ela se xingava mentalmente. *Burra! Estúpida!*

Quando planejara o encontro com Aurélio, Antonieta queria apenas trocar com ele algumas carícias. No momento em que ele avançasse o sinal, ela iria gritar com todo fôlego. Obviamente, na cabecinha dela, uma criada iria escutar o grito e adentrar o quarto. Ela, então, diria que Aurélio a estava molestando e pediria ajuda. Logo ele seria expulso da casa e Antonieta poderia, finalmente, contar a sua versão da história, de que Aurélio a estava assediando fazia um tempo e que agora chegara ao cúmulo de a molestar.

Todavia, o tiro saíra pela culatra. Antonieta não pensou que Aurélio fosse fazer o que fizera. Agora, porém, manteria a mesma história. E ela tinha contado uma, duas, três, mil vezes a mesma história. Até Rami condoeu-se do ocorrido.

— Meu pai é o marquês de Ouro Belo. Ele é amigo do príncipe regente. Pode ser franca comigo. O que quer que eu faça com aquele verme do Aurélio? Podemos deportá-lo ou mantê-lo apodrecendo nos porões do Hospital Militar.

— Prefiro que seja no hospital, entre outros alienados mentais.

— Seu desejo é uma ordem.

Antonieta sorriu e, depois de contar exaustivamente a sua versão, quase acreditou na história que inventara. Estava esperando o dia em que Cleonice a procuraria. E o dia chegou.

Cleonice entrou no quarto e foi logo perguntando:

— Não quero ouvir a sua versão. Quero a verdade.

Antonieta acomodou-se entre os travesseiros. Sorriu maliciosa.

— Quer mesmo saber?

— Vamos, desembucha. — Cleonice estava colérica.

— Está bem. Eu usei seu noivinho. Eu o provoquei até que ele não aguentou.

— Então você o provocou! — Cleonice estava estupefata. — Eu vou gritar para o mundo que você não presta, não vale nada.

Antonieta deu de ombros.

— Tanto faz. Em quem vão acreditar? Na vítima indefesa, que foi brutalmente atacada, ou vão acreditar no doente mental que purga nos porões de um hospital? Ora, Cleonice, veja se acorda para a vida! Jamais vou dizer a verdade. Só digo para você.

— Vou contar para a vovó.

Antonieta riu com gosto.

— Pode contar. Eu desminto. Digo que você está inventando tudo só para aliviar a consciência, porque jamais poderia imaginar que estava quase se casando com um alienado. Pobrezinha da minha irmã...

Cleonice avançou sobre Antonieta e lhe deu um tapa no rosto.

— Ordinária! Vagabunda!

Antonieta levantou-se da cama e lhe devolveu o tapa.

— Nunca mais ouse encostar o dedo em mim!

— Você é sórdida. Acabou com o meu sonho. Destruiu a minha vida e a de Aurélio.

— Problema seu e dele. Fico feliz em saber que vai morrer solteirona, porque, depois do que aconteceu, quem vai dar crédito a uma moça que se relacionava com um doente mental? As pessoas vão se afastar de você. Sabe, eu, que deixei de ser virgem, vou me casar. Rami vai me desposar.

— Não pode ser. Eu vou alertá-lo. Ele precisa saber que você não passa de uma rameira barata e infeliz.

Antonieta gargalhou.

— Boba! Rami também acreditou na minha história. Ele teve uma vontade absurda de matar Aurélio. Eu intercedi. Por quê? Porque sou uma boa moça, com sentimentos nobres, capaz de perdoar o meu algoz.

— Você não tem escrúpulos.

— E daí? Se tudo isso serviu para acabar com a sua vida, estou contente.

— Eu a odeio, Antonieta. Odeio com toda a minha força! — Cleonice explodiu.

— Eu também não gosto nadinha de você. A sua queda me alegra.

Estelinha entrou no quarto.

— Cleonice, eu disse para não vir. Sabia que iria se perturbar.

— Perturbar? Você não tem ideia do que essa ordinária me disse, Estelinha. — Cleonice estava quase fora de si.

— Ela vai dizer um monte de mentiras — alertou Antonieta. — Agora que perdeu o pretendente e nunca mais vai se casar, Cleonice decidiu criar mentiras a meu respeito.

— Por favor, Estelinha — pediu Cleonice —, leve-me embora daqui. Nunca mais quero olhar para essa criatura. Nunca mais.

Estelinha a puxou com delicadeza pelo braço e saíram do quarto. Antonieta sorriu, vitoriosa.

O pedido do marquês apenas validou a permanência de Aurélio no hospital. E olha que o vice-rei clamara aos pés de dom João VI para que deixasse levar seu filho para longe, preferencialmente para o outro lado do Atlântico. Entretanto, prevaleceu a vontade do marquês de Ouro Belo. Aurélio ficaria ali preso e, como já dito, morreria nos porões do hospital dali a dois anos.

Nesse meio-tempo, Samir, condoído da desgraça que se abatera também sobre a vida de Teresa, a fim de alegrá-la, pediu-a em casamento. Ela aceitou de pronto.

O pedido veio bem a calhar. Teresa andava impaciente. As amigas tinham sumido; o burburinho em torno da desgraça de Antonieta ainda era grande. Eurico já havia solicitado o retorno das filhas à fazenda. Teresa cumpriu as ordens. Primeiro foram Cleonice e Estelinha. Na sequência, Antonieta seguiu com alguns criados. Logo depois, Teresa vendeu a casa, pois não desejava mais viver na Corte. Samir lhe revelara que, assim que se casassem, eles partiriam para a Europa, pois o príncipe regente o incumbira de uma missão especial. Teresa nem quis saber do que se tratava a tal missão. A única questão era Raja. O que fazer com ela? Samir estava preocupado. Teresa encontrou uma solução. Raja seria encaminhada, à força, diga-se de passagem, para um convento localizado na região serrana do Rio.

— Você fez tudo o que podia pela sua sobrinha. Agora é o momento de ela estar mais próxima de Deus — disse Teresa, ar angelical.

E, por mais que amasse seu filho, Teresa nunca mais voltaria ao Brasil. Trocaria cartas com Eurico e Bernarda, mais nada. Dali a dez anos, o marquês morreria de um ataque cardíaco. Teresa continuaria com o título de marquesa e abocanharia metade da fortuna — a outra parte ficaria para Rami. Ela não se casaria de novo. Morreria bem velhinha, triste e amargurada, arrependida de não ter se casado com Bento, seu único e verdadeiro amor...

Quanto a Rami, bem, no meio de toda essa tragédia que se abatera sobre a vida de Antonieta, ele recebeu uma proposta irrecusável do príncipe: chefiar uma missão diplomática em Funchal, na Ilha da Madeira. Rami ficou indeciso. Amava Antonieta. Foi preciso a intervenção de Samir.

— Não vá se prender a uma mulher que fez o que fez.

— Ela foi violentada, pai.

— Não é o que andam dizendo por aí.

— Como?

— Atendi ao seu pedido. Aquele pobre infeliz nunca mais vai sair do hospital, pode acreditar. Mas casar-se com essa moça? Depois de tudo isso? Você deve aceitar o convite da família real e partir para Funchal. Isso é o que deve fazer.

— Se o senhor pensa assim...

— Vai por mim, meu filho. Perdemos Abdul. Raja será encaminhada para um convento. Eu vou me casar e vou-me embora do Brasil. Por que ficar? Deixe tudo para trás. Ainda poderá se dar muito bem na vida!

Rami ouvia muito o pai e deixou-se levar. Além do mais, devemos entender que era praticamente impossível um rapaz casar-se com uma mulher deflorada, independentemente do motivo. No início do século XIX, a sociedade era extremamente rígida nos valores, ainda mais os relacionados à mulher. Estas eram tratadas como posse, como propriedade do homem.

Rami passou uma semana pensando, matutando e aceitou o convite do príncipe regente. Partiu numa manhã nublada e deixou um bilhete para Antonieta. Não teve coragem de encará-la.

Ao ler o bilhete, Antonieta deu de ombros.

— Eu vou conseguir algo melhor. Ah, se vou...

# CAPÍTULO 35

Assim que as meninas chegaram à fazenda, Eurico e Bernarda se reuniram na biblioteca. Eurico estava possesso. Já havia brigado anteriormente com Bernarda.

— A culpa é toda sua!

— Como pode dizer isso? É aviltante! — protestou Bernarda.

— Você é a mãe. Deveria estar de olho.

— Como? Você é meu marido e exigiu que eu ficasse aqui, cuidando da casa, preparando tudo para a chegada do conde de Manágua.

Era verdade, mas Eurico não dava o braço a torcer. Era extremamente orgulhoso.

— Então deveria tê-las trazido para cá. Onde já se viu manter as meninas na Corte praticamente sozinhas, só para aprenderem frases tolas em francês? Eu poderia contratar uma preceptora para elas.

— A sua mãe foi quem decidiu. O que posso fazer? Era a vontade de Teresa. Você faz tudo o que sua mãe pede.

Eurico enfureceu-se e a estapeou. Bernarda levou a mão ao rosto.

— Você nunca me bateu! Como ousa? — ela teve coragem de perguntar, numa época em que a mulher era subjugada, tolhida nos seus passos e obrigada a engolir a violência verbal e física do marido.

Eurico estava exasperado.

— Desculpe-me. Não tive a intenção. É que você me tira do sério — disse, fazendo com que Bernarda fosse a responsável por ele agir de forma tão brutal.

— Eu?! Então você e sua mãe tomam decisões e eu sou a culpada? Por que tenho de pagar por algo que não decidi?

— O que vamos fazer? — Ele passava nervosamente a mão nos cabelos.

— Com o quê?

— Ora, Bernarda. Eu ia oferecer Antonieta para o conde. Seria o casamento perfeito. A fortuna do conde entraria à larga na nossa família. E agora? Depois do que aquele canalha fez com minha filha... espero que Aurélio morra.

— Bem, Estelinha e Cleonice...

Ele a cortou, irritado:

— Estelinha é sem-sal, sem açúcar, sem nada. Levantemos as mãos aos céus que vai se casar com aquele médico.

— A Cleonice...

— Não fale o nome dela. Cleonice é a grande responsável por toda essa desgraça. Foi ela quem trouxe esse pulha para dentro do nosso lar. Colocou um lobo em pele de cordeiro dentro de casa e veja o que ele fez.

— Tem razão, meu marido.
— Vamos mandar Cleonice para o convento.
— Pode ser o convento da Ajuda.
— Não. Não quero mais filha minha vivendo na Corte. Cleonice será enviada para Olinda. Eu a quero bem longe daqui. — Bernarda fez que sim com a cabeça. — Esse vai ser o seu castigo. Cleonice precisa pagar pela vergonha que causou a Antonieta e a nossa família. Chame-as! — ele ordenou. — Agora!

Dali a dez minutos, estavam todos na biblioteca, menos Alfredo, pois Eurico o dispensara daquela reunião. A conversa era para definir o destino de suas filhas.

Sentada numa cadeira, Cleonice sentia-se incomodada. Evitava olhar para Antonieta. Não queria mais conversa com ela; agiria assim por todo o sempre.

— Bem — começou Eurico —, depois do infortúnio que se abateu sobre nossa família, decidi o futuro de vocês.

Antonieta, Estelinha e Cleonice o encararam, aflitas. Eurico era o patriarca e, qualquer decisão que tomasse, elas deveriam acatar.

— O pai de vocês só pensou no melhor para cada uma — ajuntou Bernarda.

— Pois bem — prosseguiu Eurico. — Estelinha vai se casar com o doutor Sérgio de Almeida Lima e Silva. — Estelinha abriu um sorriso. Afinal, era o seu desejo. — Sérgio já esteve aqui. Conversamos e eu aceitei o pedido de casamento. Já o autorizei a correr com os proclamas.

— Obrigada, meu pai — tornou Estelinha, emocionada e feliz.

— Antonieta será preparada para o casamento.

Estelinha e Cleonice se entreolharam, perplexas.

— Como assim? — Cleonice não se conteve.

— Cale a boca! — bramiu Eurico. — Só eu falo.

Cleonice abaixou a cabeça, entristecida, pois percebia que Eurico a olhava com fúria injetada nos olhos.

Antonieta regozijava-se por dentro.

— O que pretende, papai? — perguntou ela, voz infantil.

— Vou apresentá-la ao conde de Manágua.

— Mas eu... — Ela envergonhou-se. Não era mais virgem, pensou em dizer.

— Eu e sua mãe criamos uma história. O conde não vai se opor ao casamento. Está tudo aqui maquinado — apontou para a cabeça.

— E Rami?

— Sinto muito, querida. Mas não será possível o enlace entre você e Rami. Eu decidi que o conde é a melhor opção.

— Está bem. — Antonieta sentira um pouco. Gostava de Rami, contudo, ele era irmão de Abdul. Antonieta queria mais se casar porque Rami era filho do marquês. Agora seria apresentada a um conde. Era um bom título. Estava conformada. Por esse motivo, não se surpreendera nem se entristecera quando Rami lhe deixara um bilhete de adeus.

— Isso é aviltante! — Cleonice gritou, indignada.

— Já disse para calar a boca, ou vou ter de ser mais enérgico! — ameaçou Eurico.

— Por favor — pediu Bernarda. — Respeite seu pai.

Cleonice estava desolada. Todos haviam acreditado em Antonieta. Como podia isso estar acontecendo?

— E, por último, Cleonice — ele disse, voz rouca de raiva.

— Vou me casar com quem? Com o grilo falante?

Eurico não se conteve. Desceu o sarrafo nela. Cleonice contorceu-se de dor. Estelinha aproximou-se e ele gritou:

— Se encostar um dedo nela a fim de a consolar, eu farei pior com você.

Estelinha deu passos para trás e voltou ao seu lugar, enquanto Cleonice urrava de dor. Eurico fez sinal para Bernarda e ela abaixou-se.

— Venha, Cleonice, volte a se sentar.

Com muita dor, Cleonice sentou-se na cadeira. Antonieta se deleitava de prazer. O sofrimento da irmã a alegrava.

— Você não vai se casar — Eurico decidiu.

— Eu não quero — ela balbuciou.

— Não se trata de você querer ou não — ele disse, voz grave. — Importa o que eu decidi. Você vai para o convento de São Francisco, em Olinda.

— Não!

— Vai, sim senhora. Depois que recebermos a visita do conde de Manágua, você vai para o convento. E não adianta vir com choramingos. Está decidido.

Cleonice pôs-se a chorar. Todos sabiam quanto ela não gostava de frequentar uma igreja, ou mesmo quanto se incomodava com padres e freiras. Como o pai podia ser tão vil? Então Antonieta, responsável por toda a bazófia, era agraciada com um casamento. E ela... seria encarcerada num convento. Aurélio preso nos porões do hospital e ela atirada à cela fria de um convento! O que a vida estava querendo lhe mostrar? Por que sua vida fora destruída assim?

Ela não sabia a resposta. Só tinha certeza de uma coisa: o ódio por Antonieta chegara a uma escala exponencial. Cleonice a odiaria por toda a vida, e essa vibração se estenderia para além da morte. Esse ódio reverberaria na encarnação seguinte, e na outra...

# CAPÍTULO 36

Na cidade astral, Corina e Magda caminhavam por entre um lindo jardim. Ao aproximarem-se de um banco de cimento, sentaram. Fecharam os olhos e aspiraram o perfume das flores.

— Como é bom estarmos de bem com a vida — comentou Corina.

— Nem me fale — concordou Magda.

— Está pronta para lidar com os próximos acontecimentos?

— Sim. Todos devemos arcar com nossa responsabilidade diante da vida — observou Magda. — O que está por acontecer não é obra do destino ou do acaso, mas das atitudes de cada uma delas.

— Antonieta tinha tudo para ser feliz.

— Sim. E o amor dela e de Rami só será experienciado em próxima oportunidade reencarnatória.

— Se não fosse a birra com Cleonice.

— Pois é. A birra com Cleonice... — Magda repetiu as palavras de Corina e fitou um ponto indefinido. — Viu como a raiva não é boa conselheira? Elas estão brigando há tanto tempo. Mas o tempo... ah, o tempo — suspirou Magda. — Só ele para nos permitir entrar em contato com nossa essência e viver de acordo com os valores nobres do espírito. E só descobrimos essa verdade incontestável por meio do tempo. Por isso, não importa quantas vidas ainda teremos no planeta; a cada uma delas, novas experiências. Sem elas, nosso espírito não cresce, não se desenvolve.

— E tudo porque, algumas vidas atrás, elas selaram a inimizade.

— Para você ver como são as coisas, Corina. Eu e você estivemos presentes naquela distante encarnação, mas não participamos dos fatos que levaram Estelinha, Cleonice e Antonieta a entrelaçarem seus destinos, criando nós em vez de laços.

— Tem razão...

As duas fecharam os olhos e mais uma vez aspiraram o delicado perfume das flores. Logo, tanto Corina quanto Magda foram transportadas a um tempo distante...

Era noite e fazia frio, muito frio. Uma mulher de fisionomia carrancuda, segurando uma lamparina, surgia em cena e atravessava um corredor úmido e comprido, cheirando a mofo. Logo atrás da mulher, uma jovem esfregava as mãos e implorava com olhos cheios de compaixão:

— Ela está desesperada, madre Verônica. Necessita de sua presença para acalmá-la.

— Há mais de seis meses tento acalmá-la. O que mais quer que eu faça, irmã?

— O nascimento do bebê está próximo. Ela disse que não vai entregá-lo. Quer ficar com ele.

A madre riu com desdém.

— Ela não tem que nada. O pai a deixou aqui e acertamos tudo. O bebê vai para os braços do conde. A irmã dele é seca e o cunhado precisa de um herdeiro. Essa moça tem traços similares aos da família do conde.

— Não sabemos quem é o pai — a freira, jovenzinha, ruborizou ao falar.

Madre Verônica estancou o passo e a censurou:

— Está se intrometendo em assuntos que não lhe dizem respeito, sóror Inês. Sua função é cuidar dela até o nascimento do bebê. Se continuar a me fazer perguntas impertinentes ou vier com lamúrias, serei obrigada a transferi-la deste convento.

A freira sentiu medo. Não queria sair dali.

Passou-se um tempo. Madre Verônica, Inês e uma outra freira estavam presentes. Uma moça, deitada e urrando de dor, estava prestes a dar à luz. Sóror Inês segurava a mão da mocinha para lhe transmitir força.

— Vai dar tudo certo.

— Obrigada — disse ela, a voz cansada de tanto fazer esforço.

Madre Verônica observava os movimentos, parada num canto. A outra freira realizava o parto e, quando o bebê chorou, a mãe também o fez.

— Posso segurá-lo? — pediu, voz fraca.

Madre Verônica ordenou, seca:

— Vamos. O conde espera — e, dirigindo-se a Inês, finalizou: — Faça-a descansar. Ela precisa recuperar as forças porque deverá partir na semana que vem.

Inês assustou-se:

— A senhora disse que ela ficaria. Iria tornar-se uma de nós.

— Recebi ordens do conde. — Antes de Inês se pronunciar, cortou-a, ríspida: — O convento se mantém graças a sua prestimosa ajuda. Não posso contrariá-lo.

A irmã que fizera o parto saiu com o bebê nos braços sem dar uma palavra. Deveria limpar e entregar o bebezinho ao conde. Enquanto Inês indignava-se com a madre, a moça que acabara de parir suplicava:

— Não estou me sentindo bem...

Inês virou-se e o catre estava empapado de sangue. Horrorizou-se. Apelou para a madre:

— Por favor, chame um médico para atendê-la e depois deixe-a ficar aqui, tornar-se uma de nós. Eu prometo ajudar no que for preciso.

— Negativo. Ela vai se recuperar e logo vai embora.

Inês olhava para a moça e percebia que, se não recebesse cuidados médicos, morreria. Desesperada, avançou sobre a madre para dela tirar o molho de chaves preso ao hábito por um cinto; queria correr dali o mais rápido possível, abrir os portões do convento e buscar o médico tão logo pudesse.

Madre Verônica era forte e tentou impedi-la; as duas se engalfinharam. A lamparina que a madre segurava foi ao chão e o fogo alastrou-se pelo cômodo.

Uma fumaça densa inundou o ambiente. Madre Verônica e sóror Inês caíram desfalecidas. Inalaram muita fumaça. Nem sentiram o desencarne. A moça que dera à luz estava tão fraca que, ao inalar um pouco da fumaça, morrera.

A freira que correra com a criança a entregara ao conde e, com o passar dos anos, tornar-se-ia sua amante. Agradecido, o conde sustentou o convento até sua morte. A mulher dele criaria a criança como se a tivesse trazido à vida.

Com a morte de Verônica e Inês, a freira seria alçada ao posto de madre. Travaria grande amizade com a mulher do conde e, para granjear a simpatia dos clérigos, junto a outra noviça, passaria a denunciar aqueles que seriam acusados pela Santa Inquisição. Terminaria seus dias muito doente e, ao desencarnar, seria atormentada por aqueles que ajudara a levar à fogueira.

Corina e Magda abriram os olhos. Entreolharam-se.

— O que aconteceu naquele convento, há mais de duzentos anos, ainda reverbera no escaninho da alma de todos os envolvidos — disse Corina.

— Bem que tentamos ajudá-los. Naquela época, você tinha sido mãe de Estelinha. Eu dera à luz Cleonice. Pena que não pudemos fazer muita coisa.

— Elas usaram do livre-arbítrio — tornou Corina. — Cada uma pôde fazer suas escolhas. Por essa razão, continuam reencarnando juntas, até que o elo de desarmonia se desfaça.

— Um dia, quando estiverem mais lúcidas e espiritualmente mais conscientes, lembrarão esse fatídico evento e terão a real chance de se perdoarem.

— Tem razão, Magda. Vamos orar por elas?

Magda concordou. Fecharam os olhos e se concentraram numa linda prece.

Esse recorte de encarnação, cuja lembrança, mesmo que distante, por meio de sonho, perturbaria Estelinha numa próxima vida, fora o responsável por tanta desarmonia entre as irmãs.

Se olharmos novamente para a cena e percebermos quem foi quem nela, as situações desse momento presente mostram que tudo caminha para o bem. E quem foram as personagens daquele triste episódio no convento?

Antonieta tinha vivido como madre Verônica. Cleonice fora a moça grávida. A freira que levara o recém-nascido ao conde era Teresa. O conde, por seu turno, era Eurico, e a mulher dele, Bernarda. A noviça fora Estelinha e sóror Inês... logo apareceria na vida de Clarice.

# CAPÍTULO 37

Cleonice seria enviada ao convento após a visita do conde de Manágua. Estava aflita. Faltavam apenas alguns dias para que ele e a filha chegassem à fazenda.

Sozinha e abatida, ela passava o dia todo trancada no quarto. Desejava morrer. Mal se alimentava ou se banhava. Perdera o gosto pela vida. Enquanto isso, no quarto ao lado, Antonieta sonhava com o dia em que conheceria o conde.

— Ele vai me amar assim que me ver. Afinal, sou bela, irresistível.

Nesse cenário confuso, Estelinha desejava visitar Angelina. O pai dissera que ela só iria se encontrar com a tia depois da visita do conde.

Que inferno! Tudo girava em torno da visita do conde de Manágua. Até Bernarda já estava se sentindo mal, tamanha a pressão que Eurico lhe colocara sobre os ombros. Tudo deveria estar impecável: a casa, os criados, as louças, o cardápio, a roupa das meninas...

Bernarda acreditou que Teresa a ajudaria na empreitada, mas ela estava interessada tão somente em seu casamento com Samir, que, a contragosto do filho, ocorreria dali a alguns dias.

Era meio da tarde quando Eurico entrou em casa pisando a botina com força, fazendo o assoalho ranger. Estava irritadíssimo, como de costume. Seriam necessárias duas vidas para ele se transformar de um homem carrancudo num homem livre, leve e solto.

Bernarda apareceu na sala e, ao vê-lo naquele estado, quis saber:

— O que foi?

— O conde!

— O que foi? Ele chegou?

— Não, mulher. Não é isso.

Bernarda levou a mão aos céus.

— Ainda bem. Não terminamos de confeccionar os vestidos das meninas e...

Ele a interrompeu com um berro:

— O conde não mais virá, por ora.

— Como assim?

— Parece que a filha dele adoeceu. Enviou-me uma carta e me pediu seis meses.

— Seis meses! — Bernarda exultou de alegria, porque havia adorado a notícia.

*Deus ouviu minhas preces, disse para si. Seis meses é um tempo maravilhoso. Agora terei condições para deixar tudo a contento.* Porém, ela disse, fingida:

— Que lástima! E agora?

— Agora nada. Vamos ter de esperar. Só isso.
— E quanto a Cleonice?
— O que tem ela? — indagou Eurico, sem entusiasmo.
— Não acha melhor nós a enviarmos ao convento por agora?
— Não. Tudo ficará como está até a chegada do conde.
— Sim — concordou Bernarda.

A notícia de que a ida ao convento levaria, ao menos, seis meses alegrou Cleonice.

— Está vendo? Nem tudo está perdido — comentou Estelinha, assim que lhe trouxe a notícia.

— Tem certeza?

— Absoluta.

— Então eu tenho mais seis meses de vida — confessou Cleonice.

— Ora, minha irmã. Imagina! Você terá a vida toda pela frente.

— Vivendo enclausurada? Numa cela fria e escura? — Estelinha não soube responder. — Além do mais, sabe que não gosto de freiras.

— Isso é. Desde pequena.

— Então... E justamente serei enviada a um convento?

— Talvez papai mude de ideia.

Cleonice riu. Um riso amargo.

— Desde quando papai muda de opinião? Ele é extremamente orgulhoso. Jamais daria o braço a torcer.

— Calma, Cleonice. Não sei explicar, mas tenho a convicção de que algo bom vai lhe acontecer.

— Só você, Estelinha, é capaz de me fazer rir numa situação dessas.

— Antonieta não está bem — Estelinha comentou, mudando o tom da conversa.

— Não quero mais ouvir o nome dela. Pode me fazer esse favor?

— Desculpe. Foi força do hábito.

— Não interessa. Antonieta está morta. Eu a matei dentro de mim. Como pôde? — Cleonice falava num tom de pura indignação. — Ela mentiu, seduziu meu noivo, destruiu a vida dele e condenou-me a viver numa clausura. Ela é responsável por toda a desgraça que se abateu sobre mim.

— Ela não foi a responsável por mandá-la para o convento.

— Se não tivesse feito tudo o que fez, talvez hoje eu poderia estar casada e vivendo ao lado do meu marido, concorda?

— Nisso, você tem razão.

— Se ela está bem, se está mal, não me interessa. Desejo tudo de mau a Antonieta. Só isso.

Tão logo o dia clareou, Antonieta acordou e sentiu enjoo. Preferiu passar a manhã na cama, repousando. Uma criada, já idosa, entrou no quarto com o café da manhã. Ao sentir o cheiro das rosquinhas, Antonieta teve vontade de vomitar.

— Leve isso para longe daqui.

— A sinhazinha precisa se alimentar.

— Não quero nada. Essas rosquinhas estão revirando meu estômago. Leve embora! — ordenou.

— Sim.

A criada saiu do quarto com a bandeja intacta. Ao entrar na cozinha, comentou com outra criada, também idosa:

— Sinhazinha Antonieta está prenhe.

— Nossa Senhora! — gesticulou a outra. — É mesmo?

— Entrei no quarto com o café, ela enjoou. Está com cara de grávida.

— Se o doutor Eurico descobrir, é capaz de matar a menina.

— Pois é.

E não demorou muito para que constatassem o óbvio. Antonieta engravidara de Aurélio. Parecia que a tragédia não tinha fim.

Num primeiro momento, Eurico sentiu o chão sumir sob seus pés. Ele tinha apreço especial por Antonieta. De certo modo, era a filha favorita. Acreditou — ou quis acreditar — que ela fora seduzida e violentada. Tinha vontade de matar Aurélio. Ao invés de raiva da filha, sentiu piedade.

— Pobre Antonieta. Além de ter sido molestada, carrega no ventre a semente desse verme.

— E o que faremos? — Bernarda estava aflita num nível inimaginável. — Não poderemos mais apresentá-la ao conde.

Eurico não tinha refletido sobre isso.

— Preciso pensar.

— Como?

— Sabe que a fazenda não está nos dando bons rendimentos.

— Como assim? Que história é essa, Eurico?

Ele respirou fundo. Fazia tempo que escondia da família os desarranjos financeiros pelos quais metera os pés pelas mãos.

— Eu fiz empréstimos.

— E daí? Isso é normal — disse Bernarda, ingenuamente.

Eurico abriu e fechou os olhos, consternado.

— Nem Angelina sabe disso. As fazendas estão a ponto de serem tomadas pelo banco. Podemos perder tudo.

— Não acredito! — Bernarda quase teve uma síncope. Ela foi assombrada pelo passado. Não voltaria a passar necessidade, de jeito nenhum.

— O açúcar não rende mais — ele tentou se explicar. — Além disso, tivemos muita chuva, o que afetou sobremaneira a plantação e, consequentemente, a produção de açúcar. Se Antonieta não se casar com o conde, estaremos perdidos. Pior: falidos.

— As joias de sua família. Temos as joias.

— Negativo. Eu deixei mamãe pegar umas joias para que ela não desconfiasse de nada. O dinheiro que me deu com a venda da casa no Rio, bem, eu já gastei todinho para pagar os juros.

— Meteu-se com um agiota!

— Não. Pior. Estou devendo ao conde.

— Eurico! O que você fez? — Bernarda falou com a voz quase num sussurro.

— Deixe-me lhe contar...

Assim que o banco havia lhe recusado mais empréstimos, Eurico decidira fazer a viagem a Minas Gerais, com o intuito de pedir recursos ao conde de Manágua. Já havia feito empréstimos por toda a Corte e, como não cumpria com os tratos, perdera o crédito. Soubera numa conversa entre amigos que o conde de Manágua emprestava dinheiro a juros altíssimos. Mas fazer o quê? Eurico precisava urgentemente de dinheiro e casar Alfredo com a filha do conde seria a glória, o desfecho ideal.

Entretanto, Alfredo se recusara terminantemente a se unir a uma mulher que mal conhecia. Tinha a ideia de um casamento com alguém de quem gostasse. Eurico ficara enfurecido. Pensara em contar ao filho sobre a real situação das fazendas, mas o orgulho o impedira de revelar a verdade. Além do mais, tinha sido nessa época que ele ficara doente, contraíra gonorreia e não coordenava direito as ideias.

Agora, depois de muito refletir sobre o assunto, decidira que o casamento de Antonieta com o conde seria a salvação de tudo: de seus problemas financeiros, da recuperação das fazendas, e, ainda, a redenção da honra de sua amada filha. Poderia acontecer coisa melhor? Claro que não. Mas Eurico não contava com esse infortúnio. Antonieta estava grávida! Não havia a menor chance de oferecer a filha em casamento ao conde. Eurico sentiu um nó na garganta. Não encontrava uma saída. E será que haveria uma?

# CAPÍTULO 38

Antonieta passava os dias enjoadíssima. A gravidez já estava entrando no terceiro mês. Bernarda andava aflita de um lado para o outro do quarto.

— O que vamos fazer? Você precisa se alimentar.

— Não quero. Prefiro morrer.

— Não diga uma sandice dessas. — Bernarda fez o sinal da cruz.

— E o que vai acontecer comigo?

— Seu pai enviou uma carta ao conde solicitando que ele adie sua visita. Então você poderá ter a criança e depois nós a entregaremos para adoção. O conde jamais saberá que teve um filho.

— Eu não quero ter esse filho! — bradou Antonieta.
— Mas vai ter.
Antonieta chorava copiosamente. E rangia os dentes de raiva. Justo ela, uma linda moça, pronta para ser apresentada a um conde e com ele se casar... agora estava grávida daquele ser espurco. Não chegava a sentir ódio de Aurélio, mas de si mesma. Como tinha sido burra! Não parava de se xingar, de se depreciar, chegando a um nível de irritação que a deixava cada vez mais prostrada.
— Nunca pensei que pudesse ser tão burra. Calculei tudo errado. Deveria ter feito diferente.
— Ter feito diferente o quê? — Bernarda não entendia.
— Nada, mamãe. Nada.

No quarto ao lado, Cleonice meneava a cabeça.
— Bem feito! E agora? Quero ver se ela vai se casar com o conde de Manágua! Deflorada e grávida. Antonieta vai receber de volta toda a maldade que cometeu contra mim, contra Aurélio.
— A criança não tem culpa — disse Estelinha, condoída.
— Isso é. — Cleonice tinha raiva de Antonieta, mas não desejava que nada de mal acontecesse ao bebê. Afinal de contas, Antonieta carregava no ventre o filho de Aurélio. Só de pensar nisso, estremeceu. — Poderia ser o meu filho.
— Como? — indagou Estelinha.
— Poderia ser meu filho. A essa altura, eu poderia estar casada com Aurélio e estaria grávida de nosso filho. Está tudo errado, Estelinha.
— Paciência. O fato é que nossa irmã carrega um bebê e...
Cleonice a cortou, irritada:
— Ela não é minha irmã. Eu renuncio ser irmã dessa devassa.

— Pode ficar nervosa, praguejar, fazer o que quiser, contudo, soube que papai vai entregar a criança para as freiras tão logo venha a nascer.

— É o menos pior que pode acontecer. Se bem conheço o papai, ele vai enganar o conde, criar uma desculpa esfarrapada e, depois que o bebê nascer, vai entregar Antonieta para o casamento.

— Não creio.

— Não? Esse é o plano. Por que acha que estão tendo todos os cuidados do mundo com Antonieta? — Estelinha não soube responder. — Porque querem que ela tenha uma boa gravidez e, logo depois, seja entregue para o casamento.

— Não sei, os criados podem abrir a boca, fazer comentários. A gravidez dela não é segredo.

— Do jeito que ela conta mentiras, Estelinha? É capaz de desmentir uma centena de criados e fazer prevalecer a verdade dela. Sabemos como ela é ardilosa e capaz de convencer até o papa de que nunca engravidou. Já lhe disse uma, duas, mil vezes: Antonieta não presta. Não vale uma pataca.

Estelinha era obrigada a concordar. Antonieta era ardilosa. Mas esses eram os fatos e ela torcia para que tudo se ajeitasse da melhor maneira.

— Diga-me, Cleonice, o que acha de passarmos uns dias na companhia de tia Angelina? Estou morrendo de saudades.

— Pode ser. Seria bom estar em algum lugar onde Antonieta não estivesse.

— Além do mais, logo vou me casar e não sei onde Sérgio e eu vamos viver.

— Ora, na Corte — ajuntou Cleonice.

— Não sei. Na última visita, ele me disse que talvez seja convidado para participar da criação de um colégio médico-cirúrgico no Real Hospital de Salvador.

— Você podia me levar junto — implorou Cleonice. — Não deixe papai me atirar num convento. — A voz de Cleonice saiu chorosa.

— Sabe que não podemos desafiar ou mesmo deixar de acatar as ordens de papai. No entanto, posso conversar com Sérgio e ver qual saída encontramos.
— O que será de Dinorá?
— O que será o quê? — Estelinha não entendeu a pergunta.
— Ora, ela é irmã de Sérgio, anda sempre grudada nele.
Estelinha não queria falar ou lembrar-se de Dinorá. Desde o dia em que ela dera um beijo em Estelinha, nunca mais tinham se visto. Dinorá sumira do mapa e Estelinha, quando se encontrava com Sérgio, não perguntava dela. Era melhor esquecer aquele dia.
— Eles têm pais vivos.
— É verdade — concordou Cleonice. — Ela também poderá se casar. Os pais são tão influentes; de repente, ela poderá se arrumar com algum nobre.
Estelinha não respondeu. Sabia que o casamento, para Dinorá, estava fora de questão. Ela tinha comportamento devasso, como poderia se unir a alguém em matrimônio? Estelinha afastou o pensamento com a mão.
— Por ora, o melhor que podemos fazer é passarmos uns dias na casa de tia Angelina.
— Está bem — concordou Cleonice. — Converse com o papai. E, por favor, considere o meu pedido. Depois que se casarem e se mudarem, levem-me com vocês.
— Pode deixar. Eu vou conversar com Sérgio a respeito.
— Obrigada.

Alfredo precisou ir à capital para comprar um livro, escrito em inglês, que tratava da plantação e do cultivo de café. Muitos fazendeiros estavam substituindo a plantação de cana por café. Alfredo acreditava que poderia, com o tempo, plantar pés de café nas fazendas. Já tinha tudo arquitetado:

conversaria com o pai e também com a tia, afinal, Angelina era dona de metade daquelas terras.

Alfredo tinha simpatizado com Sérgio e logo ficaram amigos. Ele admirava a profissão do futuro cunhado, a dedicação que tinha com os alunos, com os pacientes. E, numa visita de Sérgio à fazenda, trataram de combinar um encontro na Corte, no outro dia, nas imediações da igreja do Carmo.

No dia seguinte, e no horário aprazado, lá estava Alfredo. A última vez que viera ao Rio, a família real ainda não havia ali se instalado. Ele ficou pasmado com o número de pessoas circulando nas ruas e as mudanças urbanísticas que ocorriam na cidade. Sérgio chegou em seguida e cumprimentaram-se.

— Estou impressionado com a mudança da cidade — observou Alfredo.

— A chegada da família real alterou de forma significativa a vida, os costumes... agora vivemos na Corte — riu Sérgio.

— É muita gente circulando! Prefiro o silêncio do mato, o cheiro de terra molhada.

— Não gostaria de viver na cidade? — quis saber Sérgio.

— Não. O meu lugar é no campo. Não nasci para viver neste mundo tão agitado.

— Vamos logo comprar o livro para que você retorne à fazenda.

— Também não é assim — Alfredo riu. — É bom descontrair, sabe? Não tenho muitos amigos com quem conversar. Meu único amigo, de fato, é o Alberto e a esposa dele, a Rosana.

— São pessoas boníssimas. Tive o prazer de estar com eles em algumas reuniões na chácara de sua tia Angelina.

— Eles são formidáveis. Mas tem algo que me incomoda profundamente.

— O que é? — quis saber Sérgio.

— Mamãe, por exemplo, não gosta que Alberto ou a esposa se aproximem de casa. Se dependesse dela, eu não seria amigo do capataz da fazenda.

— O que acha disso? Essa implicância de sua mãe com o capataz e a esposa afeta a amizade que tem com eles?

— Não — respondeu Alfredo, categórico. — É tudo uma grande bobagem.

— Aprecio a sua simplicidade — revelou Sérgio. — Você e Estelinha são bem parecidos.

— Sim. — Alfredo sorriu. — Somos filhos de mães distintas, mas eu sinto muito mais afinidades com Estelinha do que com Antonieta.

— Por falar em Antonieta, sinto muito pelo que está acontecendo na família.

Alfredo entristeceu-se.

— Eles nunca me participaram de nada. Eu só soube do estado de Antonieta por esses dias. Acordo de madrugada, saio de casa antes de todos se levantarem. Almoço na casa do Alberto e, quando volto para a fazenda, no fim do dia, estou exausto. Eu apenas me alimento na cozinha e vou direto para meus aposentos. Converso muito pouco com minhas irmãs ou com minha mãe.

— E com seu pai?

— Ele passa horas e mais horas trancado na biblioteca. Nunca foi muito afeito a cuidar da plantação. Eu fui tomando gosto pelas coisas da terra e papai cuida da venda do açúcar, de todo nosso dinheiro. E, falando em dinheiro — Alfredo ficou reflexivo por instantes —, pode contar conosco para o que precisar. Vamos custear os gastos de Antonieta no hospital.

— Não se aborreça com tal assunto. Estou pessoalmente cuidando de Antonieta. Se tudo der certo, ela vai ter uma criança saudável.

— Quando soube o que tinha acontecido com Antonieta, juro que tive vontade de matar Aurélio. Como pôde ele ser tão cruel?

Sérgio meneou a cabeça para os lados.

— O que Aurélio fez não tem perdão, mas, depois que a tormenta passou, ele, mais calmo, me contou outra versão dos fatos.

— Deu ouvidos a um louco? — Alfredo sentiu o sangue subir pelas faces.

— Dei ouvidos a ele, sim. Aurélio está muito mal, está enfermo. Os pais não querem que ele saia do hospital. Preferem ter o filho trancafiado naquele porão sujo, fétido.

— Ele merece. Depois do que fez...

— Aurélio me contou outra história. — Sérgio deu de ombros. — Isso, agora, não importa. O que passou, passou.

— Isso é. — Alfredo mudou de assunto: — Vamos em qual livraria?

Sérgio riu.

— Não temos muitas opções. Ao todo, são quatro. Há uma aqui — apontou para um estabelecimento defronte à igreja —, e temos mais três endereços: Rua do Ouvidor, do Rosário ou da Quitanda. Você escolhe.

— Nossa! Não. Você escolhe, por favor.

Sérgio assentiu.

— Está bem. Vamos na livraria da Rua da Quitanda. Tenho certeza de que lá vai encontrar o livro que procura.

Saíram caminhando lado a lado. Depois de um percurso de alguns minutos, adentraram o estabelecimento e Alfredo comprou o livro. Na saída, Sérgio encontrou um colega que trabalhava no "primeiro"[1] Banco do Brasil. Ele fez as apresentações e o rapaz, ingenuamente, disse a Alfredo:

— Sinto muito pela penhora das fazendas. No entanto, saiba que fizemos tudo para facilitar a vida de seu pai e evitar uma decisão tão drástica. Infelizmente, seu Eurico não conseguiu o dinheiro que nos havia prometido. Estimas.

Ele se despediu deles e Alfredo deixou o embrulho com o livro cair ao chão, tamanho o estado de choque. Sérgio apanhou o pacote e notou que Alfredo parecia aéreo.

---

1 O Banco do Brasil foi criado logo que a família real chegou ao Brasil, em 1808, e entraria em colapso com o retorno de dom João VI a Portugal, em 1821. O então rei deixaria os cofres do banco na penúria e a instituição seria liquidada oito anos depois. O Banco do Brasil que conhecemos atualmente foi criado por lei somente em 1853.

— Está bem, Alfredo? Está branco feito cera.

Ele mirou um ponto indefinido e logo em seguida voltou à realidade.

— Sim, estou bem.

— Posso ajudar em alguma coisa?

— Não, Sérgio, muito obrigado.

— Sinto muito pelo que ouvimos.

— Eu é que sinto. Meu pai sempre me escondeu as contas, os valores das safras, as negociações, tudo. Na verdade, fui negligente. Deveria participar dos assuntos relativos à venda do açúcar, mas só quis saber de mexer com a terra. Eu também sou culpado pela nossa derrocada.

— Imagina! Se seu pai escondeu a verdade, por que você deveria ser responsabilizado pela penhora das fazendas? Ele nunca o participou de nada.

— Isso é. Fico com pena, sabe? Eu sou apaixonado por aquelas fazendas. — Os olhos de Alfredo marejaram. — Eu tenho me dedicado às terras desde que me conheço por gente.

— Não fique assim. Existe remédio para tudo. Mesmo que seja um remédio amargo, mas existe. Se quiser, posso conversar com seu pai sobre tal assunto. Eu tenho conhecidos na Corte, de repente podem ajudar, estender o prazo de pagamento...

Alfredo o cortou com delicadeza:

— Não, meu amigo. Não se preocupe. Você tem muita coisa para fazer.

— Estimo muito a sua amizade — revelou Sérgio. — Logo seremos cunhados, e, se eu puder ajudar em alguma coisa, pode contar comigo.

Alfredo emocionou-se.

— Muito obrigado. No entanto, logo vai se casar. Concentre-se na sua felicidade.

Alfredo se despediu de Sérgio e, enquanto cavalgava, não conseguiu impedir que as lágrimas lavassem o seu rosto. Alfredo retornou para casa acometido por profunda tristeza. Perder as terras era como receber um punhal no coração.

# CAPÍTULO 39

Já era tarde da noite quando Alfredo chegou à fazenda. Todos estavam dormindo. Ele tirou as pesadas botas, entrou de mansinho e foi direto para seu quarto. Passou a noite em claro, pensando em como recuperar as terras, se é que isso fosse possível. Estava inconformado.

Na manhã seguinte, em vez de madrugar e sair para trabalhar antes mesmo de o galo cantar, esperou o pai acordar e, assim que Eurico e Bernarda sentaram-se para tomar o café, ele apareceu, olhos avermelhados, a roupa em desalinho, a barba por fazer.

Bernarda o repreendeu:

— Que aparência mais grotesca, meu filho.

— Parece que se divertiu na cidade — zombou Eurico. — Com quantas raparigas se deitou?

Bernarda o censurou:

— Eurico!

— Só estou deduzindo. Ele chegou tarde da noite, deve ter se divertido amiúde.

Alfredo meneou a cabeça.

— Como pode achar que eu me sentiria ao saber que fui enganado pelo meu próprio pai?

— Não sei do que está falando — tornou Eurico, servindo-se de uma caneca de café.

— Não? E por que nunca me contou que estamos endividados e a ponto de perder as fazendas?

Eurico levantou-se de um pulo, quase deixando a caneca ir ao chão.

— Como ousa? Quem foi que lhe disse uma barbaridade dessas?

— Barbaridade? Barbaridade é o que o senhor fez comigo. Por que me escondeu a verdade?

— Para não o preocupar — mentiu Eurico. — Imagine você sabendo dessa história tão triste. Teria condições de trabalhar? Claro que não. Eu o conheço. Preciso que esteja bem, cuidando da lavoura, de olho na plantação, no engenho. Não há motivo para exasperar-se. Eu vou arrumar um jeito.

— Jeito de quê?

— Calma, Alfredo — pediu Bernarda. — Seu pai já encontrou uma solução para os nossos problemas.

— E qual é? Vão vender o quê? Não temos mais nada além de açúcar.

— Seu pai sabe o que está fazendo.

— O que está fazendo? — Alfredo encarou o pai.

— É um problema meu. Eu já disse que resolvo.

— Como, papai? O banco penhorou as fazendas. Logo não teremos onde morar.

— É muito dramático, meu filho — observou Eurico.

Alfredo pensou que fosse explodir. Como o pai estava tão tranquilo? E a mãe? Bernarda, sempre tão preocupada com dinheiro, não sinalizava um quê de preocupação. Havia algo estranho no ar.

— O que vocês estão tramando?

— Olhe o respeito! Veja como fala comigo! — repreendeu-o Eurico.

— Vamos, pelo menos uma vez na vida, diga-me o que está urdindo.

— O conde vai nos salvar — disparou Bernarda.

— Como é que é? Como assim? O conde de Manágua?

— É. O próprio.

Alfredo encarou novamente o pai, como a exigir uma resposta.

— Eu vou casar Antonieta com o conde.

— Antonieta está grávida, pai!

— Vamos esperar até ela ter o bebê. Eu já enviei uma carta para o conde pedindo para ele postergar sua vinda por mais alguns meses.

— É o tempo de que precisamos para que ele não desconfie de nada — ajuntou Bernarda, numa calma impressionante.

Alfredo estava chocado. Os pais estavam vendendo a irmã como se Antonieta fosse uma coisa qualquer, com o objetivo de salvarem o patrimônio. Tinham planejado tudo! Tratava-se de uma trama sórdida.

— Vocês estão vendendo a própria filha!

— Cale a boca! — ordenou Eurico. — Eu decido o que é melhor para a família.

De repente, Alfredo teve um lampejo.

— Foi por isso que brigou comigo quando não quis me casar com a filha do conde! Até há pouco, eu não entendia por que o senhor tinha ficado tão nervoso com minha decisão. Agora entendo! Eu é que seria vendido à filha do conde! Como não deu certo, decidiram que Antonieta será a salvação de sua derrocada.

— Se você aceitasse se casar com a moça, meu filho, não precisaríamos chegar a esse ponto — ponderou Bernarda.

— Ah! Então a culpa é minha? Eu sou o responsável pela perda das fazendas e pelo casamento de Antonieta? Vocês estão completamente fora de si.

— Não permitirei que continue nos enfrentando — tornou Eurico, colérico.

— Não vou permitir que entreguem minha irmã nas mãos de um estranho como se fosse uma mercadoria. Não vou!

Eurico aproximou-se do filho e lhe meteu um tapa na cara.

— Escute aqui! Eu sou o dono destas terras, eu mando nestas terras, eu sou seu pai e você me deve obediência e respeito. Eu exijo!

Alfredo levou a mão ao rosto e deu um passo para trás.

— Não tem como exigir nada. O senhor destruiu nosso patrimônio.

Eurico fez menção de lhe dar novo tapa, mas Bernarda gritou:

— Parem com isso, por favor.

Eurico rangeu os dentes:

— Ou cala a boca ou pode se retirar da minha fazenda — ressaltou.

— Está me expulsando de casa?

— Entenda da melhor forma.

— Não pode fazer uma coisa dessas, Eurico. O que irão dizer a nosso respeito? — interveio Bernarda, já imaginando os comentários maledicentes sobre ela.

Alfredo riu e, com amargor na voz, disse:

— A senhora está preocupada com a reputação. E o senhor — encarou o pai — prefere que aqueles que o desafiam se afastem de sua vida.

— Pode se retirar. Quero ver o que vai fazer da vida.

— Eu sei bem o que vou fazer da vida — redarguiu Alfredo. — Vou-me embora desta casa. Agora mesmo.

— Isso! Vá para o diabo que te carregue — amaldiçoou Eurico.

Bernarda levou as mãos ao rosto e começou a chorar. Alfredo rodou nos calcanhares, foi para o quarto e arrumou suas roupas num saco. Passou pelo corredor e encontrou Estelinha.

— Ouvi gritos vindos da sala.

— Papai me expulsou de casa.

Estelinha não podia acreditar.

— Não pode ir assim, escorraçado — ela disse chorosa e o abraçou.

Alfredo gostava muito dela. Abraçou-a com força e falou:

— Decidi que vou procurar tia Angelina. Ela precisa saber o que está acontecendo.

— O que está acontecendo? — Estelinha quis saber.

— Nada, minha querida. Preocupe-se com os preparativos do seu casamento.

— Você virá, não?

— Não sei. Se papai não permitir, nada poderei fazer.

Abraçaram-se de novo. Estelinha gostava muito de Alfredo.

Quando ele se foi, Estelinha voltou ao quarto e contou a triste novidade para Cleonice.

— Nossa família está se despedaçando — observou Cleonice. — Que triste.

# CAPÍTULO 40

Alfredo foi se despedir de Alberto e Rosana. Alberto já havia saído para trabalhar, e Rosana preparava o almoço.

— Bom dia.

Ela percebeu a energia em volta de Alfredo. Pressentiu algo estranho.

— O que aconteceu?

— Meu pai me expulsou de casa.

— Por causa da penhora das fazendas, não?

— Como sabe? — ele indagou, surpreso.

— Um passarinho me contou — ela brincou. — Se quer saber, eu estava esperando por esse momento.

— Sério? — Rosana fez que sim com a cabeça. — Como?

— Eu pressenti que esse dia estava prestes a chegar. Vai ser uma grande mudança na sua vida. E na minha e de Alberto. Mas será uma mudança para melhor, se Deus quiser.

Nesse momento, Alberto entrou na casa.

— Esqueci de pegar o facão e...

Ele já havia sentido falta de Alfredo, porque, antes de cuidar da plantação, Alfredo passava na casa deles, tomava um cafezinho e partia com Alberto, retornando apenas na hora do almoço. Agora estranhava vê-lo ali. Antes de perguntar, Alfredo disse:

— Meu pai me expulsou da fazenda. Estou de partida.

— Não pode! — protestou Alberto. — Estas terras são suas.

— São do meu pai.

— E de dona Angelina — completou Rosana.

Alfredo contou a eles a real situação financeira da família. Alberto sentiu-se desolado.

— E agora? Vão perder esse montão de terra?

— Talvez, sim. Bom, se depender do meu pai, não.

Alfredo também revelou os planos de Eurico. Rosana fechou os olhos por um instante. Ao abri-los, fitou um ponto indefinido do cômodo.

— Seu pai vai conseguir o que quer. Mas de uma maneira inusitada.

— Não quero saber mais das artimanhas do meu pai, Rosana. Eu sou jovem, tenho saúde, sou forte. Não tenho medo do trabalho.

— Você vai se dar muito bem na vida — ela complementou. — E nós vamos partir com você.

Alberto sorriu. Ele piscou para a esposa, sorridente. Tinha a mesma vontade que ela.

— Não podem largar a vida de vocês assim, do nada, e me seguir.

— E o que temos a perder? — indagou Alberto. — A bem da verdade, somos empregados de dona Angelina. Foi ela quem nos contratou. Não devo nada a seu pai.

— Esta casa. — Alfredo olhou ao redor. — Vocês têm um teto.

— Arrumaremos outro — interveio Rosana.

— Isso mesmo — concordou Alberto. — Vamos com você aonde for.

Alfredo emocionou-se. Os três se abraçaram e não perceberam que gotículas luminosas, que emitiam uma energia de equilíbrio e perseverança, esparramavam-se no ambiente, estimulando-os a seguir em frente e acreditar que, de fato, dias melhores estavam por vir.

Eurico deu graças a Deus que o capataz tinha resolvido acompanhar Alfredo e também deixar a fazenda.

— Eu não simpatizava com esse sujeito — disse mais por despeito do que de verdade.

No fundo, Eurico ficara possesso com a lealdade de Alberto e Rosana, coisa que ele nunca granjeara com quem quer que fosse. Logo contratou outro camarada, mais ríspido e duro com os escravizados. Dali a poucos meses, a produção cairia drasticamente. Eurico colocaria a culpa nos infortúnios da vida, no clima excessivamente quente daquele ano, na preguiça dos outros em ajudá-lo. Jamais admitiria a sua incompetência em gerir os negócios da família.

No finzinho da tarde, Alfredo, Alberto e Rosana chegaram à chácara de Angelina. Foram recepcionados com boas-vindas e enorme carinho. Angelina se dava muito bem com o sobrinho. Adorava-o. Achava Alfredo fisicamente bem parecido com seu falecido pai, Deodato. Em seguida, cumprimentou o casal que já conhecia fazia um bom tempo.

Angelina admirava Rosana, principalmente nas reuniões, em que a sensibilidade dela aflorava.

— Que surpresa boa! — ela disse, realmente feliz.

— Preciso de um favor seu, tia.

— Qual é?

— Pode nos dar guarida?

— É claro. Pelo tempo de que precisarem — respondeu, sem perguntar o motivo.

— Obrigado.

— Eu vou acomodá-los no quarto das meninas e num outro quarto que uso para costura.

— Não será necessário — ajuntou Alberto. — Eu e Rosana podemos nos acomodar lá fora, no barracão.

— De forma alguma. Os três são meus convidados. Ficarão aqui em casa.

— Estava preparando uma canja — comentou Claudete, depois dos cumprimentos. — Vou colocar mais água para ferver.

— Será um prazer tê-los conosco. Eu e Claudete sentimos falta de vocês.

— E das reuniões — observou Claudete.

— Depois que Sérgio passou a dar aulas de anatomia e pediu a mão de Estelinha em casamento, não tem tido tempo de comparecer às reuniões — revelou Angelina. — Dinorá também não mais apareceu. Você e Alberto — apontou para Rosana — só podem vir nos feriados santos. Então, eu e Claudete estudamos sozinhas.

— Qual nada! — interveio Claudete. — Agora temos novos amigos.

— Novos amigos, tia? — quis saber Alfredo.

— Sim. Um grupo adorável de pessoas. Tenho aprendido muito com eles.

— São boas pessoas — observou Rosana. — Temos ligação espiritual com esse grupo.

Angelina não se surpreendeu com o comentário de Rosana, pois se dera muito bem, principalmente com Dirce e seus filhos. Ela sorriu e tornou, emocionada:

— Como você faz falta, Rosana!

— Fique tranquila porque ficaremos muito tempo juntas.

O jantar foi servido. Sentaram-se à mesa e Alfredo colocou Angelina a par de tudo. Ela sabia o que havia acontecido a Antonieta porque Sérgio, numa das raras visitas, lhe contara o ocorrido.

— Entristece-me saber que meu irmão não soube cuidar das fazendas — lamentou Angelina. — Eu acreditei em Eurico.

— Não sei o que ele fez, tia. Mas as fazendas serão penhoradas.

— Eu confiei nele.

— Está zangada?

— Não — respondeu Angelina, sincera. — Estou triste. É diferente. Não que eu despreze os bens materiais, longe disso. Eu os aprecio. Quando temos boas condições financeiras, podemos comer melhor, morar melhor, viver melhor. Podemos estudar, viajar, ser independentes. Podemos ajudar outras pessoas. Veja o meu caso. Eu herdei as terras de Felisberto e alforriei todos os escravizados. Sei que muitos permaneceram lá porque não têm para onde ir. Outros vieram para cá. Eu lhes dou as melhores condições que posso oferecer. Podem cultivar a terra, comercializar o que plantam. Enquanto a abolição não vier, se é que ela virá, eu vou fazendo o que posso.

— Eu concordo com a senhora, tia. Não sou a favor desse sistema que subjuga o ser humano.

— Ainda vai demorar para que a abolição aconteça — observou Rosana. — Entretanto, isso não impede que possamos fazer a nossa parte e proporcionar uma vida digna a essas pessoas.

— Concordo com você — ajuntou Alfredo.

Continuaram a prosa e Alfredo revelou à tia os planos de Eurico.

— Ele está entregando Antonieta como se fosse uma mercadoria! — indignou-se Claudete.

— Sim — concordou Alfredo. — E não há cristo no mundo que o faça mudar de ideia.

Rosana viu uma cena que se abrira à sua frente. Sentiu tristeza. Eles ainda seriam espectadores de momentos trágicos. Mas Rosana tinha princípios nobres; não havia necessidade de revelar-lhes o futuro. No devido tempo, todos teriam de lidar com as situações que estavam prestes a surgir. Boas ou não.

# CAPÍTULO 41

Antonieta acordou tremendamente indisposta. Não aguentava mais os intermináveis dias de enjoos, de noites maldormidas. Queria porque queria acabar com aquela gravidez.

— Você está no final do terceiro mês. Falta pouco — comentou Bernarda.

— Faltam apenas — ela enfatizou — seis meses. Seis meses, mamãe!

— E o que há de se fazer?

Antonieta mordeu os lábios. Estava com um pensamento que a martelava havia dias. Ela sabia que podia confiar em Bernarda. Sentou-se com dificuldade na cama e confidenciou:

— Quando eu estava morando na casa da vovó, certo dia ouvi comentários sobre uma condessa que engravidara. Só que o marido era muito velho... acho que a senhora entende o que estou dizendo.

— Claro, claro!

— Então, eu estava no corredor e vovó e a amiga dela não me viram. Fiquei na escuta. Parece que tem um casal que faz esse trabalho.

— Que trabalho? — indagou Bernarda.

— Mamãe! O trabalho... quer dizer... — Antonieta baixou o tom de voz. — Eles tiram a criança.

— Aborto?! — disse Bernarda, assustada. Antonieta fez que sim com a cabeça. — É contra as leis de Deus. É pecado!

— Mamãe, pense comigo. Papai vai me apresentar para o conde depois que essa criança nascer, não é?

— Por certo.

— Imagine eu dar à luz, depois você ter de levar e deixar essa criança na roda dos expostos[1]. Imagine, apenas imagine o risco que pode correr se alguém a vir. E se descobrem que tive um filho? Os criados são muito linguarudos.

— Não temos como evitar — disse Bernarda, impotente.

— Temos, claro que temos! Se eu não tiver a criança, o que os criados vão dizer?

— É arriscado, minha filha.

— Não é. A amiga da vovó, ao que me parece, ficou bem satisfeita com o serviço.

— Seu pai não vai permitir.

— Ele não precisa saber.

— Não? — Bernarda não estava entendendo o raciocínio de Antonieta.

---

1 A roda dos expostos ou enjeitados consistia num mecanismo utilizado para abandonar recém-nascidos que ficavam aos cuidados de instituições de caridade, como as Santas Casas.

— Claro que não. Depois de tirar, posso fingir uma hemorragia. É só pegar um pouco de sangue de um bicho qualquer e jogar no lençol. Papai não vai saber distinguir sangue de porco do meu. É tudo vermelho.

— Não sei ao certo.

— Como não, mamãe? Eu me livro da criança e ainda terei seis meses para me preparar e ficar belíssima, causar excelente impressão no conde de Manágua. Agora, se eu levar essa gravidez a termo, quem garante que poderei ficar bonita? Dizem que uma mulher enfeia bastante quando tem um filho.

— Logo depois do parto, com certeza, a fisionomia não é das melhores.

— Viu? A senhora teve dois filhos, sabe como é. Pois bem, ajude-me nessa empreitada. Tenho certeza de que vamos nos dar muito bem.

— E a criança? É um serzinho indefeso.

— O mundo é dos fortes, mamãe — tornou Antonieta. — A senhora quer voltar a passar necessidades?

— Deus me livre! Vire essa boca para lá. — Bernarda bateu três vezes na cabeceira da cama.

— Então vamos ao que interessa. A senhora vai até a Corte e descobre.

— Como? Ninguém vai me dizer nada. Imagine! Se a sua avó ainda estivesse aqui...

— Eu sei o nome da condessa. É só ir ao encontro dela. Explique a minha situação. Tenho certeza de que ela vai nos ajudar.

Bernarda sentiu o peito apertar, mas concordou. No final das contas, quanto antes Antonieta ficasse pronta para causar excelente impressão no conde, melhor.

No dia seguinte, Bernarda pretextou que precisava comprar tecidos para a confecção de novo vestido, visto que os de Antonieta não lhe cabiam mais. Eurico concordou e Bernarda foi ao encontro da condessa.

Na chácara de Angelina, tudo corria bem. Dali a uma semana, ela propôs a Alberto:

— Não gostaria de trabalhar aqui?

— Com a senhora?

— Evidentemente. Fui eu que o contratei, esqueceu?

Ele sorriu.

— Imagine, dona Angelina. Nunca vou esquecer como foi generosa comigo e com Rosana. Só peço que Deus ilumine sempre o seu caminho, que seja repleto de bênçãos.

— Obrigada — respondeu, tocada. Em seguida, ela esclareceu: — Eu lhe pagaria um valor para cuidar das minhas terras. Ajudo você e Rosana a construírem uma casinha. O que me diz?

— Não poderia receber oferta melhor, dona Angelina.

— Eu faço gosto que você e Rosana estejam próximos. Já não sou uma mocinha e tê-los por perto me traria segurança.

— Imagine, a senhora vai viver muito.

— Vai mesmo — constatou Rosana, que ouvira o fim da conversa.

— Vou viver muito, é? — indagou Angelina, num tom zombeteiro.

— Sim. Vai ter saúde para ver um jovem príncipe ser coroado imperador do Brasil daqui a uns trinta anos, mais ou menos.

— Trinta anos! — surpreendeu-se Angelina. — É muito tempo!

— Que nada. Esta casa — rodou os dedos no cômodo — vai ter tanto movimento que a senhora nem vai notar o tempo passar.

Rosana se deu conta de que havia falado demais. Mudou de assunto e agradeceu Angelina pela oportunidade de trabalho e moradia que oferecia a ela e a seu marido.

# CAPÍTULO 42

Não demorou para Bernarda conseguir o nome do casal que faria o serviço para Antonieta. O endereço a levara até uma botica, num casebre discreto em meio à Rua do Sabão[1]. Bernarda lá apareceu. O estabelecimento era tocado por um casal de ingleses. A história deles era a seguinte: ambos praticavam aborto numa região próximo de Londres. No entanto, em 1803, o aborto foi proibido na Inglaterra e a punição podia levar à pena de morte. Com medo de serem presos, decidiram viver no outro lado do Atlântico.

A medicina ainda não era regulamentada no Brasil, e por esse motivo muitos, principalmente vindos do estrangeiro,

1 Atual Rua General Alcântara.

se autointitulavam "médicos". Obviamente, a botica era uma fachada que encobria os reais serviços por eles praticados. Atrás do balcão, passando por um corredor escuro, havia uma salinha com uma portinhola que dava para a ruela de trás; o cômodo era extremamente abafado, sem janela, úmido e cheirando a mofo. O homem tinha pouco mais de quarenta anos. Era um senhor de cabelos avermelhados, com duas suíças imensas que desciam em cada lado do rosto. A esposa era um pouco mais jovem. Tinha bom aspecto; quem a visse na rua, deduziria ser ela uma mulher distinta. Bernarda gostou da conversa e das tratativas do serviço, mas não gostou do preço.

— Não tenho esse dinheiro.

— Aceitamos outros meios de pagamento — informou o homem, num forte sotaque.

— Pode ser uma joia — disse a mulher, observando Bernarda. Notara que ela aparentava ter posses.

— Eu tenho um anel. Está na família há gerações.

— Traga-o. Tenho um conhecido que avalia joias para mim.

Bernarda assentiu. Lembrou-se do anel que ganhara de Teresa. Seria ele o meio de pagamento.

No dia seguinte, depois de a joia ser avaliada, o homem concordou em fazer o serviço. Marcaram dia e hora para atenderem Antonieta.

— Não toleramos atrasos. Se ela não vier ou desistir, não devolvemos o dinheiro, no caso, a joia.

— Sim. Podem ficar tranquilos que virei com minha filha no dia e horário combinados.

Bernarda saiu de lá com um sentimento estranho. Não sabia identificar o que era. Viajou de volta à fazenda e, assim que entrou nos aposentos de Antonieta, informou:

— Marquei a consulta para segunda-feira, daqui a quatro dias.

— Ótimo!

— Só estou preocupada com o seu pai.
— Por quê? — indagou Antonieta.
— Não sei qual a desculpa que vou dar.
— Eu invento que Sérgio quer me atender no hospital.
— Ele não vai deixar. Imagine, com essa barriguinha proeminente.
— Eu uso um vestido cheio de plumas, capricho nos acessórios.
— Não. Precisamos pensar em outra alternativa.

Não precisaram pensar em nada. Foi uma carta do conde enviada a Eurico que facilitaria a ida delas à cidade. A filha do conde ainda sentia-se fraca para uma viagem tão longa. Diante disso, o conde teria de postergar ainda mais a sua visita até a fazenda. No entanto, era preciso que Eurico fosse até ele para tratarem de um novo empréstimo. A bem da verdade, Eurico estava cada vez mais metendo os pés pelas mãos. Acumulara uma dívida que, naquele momento, beirava o patamar do impagável. Mesmo que vendesse toda a produção de açúcar de dois anos, por exemplo, Eurico continuaria a dever muito dinheiro. Estava praticamente falido. E, sem sombra de dúvidas, o casamento de Antonieta com o conde de Manágua solucionaria todos esses problemas.

Eurico nem pestanejou. Preparou a carruagem e escolheu dois criados bem fortes e corpulentos para o acompanhar. A estrada até as terras do conde era alvo de ataques de malfeitores. Eurico precisava garantir a sua integridade física.

— Como assim, partir? — Bernarda admirou-se.
— O conde exige a minha presença. Você bem sabe que estamos nas mãos dele. Não posso recusar o convite.
— Meu Deus! — Ela levantou as mãos para o céu. — Até quando teremos de suportar isso?
— Até Antonieta ter condições de nós a apresentarmos a ele. Depois que a conhecer, tenho forte palpite de que vai querer se casar com ela.

— Por que tem tanta certeza disso?
— Porque tenho — respondeu Eurico. — Acredito nisso.

Ele despediu-se dela e partiu. Levaria dois dias para chegar às terras do conde. Seria mais um dia para tratar dos assuntos e mais dois para voltar à fazenda, num total de cinco dias de ausência.

Bernarda exultou de alegria. Correu até o quarto de Antonieta e pediu que a criada as deixasse a sós.

— O que foi, mamãe?
— Seu pai viajou. Voltará daqui a cinco dias.

Antonieta sorriu.

— Viu como tudo está a meu favor?

Bernarda não respondeu. Apenas desejou, do fundo do coração, que todo esse tormento acabasse o mais rápido possível.

# CAPÍTULO 43

Os dias seguiram céleres e Alfredo, longe de casa, não ficaria a par dos acontecimentos. A princípio, ficara indignado com as resoluções do pai. Eurico oferecia a filha como barganha para manter os negócios e não ir à falência. Torcia para que, ao menos, Antonieta simpatizasse com o conde. Afinal de contas, ele conhecia o humor da irmã. Sabia que Antonieta era voluntariosa.

Ele sentia saudades de Estelinha. Sempre se dera bem com ela. E, embora não fosse tão próximo de Cleonice, sentia falta dela também. Quanto à mãe... bem, Bernarda se revelara uma decepção. O desejo de manter o patrimônio a todo custo, a ganância e a preocupação em manter seu alto padrão de vida a afastavam dele. Alfredo não tinha esse apego às coisas materiais. Não como Bernarda.

Conforme o tempo passava, ele ia se distanciando dos problemas familiares e se concentrava na sua nova vida ao lado da tia. Tudo caminhava a contento. Alberto, por exemplo, simpatizara com Jacinto e os dois tinham se dado muito bem no trabalho. Rosana travara amizade com Dalva e a ajudava na criação do pequeno Arthur. Alfredo passou a estudar atentamente o livro que comprara sobre o cultivo de café.

— Podemos utilizar uma parte das terras para plantarmos algumas sementes e aguardar o resultado — anunciou Alfredo.

— Sim — concordou Jacinto. — A terra é boa. Tudo o que se planta, aqui vinga.

— Quando pretende pôr isso em prática? — indagou Alberto.

— O mais rápido possível.

— De que vai precisar?

— Mudas, Alberto, e algumas ferramentas.

— Um conhecido meu tem cafezais não muito longe daqui — comentou Jacinto.

— Mesmo? — Alfredo empolgou-se.

— Podemos lhe fazer uma visita. Quem sabe ele possa nos ajudar nesse início?

— Perfeito, Jacinto. Vamos organizar uma viagem e...

Alfredo parou de falar. Assim que viu aquela mulher à sua frente, sentiu que o tempo havia parado, enquanto o coração batia descompassado. Jacinto tirou o chapéu e cumprimentou:

— Como vai, dona Dirce?

— Vou bem, Jacinto.

— Deixe-me apresentar: este é Alfredo, sobrinho de dona Angelina.

Dirce o cumprimentou com um lindo sorriso.

— Prazer.

— Igualmente — tornou Alfredo. — Por acaso, eu não a conheço de algum lugar?

Ela riu.

— Provavelmente de outra vida.

Eles riram, todavia, Dirce falava a verdade. Ela e Alfredo já haviam estreitado laços afetivos desde outros tempos, que se tornavam cada vez mais firmes a cada novo ciclo de existência. Tinham programado reencarnar em locais distintos porque cada um, à sua maneira, precisava aparar determinadas arestas com outras pessoas. Se tudo corresse bem, isto é, se eles conseguissem trilhar o caminho do bem, da honestidade e dignidade interior, seriam agraciados com a bênção do reencontro.

Dirce tinha nascido do casamento de uma indígena com um homem branco. Fora criada numa pequena comunidade indígena localizada no Estado do Grão-Pará e Rio Negro. Assim que se tornara mocinha, casara-se com um mercador ambulante português. Haviam tido dois filhos: Nicolau e Célia. Tudo caminhava bem, até que houvera uma invasão de um grupo de portugueses que queriam tomar posse daquelas terras. No combate, o marido de Dirce tinha morrido e praticamente toda a comunidade fora dizimada. Ela e os filhos, ainda pequenos, haviam sido acolhidos por um grupo de ciganos que por ali passava. Ela partira com os ciganos e, desde então, conhecera muito da arte e cultura daquele povo rico em história. Dirce já tinha uma boa sensibilidade; aprendera muita coisa com o xamã de sua antiga comunidade. Em companhia dos ciganos, tinha aprendido a fazer leitura de mãos. Com os anos, ela e os filhos absorveram muito da cultura cigana.

Um tempo atrás, um dos ciganos do grupo lhe propusera casamento. Dirce sabia — e tinha clara ideia — que se casaria novamente. Mas não seria com um cigano.

Ao encarar Alfredo, não teve dúvidas: era ele. Todavia, discreta e astuta, nada disse.

Toda vez que Alfredo a via, sentia uma alegria indescritível. Com o tempo, conheceu Nicolau e Célia, e eles se deram muito bem. Nicolau era um rapaz forte, adorava cultivar a terra e empolgou-se com a ideia de plantarem mudas de café.

Passados uns meses, o grupo cigano, prezando a liberdade que lhes é peculiar, precisava seguir viagem. O líder, boníssimo, já tinha conhecimento de que Dirce e seus filhos não os acompanhariam. Compreendeu os reais motivos dela e sabia que um dia teriam de se separar.

Ele a abraçou com força e disse numa voz suave:

— *Lachin ugin*[1].

Dirce agradeceu na língua que aprendera com eles:

— *Te aves baxtalo tu thaj sari tiri família*[2].

Em seguida, ela e os filhos, emocionados, se despediram daquele povo que tanto os ajudara e os acolhera por tanto tempo.

O grupo partiu numa manhã ensolarada. As mulheres agradeceram Angelina e lhe deram um ornamento feito de fitas coloridas, que ela usou como patuá até o fim de seus dias.

Ao passar por Alfredo, o líder dos ciganos comentou:

— *Suete bute lachon*[3].

Não demorou muito. Dali a meses, Alfredo pediu Dirce em casamento. Ela aceitou. Nicolau e Célia passaram a chamá-lo de "pai".

Diante desse final feliz, não pense que tudo correu às mil maravilhas, porque Alfredo tinha um pai e uma mãe que não compreendiam tamanha sandice, nas palavras de Eurico. Logo saberemos como isso se desenrolou...

---

1 Boa sorte.
2 Sorte para você e toda sua família.
3 Algo como "pessoa boa e de sorte".

# CAPÍTULO 44

Na segunda-feira, logo cedinho, Bernarda e Antonieta se arrumaram para irem à Corte. Estelinha apareceu na sala, não havia dormido muito bem. Passou a mão nos olhos e, ainda bocejando, quis saber:

— Por que Antonieta está na sala? Não deveria estar no quarto, em repouso?

— Não é da sua conta. — Antonieta lhe mostrou a língua.

— Volte para o seu quarto — ordenou Bernarda.

— Só quero saber o que estão fazendo.

— Já disse que não é da sua conta! — bramiu Antonieta. — Que menina petulante. Por que não vai cuidar do seu casamento com o doutorzinho?

Estelinha não respondeu. Não entendia por que Antonieta a tratava de maneira tão rude. Sempre fora assim. Enquanto reordenava seus pensamentos, Bernarda foi categórica:

— Volte para seu quarto. Estou mandando.

Estelinha fez que sim com a cabeça. Rodou nos calcanhares, e Antonieta disse numa voz abaixo do tom:

— Vamos logo, mamãe. Não vejo a hora de acabar com esse inferno.

Bernarda assentiu. Chamou um criado em que muito confiava e logo estavam no caminho para o Rio.

Estelinha, por seu turno, escutara as últimas palavras de Antonieta: "acabar com esse inferno". A que ela se referia?

Entrou no quarto e Cleonice tinha acabado de acordar.

— Que cara é essa, Estelinha? — quis saber, ainda bocejando.

— Não dormi bem e acordei há pouco. Quis tomar um copo de leite e, ao passar pela sala, vi dona Bernarda e Antonieta falando baixinho.

— Falando o quê?

— Não sei. Elas saíram.

— Dona Bernarda e Antonieta? Saíram? A essa hora? — Estelinha fez que sim. — E com Antonieta naquele estado?

— Achei estranho.

— Elas estão aprontando alguma coisa — ponderou Cleonice.

— Acha?

— Estelinha, por que motivo elas sairiam assim, cedinho?

— Talvez uma consulta médica...

— Seu noivinho vem aqui toda semana para acompanhar a gravidez. Não creio que tenham ido a uma consulta.

Estelinha não sabia o que responder. Cleonice passou a pensar, pensar...

— Elas não são flor que se cheire!

— Cleonice! Será que precisa sempre achar que elas estão querendo fazer algo ruim?

— Você é quem não quer dar o braço a torcer. Elas estão mancomunadas. Antonieta manipula a mãe. Sempre foi assim.

— Mas o que foram fazer?

— Boa pergunta — disse Cleonice. — Boa pergunta.

Dali a um tempo, a carruagem parou próximo de um beco. As duas saltaram e Bernarda ordenou ao criado:

— Estacione o carro nas imediações do Beco dos Cachorros. Volte ao meio-dia.

— Sim, senhora.

Elas caminharam por umas ruelas até chegarem à botica. Havia uma freguesa comprando um tônico. Aguardaram do lado de fora. Depois que a freguesa saiu, a inglesa fez sinal e elas entraram no recinto. Logo a mulher fechou as portas do estabelecimento e as encaminhou pelo corredor. Ao chegarem à salinha — já descrita como um cômodo úmido, com ar abafado —, o tal "médico inglês" as esperava. Havia improvisado uma maca com um lençol encardido. Havia duas velas iluminando o ambiente e, no canto, um homem alto, forte, carrancudo e de braços cruzados.

Bernarda assustou-se e quis logo saber:

— O que esse homem faz aqui?

— É meu braço direito. Se algo der errado, ele tem força para carregar a menina e a levar para o hospital.

— Como assim, se algo der errado? — Antonieta estava numa irritação sem igual.

— Eu raramente tenho problemas com esse serviço. Pode ficar tranquila — o homem garantiu num sotaque fortíssimo.

Tudo o que Antonieta queria era se livrar daquele incômodo. Logo o homem a convidou para se despir e se deitar.

— Não vou me despir na frente desse brutamontes.

O homem saiu e o médico a tranquilizou:

— Pode se despir e vista isso. — Entregou a ela uma espécie de avental, também encardido. — Nós vamos sair e, quando estiver pronta, é só me chamar.

Eles se retiraram e Bernarda ajudou Antonieta a tirar o vestido. Quando ela se deitou na maca, Bernarda os chamou de volta. O médico então entrou na sala e informou:

— O procedimento é rápido, não dura mais de meia hora. Depois de tudo feito, ela vai sentir muita dor. Eu tenho um tônico...

Ele estava, na verdade, tentando ganhar mais dinheiro. Bernarda nunca passara por tal situação e, desorientada, concordou:

— Comprarei tudo o que for necessário para minha filha não sentir desconforto.

Ele fez que sim com a cabeça. Pediu para ela se retirar.

— Quero ficar — Bernarda insistiu.

— Não. Eu trabalho desse jeito.

Logo, a esposa dele apareceu e convidou Bernarda:

— Vamos até lá na frente. Vou lhe servir um chá.

Bernarda revirou os olhos. Como pensar em tomar um chá nessa situação? O peito parecia querer explodir, de tão descompassado que seu coração estava. Ela despediu-se de Antonieta com um aceno e deixou-se levar.

Não demorou dez minutos para Antonieta dar um grito excruciante e doloroso. Bernarda arregalou os olhos e quis entrar no cômodo. A mulher a segurou pelo braço, impedindo-a de entrar.

— Calma. É assim mesmo — disse a mulher, numa calma avassaladora.

Na sequência, mais gritos. Até a mulher sentiu-se aflita. Algo não estava correndo bem. De repente, silêncio total. Dali a alguns minutos, o homem apareceu, o avental encharcado de sangue. Estava com cara de quem não trazia boas notícias.

— Sua filha... ela teve uma hemorragia. Não estou conseguindo estancar.

Bernarda desesperou-se.

— E agora?

— Sugiro que ela seja levada ao hospital.

— Como vou fazer isso? Como carregar minha filha... — Bernarda empurrou o homem e adentrou o cômodo. Antonieta estava pálida. Tinha perdido e continuava a perder muito sangue. Ela balbuciou algumas palavras, ininteligíveis. Bernarda abaixou-se e sussurrou em seu ouvido:

— Vai ficar tudo bem.

Não ficou tudo bem. Os lábios de Antonieta começaram a roxear. O médico fez sinal para o criado e já abriu a portinha que dava acesso à ruela de trás da botica. Uma lufada de ar ganhou o cômodo, permitindo que fosse possível respirar sem sentir o cheiro agridoce de sangue. O médico fez novo sinal. O criado tomou Antonieta nos braços, enrolada num cobertor empapuçado de sangue. Colocou-a deitada no chão de uma charrete estacionada ali. Bernarda, num estado de extrema aflição, acompanhou o homem e também subiu. Abraçou-se à filha.

Não deu tempo de chegarem ao hospital. Antonieta morreu no chão da charrete. O rapaz, num ato de bondade, estacionou o carro defronte ao hospital, amarrou os cavalos e sumiu.

Ainda abraçada à filha, Bernarda chorou copiosamente. Mas ela não podia esmorecer naquele momento. Como explicar ao marido que a filha morrera numa charrete, em plena cidade, à luz do dia? E que estava nua e enrolada num cobertor coberto de sangue? Se ela nada fizesse para salvar a própria pele, Eurico a mataria.

Ela pensou rápido e pediu socorro. E, como estavam diante do hospital, implorou para chamarem Sérgio. Por sorte, ele estava atendendo.

— O que aconteceu? — perguntou, horrorizado, olhando para Antonieta, olhos arregalados fitando o nada.

— Ajude-nos, por favor! — era só o que Bernarda pedia. Pedia, não, implorava.

Sérgio condoeu-se da situação e conseguiu levar o corpo para dentro do hospital.

O enterro de Antonieta ocorreria dali a dois dias, porque foi preciso que Eurico retornasse e assinasse uns papéis. Bernarda não quisera a presença dos filhos e proibira os criados de avisarem Angelina e Alfredo do funeral.

— Não quero ninguém. Ninguém — ela pediu entre lágrimas.

Eurico concordou, pois não assimilara bem aquela morte súbita da filha. Estava em profundo estado de choque. Além do mais, o padre estava na expectativa de saber quanto ia receber pela "graça" de enterrar Antonieta dentro da igreja, e não na parte externa. Eurico, sem saber o que de fato tinha acontecido, fez uma promissória e enterrou a filha dentro da igreja. O padre agradeceu.

# CAPÍTULO 45

Estelinha fez uma sentida prece direcionada a Antonieta. Embora não se dessem lá muito bem, elas eram irmãs. Cleonice a viu ajoelhada na cama e indagou:

— O que está fazendo?

— Rezando para a alma de Antonieta.

Cleonice meneou a cabeça para os lados. Estelinha insistiu:

— Deveria também fazer uma prece. Ao menos nos traz sensação de paz.

— Eu? Rezar por Antonieta? Nem que fosse sentenciada à fogueira, ou à guilhotina, como tem sido o triste destino de alguns franceses.

— Como pode sentir tanto rancor? Não consegue perdoar?

— Eu não tenho que perdoar nada. Quem tinha de perdoar era ela. Mas agora... — Cleonice deu de ombros.

— Vou terminar de rezar. — Estelinha terminou de murmurar algumas palavras, fez o sinal da cruz e se sentou na cama. — Estranho...

— O que é estranho?

— Sobre a morte de Antonieta. Mamãe disse que ela passou mal, teve uma hemorragia repentina e foi levada às pressas ao hospital. Não resistiu.

— Essa é balela! — vaticinou Cleonice. — Mentira.

— Como pode afirmar isso?

— Porque tenho certeza de que elas fizeram algo muito errado.

— O quê?

— Não vou dizer mais nada — aborreceu-se Cleonice. — Seu noivo não virá visitá-la hoje? Pois bem. Pergunte a ele.

— Acha que a morte de Antonieta ocorreu por outro motivo?

— Não sei e não quero saber. Ela está morta e que queime nos quintos dos infernos.

Cleonice não teve compaixão por Antonieta. Havia uma raiva surda em relação à irmã, que tinha se instalado nela e levaria um bom par de vidas para que ela se desse a chance de se perdoar e perdoar Antonieta.

As duas vinham se estranhando havia algumas vidas. Ora uma delas culpava a outra pelos seus infortúnios, ora era a outra que praguejava e blasfemava... Não se entendiam nem quando despertavam no astral.

A raiva de Cleonice se intensificara há mais ou menos duas encarnações passadas. Ela fora amante de um conde e engravidara dele. Ele, rico e com um bom casamento, jamais aceitaria um filho bastardo. Acertou com ela de descartar a criança. Ao chegar ao convento, depois de instalada, aguardando para fazer o procedimento, Cleonice mudara de ideia. Quisera ter o bebê. A madre, que já havia recebido uma gorda quantia de moedas de ouro do conde, a trancafiara numa cela e programara o aborto mesmo assim. Cleonice havia morrido logo após o parto prematuro. Antes, porém, tinha praguejado e blasfemado contra a madre:

— Que você queime no inferno. Eu vou odiá-la para todo o sempre...

Naquela encarnação, Antonieta tinha sido a madre que amava mais o dinheiro do que Deus. Em seguida, elas haviam reencarnado irmãs. A animosidade entre elas era tamanha que nem chegaram à vida adulta. Morreram sentindo uma raiva imensa uma da outra. E agora estavam nessa experiência. Cleonice ainda guardava rancor; Antonieta também.

Falando em Antonieta, o seu desencarne foi acompanhado por Corina e Magda. Verdade seja dita, ambas estavam acompanhando Antonieta havia alguns dias antes do desencarne, tentando inspirar-lhe bons pensamentos para que refletisse melhor sobre as suas reais intenções. Na noite anterior ao desencarne, os dois espíritos ali estavam.

— Ela vai cometer essa sandice — tornou Corina, entristecida.

— Estamos fazendo o melhor que podemos e estamos no nosso limite — ponderou Magda. — Não podemos interferir nas escolhas de Antonieta. Ela precisa ter consciência do seu grau de responsabilidade diante da vida. De nada adianta mudarmos o curso de seu destino. Agindo assim, estaríamos atrapalhando a sua evolução como espírito.

— Sei disso — concordou Corina. — Você tem toda a razão. É que ela teve tantas chances de fazer diferente!

— Por isso temos vidas e mais vidas, justamente porque, a cada nova experiência terrena, podemos dar largas aos nossos desejos. Por meio deles, aprendemos até onde podemos ir, ou seja, percebemos quais são os nossos limites, as nossas falhas, mas também entendemos que a bondade é atributo inerente do espírito. É através dela que nos tornamos melhores conosco, mais amorosos, menos rancorosos. Antonieta teve a seu dispor todos os recursos para subir um degrau em sua evolução espiritual. Ela preferiu permanecer no mesmo degrau.

— E se formos até Bernarda e tentar incutir nela pensamentos contrários ao que quer fazer?

— De nada vai adiantar, Corina. Bernarda insiste nisso. Infelizmente, levará muito tempo para ela discernir insistência de perseverança.

— Nunca havia me dado conta de que parecem a mesma coisa, mas são conceitos bem diferentes.

— Isso é. Lembra-se de nosso querido amigo?

— Quem? — indagou Corina.

— O nosso querido filósofo. — Corina fez que sim com a cabeça e Magda prosseguiu: — Aprendemos muita coisa que ele nos transmitiu através de seus manuscritos. A insistência — esclareceu — é fruto da teimosia, isto é, trata-se de sucessivas tentativas inúteis que vão sempre nos direcionar a um caminho sem saída. A insistência, com o perdão da palavra, é estúpida, visto que nada agrega de valores e mantém o ser aprisionado em meio à teimosia, sem perspectivas de mudança. A persistência, por outro lado, revela um grau de lucidez maior, porque quem com ela se envolve nunca irá desistir, nem mesmo diante da maior das dificuldades.

— Percebo que a diferença entre esses dois conceitos tem um nobre componente: o amor.

— Certíssimo! — concordou Magda. — O amor nos mantém afastados da insistência e próximos da persistência. Antonieta, assim como Cleonice, ainda está caminhando pela estrada da insistência. Cada uma, a seu modo, insiste em acusar, blasfemar, acreditar que a vida não deu certo por culpa da outra. Enquanto as duas não perceberem que são elas que têm o poder de mudar o próprio destino, sofrerão, porque ainda navegam em águas turvas que carecem de amor e compreensão.

As horas foram passando e os dois espíritos abnegados permaneceram ao lado de Antonieta e Bernarda. Numa última tentativa de evitar a tragédia que se anunciava, Corina procurou plantar boas ideias na mente do casal inglês. Não obteve sucesso, até porque o ambiente era energeticamente muito carregado, pesado demais. Ela e Magda precisaram orar e se conectar com o astral superior para não serem influenciadas pela baixa vibração do local.

Ao perceberem que o procedimento seria realizado, Magda aproximou-se de Antonieta e fez sentida prece. Em seguida, pediu a Corina:

— Pode aproximar-se e pegar o bebê.

Corina assentiu. Pouco antes de ele ser arrancado do ventre de Antonieta, Corina o pegou, levando-o carinhosamente nos braços, e imediatamente desapareceu. Magda ali permaneceu, aguardando o desencarne de Antonieta. Assim que ela parou de respirar, Magda notou que dois enfermeiros do astral surgiram na salinha. Eles colocaram o espírito desacordado de Antonieta numa padiola e também sumiram.

Magda transmitiu energias de equilíbrio para Bernarda, encarou o médico e sentiu piedade. Afinal, ele não tinha real consciência do que estava fazendo.

Saindo dali, Magda transportou-se até o hospital; aproximou-se de Sérgio, sugerindo a ele que permanecesse no local, pois ele sairia naquele momento para ministrar uma aula de anatomia. Tudo feito, ela retornou à cidade astral.

Antonieta demoraria para recobrar a consciência. Quando percebeu que havia encerrado sua jornada reencarnatória, sentiu profunda tristeza. Condoeu-se ao saber do estado em que Abdul ficara depois que desencarnara. Sentiu uma pontada de culpa e queria ajudá-lo no que fosse possível. E, dessa forma, traçaram metas para uma nova experiência terrena, que ocorreria dali a muitos anos.

Quanto ao casal inglês... eles viveriam ainda mais alguns anos agindo da mesma forma, ou seja, praticando abortos. Muito tempo depois, eles receberiam a bênção da reencarnação e se encontrariam quando atingissem a maioridade. O nome dele seria Clécio e o dela, Damaris. Casar-se-iam e ela daria à luz uma menina de nome Antonieta. Mas aí já se trata de outra vida, outra história, outro livro...[1]

---

1 A vida de Antonieta, filha do casal Damaris e Clécio, encontra-se no romance *O tempo nunca esquece*, livro 2 da trilogia O poder do tempo, publicado pelo selo Lúmen, da Boa Nova Editora.

# CAPÍTULO 46

Logo em seguida à missa de sétimo dia de Antonieta, ao receber um cobrador na fazenda, Eurico voltou a si. O estado de choque se desvaneceu num piscar de olhos e ele foi ter com Bernarda.

Ela estava em seus aposentos, chorosa, sem vontade de se alimentar, sem vontade de conversar. Sentia culpa por ter se deixado levar pelos caprichos da filha.

*Se eu pudesse voltar atrás*, lamentava. *Se eu pudesse voltar dois dias no tempo... eu faria tudo diferente.* Não tinha como voltar. E Bernarda morreria mais de remorso do que de doença.

Eurico entrou nos aposentos. Ela o viu e disse, sem pensar:

— Eu não tive culpa.

— Do que é que está falando?

Bernarda percebeu que dera vida ao pensamento. Mudou de assunto:

— O que aquele senhor queria com você? Percebi que ficou agitado com a presença dele.

— Era um cobrador. Mas está tudo resolvido. Logo vamos dormir mais sossegados.

— Como assim? Acabamos de perder nossa filha e perderemos nossas terras. Como poderei dormir sossegada?

— Porque eu decidi que vou dar o braço a torcer e chamar Alfredo para uma conversa. Ele vai me ouvir e aceitará a proposta para se casar com a filha do conde de Manágua.

Bernarda não entendeu direito.

— Do que é que está falando?

— Do nosso futuro. Infelizmente, perdemos nossa filha. A vida segue, precisamos saber como e o que fazer...

Bernarda levantou-se indignada.

— Não acredito nisso! Está preocupado com o destino das fazendas? Mal acabou de enterrar sua filha!

— Eu sei — ele tornou —, e você vai me dizer, de uma vez por todas, o que é que vocês estavam fazendo na capital. Pensa que engoli a historinha do doutor? Que vocês foram comprar tecidos e Antonieta passou mal, sofreu forte hemorragia?

— Foi o que aconteceu, ora! — Bernarda falou com certo tremor na voz. Jamais admitiria o que tinham feito. Nem sob tortura ela revelaria a verdade. — O que se passa na sua cabeça?

— Não sei. No entanto, para não brigarmos, vou acreditar na sua versão.

— Não há versão! — Bernarda fez questão de manter um tom firme na voz.

— Ouvi boatos na cidade. De que Antonieta...

— Antonieta passou mal e teve uma hemorragia. Foi isso o que aconteceu. Se estão espalhando boatos sobre nossa filha...

Ele a cortou:

— Não vou mais discutir sobre isso. É assunto velho, passado.

— E Antonieta? Não era sua filha preferida? Por que trata da morte dela como algo fugaz?

Eurico sentira a morte da filha. Durante a missa, precisara se retirar. Não queria que o vissem choroso. Quando se percebeu longe das pessoas, deu livre curso às lágrimas. Mas só se permitia isso quando estava sozinho. Nunca demonstraria os verdadeiros sentimentos em relação à filha. Fora criado para jamais esmorecer diante dos outros. Homem que era homem nunca derrubava uma lágrima que fosse. E ele se manteria assim até o fim dos seus dias. Ele encarou a esposa:

— Porque ela morreu e não temos o que fazer. Nossas terras estão a ponto de serem arrancadas de nós. Precisamos de uma solução urgente. Alfredo é a solução, entende?

Bernarda concordou. Pensar em ficar pobre, passar necessidades... ela não suportaria viver assim novamente. Era melhor deixar a tristeza de lado e apoiar o marido.

— Já chamou Alfredo?

— Pedi para um criado ir buscá-lo.

Sérgio veio visitar Estelinha. Estava abatido, cansado. Aquela semana tinha sido tensa. Estelinha o beijou e comentou:

— Está abatido.

— Os últimos dias não foram fáceis. Nada fáceis.

Não eram só os dias. Sérgio sentia um certo remorso. Não achava justo mentir para Estelinha sobre os reais motivos que haviam culminado na morte de Antonieta. Por outro lado, revelar-lhe a verdade serviria para quê? De que adiantaria Estelinha saber como, de fato, Antonieta tinha morrido? Iria mudar alguma coisa?

Estelinha percebeu que ele estava absorto.

— No que está pensando?

— Nada... quer dizer, precisamos pensar no nosso casamento.

— Eu não deixo de pensar nele um dia sequer. É que, depois da morte de Antonieta... afinal, precisamos guardar o luto. Talvez casarmos daqui a seis meses.

— Concordo com você. Meus pais voltarão de viagem daqui a seis meses mais ou menos. Quero muito que eles estejam presentes no nosso casamento.

— Acha que eles vão me aceitar?

— Por que não aceitariam?

— Eles são refinados, seu pai é figura de destaque na Corte, trabalhou diretamente com a rainha dona Maria I.

— Depois que ela enlouqueceu e o filho assumiu o trono, papai perdeu um pouco de destaque, contudo, gaba-se de seu cargo. Mas fique sossegada, ele e mamãe nunca se preocuparam comigo ou com Dinorá. Fomos criados por criadas, eles nunca estiveram presentes em nossa vida. Não vai ser agora que vão gerar obstáculos à construção da minha felicidade.

Ela sorriu e aninhou-se em seus braços. Cleonice passou pela varanda e os viu. Pensou em Aurélio e sentiu uma tristeza abissal.

*Eu poderia viver assim... mas aquela infeliz mudou a rota do meu destino. Antonieta,* continuou o pensamento, *se puder me escutar, saiba que eu a odeio e desejo, se houver vida depois da morte, que você sofra por toda a eternidade.*

Estelinha a viu e a chamou. Cleonice atendeu ao chamado e aproximou-se. Espantou o pensamento com a mão.

— Como está, Sérgio?

— Estou bem, e você?

Cleonice ia perguntar de Aurélio, mas preferiu permanecer calada. Queria esquecer. De que adiantava pensar nele? Mesmo que Antonieta o tivesse seduzido, bem... ele também se deixara seduzir. Cleonice sentia raiva do namorado. Afinal, por que fraquejara?

— Vou indo — disse num tom sem emoção. — Sabia que logo meu pai vai me encarcerar num convento? — Sérgio fez que não com a cabeça, e ela prosseguiu: — Decisão da família. Antonieta se deita com meu namorado, ele é tido como louco e eu pago por tudo.

— Não há como seu pai mudar de ideia?

— Não, Sérgio. Quando papai coloca uma ideia na cabeça...

— Eu disse a ela — interveio Estelinha — que poderia mudar-se conosco caso você aceite o convite para trabalhar em Salvador.

— Pode contar conosco — disse Sérgio a Cleonice. — Tudo faremos para que não precise enfrentar o cárcere.

Cleonice agradeceu, comovida. Conversaram amenidades até que Sérgio teve uma ideia para lá de interessante. De repente, perguntou:

— Cleonice, você não tem alternativa, quer dizer, não pode escolher outra coisa?

— Escolher o quê? Não tenho esperança de mais nada. Meu pai decidiu e está decidido.

— Desculpe tocar nesse assunto — Sérgio procurou ser respeitoso —, contudo, pelo que sei, seu pai desejava casar Antonieta com o conde de Manágua. Não é isso? Foi o que Estelinha me disse.

— Eu disse mesmo — ela confirmou. — Mas o que o casamento de Antonieta com o conde tem a ver...

Cleonice abriu um largo sorriso.

— Entendi o seu ponto de vista, Sérgio. Se a infeliz da Antonieta partiu dessa para uma pior, e papai continua endividado, poderia me apresentar ao conde. Eu seria a tábua de salvação da família casando-me com ele.

— Você nem o conhece! — protestou Estelinha.

— E daí? — Cleonice deu de ombros. — Melhor me casar com um velho caquético do que apodrecer na cela de um convento.

— Isso é — concordou Estelinha. — Acha que papai abraçaria essa ideia?

— Por que não abraçaria? A ideia é ótima! — tornou Sérgio. — Ele tem alternativa?

Eles não sabiam, mas Eurico tinha, sim, uma alternativa. Estava concentrado em convencer Alfredo a se casar com a filha do conde. E eles precisariam esperar por essa conversa entre pai e filho, e aguardar, ansiosos, para saber se Cleonice teria uma chance, mesmo que pequena, de mudar completamente o rumo de sua vida.

# CAPÍTULO 47

Alfredo recebeu a missiva. Na carta, o pai solicitava urgentemente a sua presença na fazenda.

— O que será que ele quer? — indagou para si.

O criado respondeu, meio sem jeito:

— Vai ver ele quer avisar o senhor da morte da menina Antonieta.

Alfredo arregalou os olhos, pasmado.

— O que é que disse?

— Da morte da menina Antonieta.

— Ela morreu de quê?

— Não sei, seu Alfredo. A missa de sétimo dia foi antes de ontem.

Alfredo sentiu raiva. Tudo bem que o pai o expulsara de casa, mas não o comunicar da morte da irmã? E nem o chamar para o enterro? Isso era um disparate. Entrou em casa e procurou Angelina, colocando-a a par da situação.

— Meu Deus! Sua irmã morreu e não fomos avisados! Por que Eurico faria isso conosco? — quis saber, entristecida.

— Ah, tia, sabe como ele é. O orgulho o impediu de nos chamar.

— Vou me reunir com Claudete e Rosana e fazer uma prece para Antonieta.

— Faça isso, tia. Eu não queria ir à fazenda, mas depois de receber essa triste notícia... quero saber o que aconteceu.

— Vá na paz — sugeriu Angelina. — Procure não brigar com o seu pai.

— Não vou lhe prometer nada, tia. Mas farei o possível para me controlar.

Ele se despediu e, antes de partir, foi ao encontro de Dirce.

— Eu vou me encontrar com meu pai.

— Que tudo corra na paz.

— Assim espero.

Alfredo a beijou e se foi.

Ao chegar à fazenda, encontrou Estelinha e Cleonice sentadas num banco. Ao vê-lo, Estelinha deu um salto e correu para abraçá-lo.

— Como é bom te ver, Alfredo! — Ela o abraçou com mais força.

— Eu também estava com saudades.

Cleonice aproximou-se e também o abraçou, porém, com menos entusiasmo.

— Papai me chamou para conversarmos.

— Deve ser por conta da morte de Antonieta — arriscou Estelinha.

— O que aconteceu? Por que não fui avisado?

— Porque Antonieta fez besteira — emendou Cleonice. — Ela e dona Bernarda. Fizeram uma besteira imensa que resultou na morte da infeliz. Decidiram enterrá-la rápido. Eles não chamaram ninguém para o enterro.

— Sério? Ninguém? — As duas menearam a cabeça. — E que besteira é essa que fizeram, Cleonice?

— Não dê ouvidos a ela — pediu Estelinha.

Alfredo ia retrucar, mas Bernarda apareceu e o fitou:

— Olá, meu filho.

— Oi, mamãe.

— Seu pai o espera na biblioteca.

Ele se despediu das irmãs e foi caminhando ao lado de Bernarda, sem nada dizerem.

— Já sei por que papai o chamou aqui! — tornou Cleonice, reflexiva.

— Para falar da morte de Antonieta — arriscou Estelinha.

— Claro que não! Preste atenção: se o conde não vai se casar com a tonta da Antonieta, e que Deus não a tenha, então, papai vai querer que Alfredo se case com a filha do conde. É isso.

— Acha mesmo? Que papai, nesse momento de luto, pensaria nisso?

— Que luto que nada, Estelinha. Papai está pensando em como salvar a própria pele.

Na biblioteca, sentado atrás da escrivaninha, Eurico esperava Alfredo. Assim que ele entrou, levantou-se e o cumprimentou:

— Seja muito bem-vindo, meu filho.

— Olá, papai.

— Como você está?

— Prefiro ir direto ao assunto. Mas, antes, quero saber de Antonieta. Como ela morreu?

Bernarda contou a mesma história que repetiria até morrer.

— Sua irmã teve uma hemorragia. Foi tudo muito rápido.

— Por que não me avisaram? Tia Angelina ficou muito triste.

— Exatamente porque tudo aconteceu rápido demais — tornou Eurico.

Alfredo não se sentiu convencido. Mas entendeu que o pai o chamara ali para outro assunto.

— Diga-me, papai, por que me chamou?

Eurico pigarreou. Olhou para a esposa, Bernarda fez que sim com a cabeça, e ele ajuntou:

— O que aconteceu entre nós foi um desentendimento sem consequências. Eu me exasperei e peço encarecidamente que volte para casa.

— Voltar?

— É — emendou Bernarda. — Voltar para casa, para perto dos seus.

— Por que eu deveria voltar? As terras não estão penhoradas? Ou o senhor foi agraciado com um milagre?

Eurico engoliu o chiste. Ia retrucar, contudo, se conteve:

— Não houve nenhum milagre, infelizmente. Bem, conversando com sua mãe, chegamos à conclusão de que você poderá nos tirar dessa grande enrascada.

— Eu?!

— Sim, meu filho — disse Bernarda num tom conciliador. — Você poderá nos salvar.

— Como? — Alfredo perguntou, já intuindo a resposta.

— Infelizmente, Antonieta morreu e o casamento com o conde de Manágua não será mais possível. Entretanto, a filha dele ainda está solteira. Pensamos, eu e sua mãe...

Alfredo o interrompeu:

— Por acaso, está querendo me dizer que, com a morte de Antonieta, o senhor vai propor nova barganha ao conde? Agora serei eu a ser entregue como prêmio?

— Não precisa pensar dessa forma — tornou Eurico. — Quero que analise os fatos pelo nosso lado. Estamos praticamente falidos, não tenho mais como saldar as dívidas. Não vejo outra solução.

— Por favor, meu filho — implorou Bernarda. — Pense em mim, nas suas irmãs...

— Pelo que sei — Alfredo pontuou —, Estelinha está prestes a se casar. Sérgio concordou em não receber dote, até porque o senhor não tem nada a oferecer. Deve levantar as mãos aos céus, porque Sérgio poderia, tranquilamente, recusar tomar a mão de Estelinha pela falta do dote. Mas ele é um homem de brio. Sérgio é um rapaz que honra o que promete.

— Isso muito me alegra — observou Eurico. — Ele e sua irmã vão se casar muito em breve.

— Cleonice será atirada num convento, não é isso?

— Não diga dessa forma! — censurou Bernarda. — Depois do escândalo, bem, achamos melhor que ela viva mais perto de Deus.

— Cleonice não fez nada! — Alfredo estava indignado. — Ela não foi a responsável por nada do que aconteceu. Aurélio e Antonieta...

Eurico o cortou:

— Sei bem disso. No entanto, decidi que o melhor para ela será conviver com as freiras, vivendo em penitência, pedindo perdão a Deus por ter trazido aquele infeliz para dentro de nossa casa.

— Então, mamãe — Alfredo virou-se para Bernarda —, eu não preciso me preocupar com as minhas irmãs. Parece-me que o futuro delas está selado. Portanto, só sobraram a senhora e o papai.

— E nós não representamos nada para você? — A voz de Bernarda beirava a ira.

— Claro que representam, mamãe.

— Então... o que custa aceitar esse pedido? — Era a voz de Eurico.

— Eu tenho uma solução melhor.

— Qual seria? — indagou Eurico.

— Tia Angelina disse que o senhor e a mamãe podem viver na chácara dela. Já vimos até um local para construirmos uma casinha, perto de um belo riacho. Ao menos, teriam um teto.

— Isso é um disparate! — Eurico endureceu o tom de voz. — Eu, dono de todas essas terras, viver de favor?

— Numa casinha? — Bernarda quase teve uma síncope.

— Por que não aceita o casamento? A filha do conde é uma boa moça, poderá lhe dar filhos.

— E poderá ainda ganhar um título! — Bernarda alegrou-se em dizer.

Alfredo meneou a cabeça. Não tinha jeito. Os pais nunca o entenderiam. Entristeceu-se um pouco. Tinha achado que o pai o chamara para fazerem as pazes e tentarem encontrar uma solução digna para resolverem a questão das dívidas. Eurico era cabeça-dura e não aceitaria sequer pensar num plano que não fosse unir um de seus filhos em matrimônio com a família do conde.

— Mesmo que eu concordasse com seu pedido, não poderia aceitá-lo.

— Por que não? — quis saber Eurico.

— Porque estou apaixonado.

Bernarda levantou de um salto, quase se desequilibrou, tamanha a surpresa.

— Apaixonado? Como? Por quem?

— Por uma linda mulher, mamãe.

— Quem é? Família abastada? Veio junto com a família real? Qual o sobrenome?

Alfredo riu.

— Ela vive com um grupo de ciganos.

Bernarda passou mal. Sentiu tontura. Eurico correu e a amparou.

— Veja o que está fazendo com sua mãe!

— Só estou dizendo a verdade.

— Está nos dizendo que vai se casar com uma cigana?

— Ela não é cigana, papai. Ela vive com um grupo de ciganos, é diferente. Além do mais, mesmo que ela fosse uma cigana, ou uma escravizada, ou uma mulher barbada, eu me casaria com ela. E é o que vou fazer.

— Nem por cima do meu cadáver — bradou Eurico. — Não permitirei que meu filho misture o nosso sangue com essa gente inferior.

— É mesmo? E como o senhor vai evitar que eu me case com ela? Vai me matar?

— Eu o deserdo.

Alfredo deu de ombros.

— Eu iria herdar o quê? Dívidas? Não, papai, nem que o senhor fosse dono de todas as terras da Corte, eu não deixaria de me casar com a Dirce.

— Esse é o nome dela? — indagou Bernarda, chorosa.

— Sim.

— Claro! — Bernarda resmungou. — Ela fez um feitiço para que você se apaixonasse por ela. Esse tipo de gente faz feitiço, amarração...

Alfredo sentiu pena da ignorância da mãe. Pobrezinha.

— Vou me casar com ela mesmo assim. Não tem volta.

— Ponha-se daqui para fora! — bramiu Eurico, descontrolado. — Nunca mais quero vê-lo na vida. Nunca mais!

Alfredo nada disse. Rodou nos calcanhares e foi-se embora. Nunca mais veria o pai. Dali a alguns anos, tomado pela sífilis, Eurico deixaria este mundo. Bernarda, por seu turno, atormentada pela culpa do que acontecera a Antonieta, definhava ano após ano. Pouco tempo depois da morte de Eurico, ela também desencarnaria.

# CAPÍTULO 48

Finalmente, depois de meses, tragédias e confusões, o conde de Manágua e a filha chegaram à fazenda. Era uma manhã ensolarada, e Eurico e Bernarda ali estavam para recepcioná-los.

O conde era um homem nem bonito nem feio. De estatura mediana, cabelos levemente grisalhos, tinha uma pequena deficiência no andar. Nascera com uma perna menor que a outra e, por conta disso, mancava. A filha, Inês, já na casa dos trinta anos, não desejava se casar. Era devota ao pai e à Nossa Senhora. Passava o dia rezando. O pai, inclusive, mandara construir uma linda capela em sua fazenda, que, segundo a lenda, fora obra de Aleijadinho, um dos maiores artistas que este país produziu.

O conde não tinha sido informado da morte de Antonieta. É que a possibilidade de casamento entre Antonieta e o conde era fruto da cabeça de Eurico. O conde, pobrezinho, nem tinha ideia do que Eurico e Bernarda tramavam nas suas costas. No entanto, quando cumprimentou Bernarda, indagou:

— Onde estão as belíssimas filhas? Eurico sempre se orgulhou das três filhas lindas, sendo que uma delas, agora não me recordo o nome, é a mais bela de todas.

Bernarda sentiu medo. O que dizer ou, melhor, como dizer?

Eurico tomou a palavra e desviou o assunto:

— Estimado conde de Manágua, gostaria de lhe mostrar a fazenda. Vamos?

O conde concordou. Inês, a filha, deixou-se conduzir por Bernarda. Acomodou-a no sofazinho da sala.

— Gostaria de descansar?

— Sim, minha senhora. A viagem foi deveras cansativa.

— Eu mesma vou levá-la ao seu quarto.

Os planos eram de deixarem a casa da fazenda de Teresa, ali ao lado, pronta para receber o conde e a filha. Contudo, após o casamento de Teresa e Samir, e com o endividamento cada vez maior, Eurico deixara a casa da mãe a deus-dará. Era cuidada pelos criados, mas apresentava sinais de abandono e necessidade de reformas. Bernarda lhe dera a ideia de, com pouco dinheiro, reformarem os aposentos dos dois filhos, afinal, Antonieta não mais estava entre eles e Alfredo fora expulso de casa.

Ao longo dos últimos meses, portanto, Bernarda, que tinha tino para decoração, fizera pequenas reformas no quarto de Antonieta e o transformara num quarto de hóspedes. E foi lá que instalou Inês. O quarto de Alfredo, remodelado, seria destinado ao conde.

Inês adentrou o quarto e sentiu um calafrio. Fez o sinal da cruz. Se não fosse o cansaço, teria evitado ficar ali. Mas, devota fervorosa de Nossa Senhora, fez uma prece e logo os calafrios cessaram. Ela deixou as velas acesas e deitou-se. Adormeceu.

Dali a duas horas, Inês despertou sentindo fome. Ela bocejou, levantou-se e foi até a cômoda. Nela havia uma bacia com uma jarra de água. Inês molhou o rosto, sentiu-se revitalizada.

Saiu do quarto e, ao virar-se no corredor, deu um esbarrão em Cleonice.

— Mil desculpas — pediu, sincera.

— Não tem de quê — respondeu Cleonice.

Elas se entreolharam e Cleonice perguntou:

— Eu já a vi em algum lugar. De onde a conheço?

— Eu ia dizer o mesmo — emendou Inês. — Já visitou Vila Rica?

— Infelizmente, não. Só conheço a capital que abriga a Corte.

— Interessante — observou Inês. — Tenho certeza de que já nos encontramos antes.

E, assim, entabularam conversação. A amizade entre elas foi imediata, instantânea. Obviamente, não estavam levando em consideração as vidas em que suas almas haviam se encontrado. Nas últimas encarnações, o laço de afeto e amizade entre Cleonice e Inês apenas se estreitara. Também não tinham a recordação de uma vida em que Inês era sóror e lutara com madre Verônica para que socorresse aquela moça que dera à luz e tivera hemorragia. A bem da verdade, nessa vida em particular, Inês havia morrido tentando salvar Cleonice. Elas não tinham consciência desses fatos passados, todavia, os espíritos de ambas reconheciam essa verdade.

Cleonice apresentou Inês a Estelinha. Depois, foram passear pelos arredores da fazenda. Havia um riacho ali perto que Cleonice muito gostava de apreciar. Levou Inês até o local.

— Eu sempre vivi muito sozinha — disse Inês.

— Não tem irmãos?

— Não. Quer dizer, houve um filho depois de mim, mas morreu bebezinho. Após o triste evento, meus pais não quiseram mais ter filhos. Quando eu tinha dez anos, mamãe adoeceu gravemente. Papai não mediu esforços e recursos para tratar a doença dela. Mas ela não resistiu. Desde então, somos só nós dois.

— Seu pai nunca pensou em se casar de novo?

Inês sorriu.

— Papai é um homem distinto, bem diferente dos outros.

— Como assim?

— Ele sempre respeitou o casamento. Certa vez, preocupada em vê-lo tão sozinho, quis saber por que não havia se casado de novo. Será que era por minha causa?

— O que ele disse?

— Que ele tinha gostado muito de mamãe e que, se Deus pudesse escutar suas preces, que aparecesse uma moça que despertasse nele sentimentos de amor. Papai não foi claro, mas entendi que ele nunca amara mamãe ou outra mulher. Não gostaria que ele terminasse seus dias sem ter essa experiência.

— E você?

— Eu o quê?

— Não tem vontade de se apaixonar?

Inês riu.

— Não. Quer dizer, ainda mocinha, quis me apaixonar. Os anos foram passando e eu percebi que esse sentimento não precisa ser direcionado unicamente a um homem. Foi então que descobri meu amor por Nossa Senhora. Tornei-me devota e, desde então, sou muito feliz vivendo assim.

Cleonice encantou-se com Inês. Ia falar e Inês a cortou com graça na voz:

— Preciso lhe confessar algo. Papai sempre fugiu das interesseiras.

— É mesmo? — Cleonice lembrou-se de Antonieta. Fez uma cara de poucos amigos.

— No que pensou? Seu semblante transfigurou-se — percebeu Inês.

— Nada. Não é nada.

— Onde está a outra irmã?

— Outra irmã?

— É. Em sua última viagem, seu pai nos disse que tinha três filhas adoráveis, mas que uma delas era a mais bela de todas.

— Ele deve ter se referido a Antonieta. Ela morreu há alguns meses.

— Sinto muito — disse Inês, sincera. — Ela era tão bonita assim?

— Não sei como se mede beleza.

A conversa tomou outro rumo e Inês voltou a falar sobre a sua devoção à Nossa Senhora. Cleonice ia lhe confidenciar sobre o desejo de Eurico de a trancafiar num convento, mas preferiu manter silêncio. Logo Estelinha juntou-se a elas e trocaram ideias acerca do casamento dela com Sérgio.

— Podia ficar hospedada aqui e ir ao meu casamento — convidou Estelinha.

— Não sei se papai permitiria. Nós não nos desgrudamos.

— Ele também poderia ficar — sugeriu Cleonice.

— Viemos para passar quinze dias.

— Eu vou me casar daqui a um mês — pontuou Estelinha. — Será que seu pai não ficaria mais um pouquinho?

— Pode ser — tornou Inês, sorridente. — Eu adoraria ir a um casamento. Faz tempo que não vou a um.

— Mamãe está preparando uma grande festa — emendou Estelinha, empolgada. — E, confesso, gostei de você, Inês.

— Eu também simpatizei com você, Estelinha.

— Fique conosco, por favor — pediu Cleonice.

— Está bem. Vou convencer o papai.

Nisso, ouviram uma voz atrás delas.

— Posso saber do que vai tentar me convencer?

As três viraram o rosto. Era o conde de Manágua. Inês levantou-se do gramado e correu para abraçá-lo.

— Papai!

O conde abraçou-a e quis saber:

— Quem são essas moças tão bonitas?

— Essa é a Estelinha — apontou —, e essa é a Cleonice.

Ao ver Cleonice, o conde sentiu leve emoção. Ele ia dizer que, sem sombra de dúvidas, era ela a filha mais bela de Eurico. Por educação, e para não ferir os sentimentos de Estelinha, apenas a cumprimentou.

A partir daquele momento, o conde de Manágua, cujo nome de batismo era Celso Viana Benevides e Castro, não desgrudaria de Cleonice. Ela, por sua vez, gostou dele. Não enlouquecera de paixão, mas sentira por ele um carinho enorme desde o primeiro momento em que o vira.

Certo dia, confidenciou a Estelinha:

— O conde veio falar comigo sobre casamento.

— Jura? Oh, Cleonice, que boa notícia!

— Sim.

— Você vai aceitar, não é mesmo?

— Claro! Eu o acho bem simpático e prezo muito a amizade que brotou entre mim e Inês. Além do mais, mesmo que não gostasse dele, eu me casaria, porque não vou para convento nenhum. Nem que eu tivesse que fugir.

E, de fato, Cleonice não foi para o convento.

# CAPÍTULO 49

O casamento de Estelinha e Sérgio estava para acontecer dali a um dia. Uma semana antes, Bernarda, sabendo que o conde estava de olho em Cleonice, alegrara-se sobremaneira. Tinha certeza de que casaria a enteada e, assim, Cleonice, por ironia do destino, tornar-se-ia a condessa de Manágua.

*Quem diria? Cleonice vai nos salvar da bancarrota...*

Por esse justo motivo, segundo ela, fizera Eurico endividar-se ainda mais. Afinal, para quem devia para deus e o mundo, o que seria mais uma promissória?

— Já estou praticamente quebrado! — vociferou Eurico. — Para que mais gastos? Perdeu o juízo?

— Porque quero causar boa impressão no conde — explicou Bernarda.

— E o conde vai lá se interessar pelo requinte de um casamento? São bobagens de mulher. Você é que deseja um casamento à altura, visto que o nosso não foi lá tão celebrado.

Era verdade. O casamento de Bernarda havia sido simples, diferente do que ela havia sonhado. Agora tinha a oportunidade de realizar seus desejos por meio de Estelinha. Tudo o que sonhara para o seu casamento seria realizado no enlace da enteada com Sérgio.

— O conde está feliz.

— Não sei por que ele ainda não se foi. Eu lhe fiz uma proposta e ele ainda não respondeu.

— O que lhe propôs?

— De nós nos mudarmos para Vila Rica.

— Mudarmos? Por quê?

— Eu dou as nossas fazendas em troca de uma boa casa na cidade. Vila Rica é muito próspera. Tenho certeza de que poderei realizar outros negócios.

Eurico não pensava em negócio nenhum. Queria entregar as fazendas ao conde em troca de uma boa vida numa cidade agitada como Vila Rica. Além do mais, ele conhecia as cortesãs da região e os olhos rodavam de prazer só de imaginar como poderia se divertir.

Bernarda o tirou de seus devaneios:

— Não creio que vá precisar fazer tantas mudanças.

— Ora, Bernarda. Fiz tudo o que estava ao meu alcance. Pensei em casar Antonieta com o conde, pensei em casar Alfredo com a filha dele, pensei em tanta coisa...

— Só não pensou em Cleonice.

— Como não? Depois do casamento de Estelinha, e tão logo o conde vá embora, vou pessoalmente levar Cleonice até Olinda. Já está decidido. Ela vai para o convento. No máximo, semana que vem.

— Não vai.

Eurico não entendeu.

— Como assim, não vai? Está me desacatando?

— De maneira alguma, meu marido. Não percebeu?

— Perceber o quê?

Bernarda riu à beça.

— O conde está caidinho por Cleonice.

Eurico abriu a boca, pasmado.

— O conde? Cleonice?

— Sim. Ele não tem tirado os olhos dela.

— Não pode ser.

— É a mais pura verdade. Outro dia, por exemplo, escutei um pedaço de conversa entre Cleonice e Inês. Aliás, elas estão amicíssimas.

— Não brinque comigo, Bernarda.

— Não estou brincando, meu marido. O conde de Manágua está caidinho por Cleonice. Espere e, antes mesmo de ele partir, vai pedir a mão de Cleonice em casamento.

Eurico não cabia em si tamanha a felicidade.

— Cleonice... quem diria!

Não demorou muito para o conde revelar suas verdadeiras intenções em relação a Cleonice. Naquela mesma noite, ele procurou Eurico e formalizou o pedido.

— Cleonice não tem dote. Como sabe, a minha situação...

O conde o cortou:

— Sei disso. Assim que me casar com ela, vou rasgar e queimar todas as promissórias. E também vou quitar seus débitos junto ao banco.

Eurico emocionou-se, mas manteve o ar petulante.

— Fico feliz com sua decisão.

— Tem um porém.

— O que seria, estimado conde?

— Vou trazer dois homens meus, de total confiança, para administrar as fazendas.

— Isso não será necessário. Eu mesmo...

O conde o cortou novamente:

— Será necessário, sim. Agora que encaminhou suas filhas, não tem mais com que se preocupar. Pode frequentar a Corte sem se preocupar com agiotas querendo lhe sugar o pescoço.

Eurico não gostou do chiste. O conde estava sendo arrogante. Mas relevou.

— Eu amo o campo. Gosto de administrar as fazendas.

— Pelo jeito, não conseguiu administrá-las a contento.

Eurico foi obrigado a engolir a raiva. Tinha vontade de dar um murro no conde.

*Onde já se viu? Está me chamando de incompetente.* Contudo, respondeu:

— Se é assim que prefere, assim será feito. Tem a minha permissão para desposar Cleonice.

# CAPÍTULO 50

O casamento de Estelinha e Sérgio foi um acontecimento. Durante anos seria considerado um dos mais belos festejos que se dera na Corte. O vestido de noiva fora feito a mão por mais de dez bordadeiras. Estelinha escolhera tecidos em tons de azul, cor muito comum utilizada pelas nubentes. Ela poderia ter escolhido o verde ou o vermelho, cores também bastante populares naquele início de século. A cor branca, atualmente uma tradição da cultura ocidental, deve-se à rainha Vitória, da Inglaterra. Ela foi a responsável por difundir a tendência ao escolher um vestido branco para o seu casamento com o príncipe Alberto, realizado em 1840, trinta anos depois do casamento de Estelinha.

Angelina estava emocionada. Ao abraçar Estelinha, disse:

— Não tem ideia de como estou feliz!

— Imagino, titia. A senhora gosta muito do Sérgio.

— É como um filho para mim.

Ele aproximou-se e ouviu.

— Também a considero uma mãe — tornou, emocionado.

— E seus pais? — ela quis saber.

— Para variar, estão viajando.

— Não teve tempo de avisá-los?

— Tive, dona Angelina. Claro que tive. Mas os compromissos são mais importantes. Sempre foram.

Os pais de Sérgio não puderam comparecer. Estavam em viagem ao exterior e, quando receberam a carta com o pedido do filho, responderam que não chegariam a tempo para a cerimônia.

— Importa que você se casou com esta belíssima moça. — Angelina acariciou o rosto de Estelinha.

— É verdade, tia. Ao menos agora viverei a minha vida.

— E o convite para lecionar em Salvador? — quis saber, voltando-se a Sérgio.

— Está de pé. Já conversei com Estelinha. Assim que possível, partiremos.

— Estou tão empolgada! Viver em Salvador. Que sonho! — comemorou Estelinha.

Conversaram amenidades e não perceberam que, tentando se esconder deles, Dinorá se afastava mais e mais dos convidados. Ela sentia-se um tanto constrangida. Desde o dia que tentara beijar Estelinha, nunca mais tinham voltado a se ver. Não sabia como se comportar.

Cleonice conversava com Inês e, ao vê-la, fez sinal para se aproximar.

— Olá, Cleonice.

— Quanto tempo, Dinorá. Como está?

Elas se cumprimentaram e Cleonice a apresentou a Inês.

— Prazer.

— Inês é filha do conde de Manágua.

Dinorá esboçou um "ah" e tentou ali entabular uma conversa banal.

— Como está? Nós não nos vemos desde que sua avó vendeu a casa do Rio.

— É verdade.

— Onde ela está? — Dinorá olhou para os convidados.

— Dona Teresa? — indagou Cleonice.

— Sim.

— Logo em seguida à venda da casa, ela se casou com o marquês de Ouro Belo.

— Não soube.

Como não saber?, pensou Cleonice. Em que mundo Dinorá vivia... Cleonice a achava estranha. Não gostara da maneira como ela havia grudado em Estelinha, mas disse:

— É. Vovó se casou e mudou-se para o exterior. E você?

— O que tem eu?

— O que tem feito?

— Nada de importante. Levando a vida, quietinha na chácara.

Inês quis saber:

— Mora numa chácara? — Dinorá fez que sim com a cabeça. — Você é casada?

Dinorá sentiu o sangue sumir. Não gostava de falar de si. Tentou ser simpática.

— Não. Não sou.

— Eu também não — respondeu Inês, percebendo que a pergunta constrangera Dinorá.

Ela se despediu das meninas e meteu-se por entre os convidados.

— Não ligue para Dinorá. É um tanto doidivanas.

Ao longo da festa, nas várias vezes em que viu Estelinha, Dinorá sentia tremores pelo corpo. Ela desejava Estelinha. Mas o que fazer? Não nascera homem e os seus sentimentos não podiam ser expostos, de forma alguma. Dinorá julgava-se uma pecadora, uma criminosa. Sentia desejo por homens, mas o desejo por mulheres era bem mais acentuado.

Desde que conhecera Estelinha, não a tirara mais do pensamento. Era como uma praga que se apossara de seu corpo, de sua mente. Dinorá apaixonara-se perdidamente, e como dizer a Estelinha o que ia no coração? Além do mais, ela não contivera os impulsos e tentara beijar Estelinha à força. Desde então, passara a se sentir a pior das criaturas.

Sérgio encostou a mão no ombro dela:

— Você ainda não cumprimentou a noiva.

Dinorá sentiu o suor brotar da testa.

— Não. É que tem tanta gente em volta de Estelinha. Depois eu a felicito.

— Nada disso. Vai cumprimentar agora. Venha.

Ele a puxou delicadamente e Dinorá deixou-se levar. Aproximou-se de Estelinha e disse, murmurando:

— Parabéns.

— Obrigada.

Sérgio afastou-se e Dinorá mirou o chão. Não conseguia olhar para Estelinha.

— Esqueci o que passou.

— Eu não esqueci — objetou Dinorá.

— Foi um impulso. Eu entendo.

Dinorá não sabia se sentia alívio ou raiva. Alívio, porque Estelinha fora discreta e nunca revelara o fato a Sérgio. Raiva, porque Estelinha a compreendia. E, quanto mais era digna de compreensão, mais Dinorá se percebia apaixonada.

— Eu não fiz por mal. Juro.

— Sei disso.

Estelinha percebeu que Dinorá começou a chorar. Alguns convidados notaram e Bernarda, um tanto contrariada, veio na direção delas. Não gostava de cenas ou demonstrações de sentimentos em público. Estelinha percebeu que Bernarda se aproximava e conduziu Dinorá para dentro da casa.

— O que está fazendo, Estelinha?

— Precisamos conversar a sós.

— Mas eu...

Estelinha não a escutou. Logo estavam na varanda. Adentraram a sala e Estelinha a conduziu até a biblioteca. Portas fechadas, disse:

— Precisamos nos entender. Eu agora sou sua cunhada. Vamos viver juntas.

— Impossível. — Dinorá levou a mão ao rosto.

— Por quê? Seus pais estão sempre viajando. Eu não criei barreiras quando Sérgio me confessou que gostaria de levar você para morar conosco.

— Eu não posso, Estelinha.

— Por quê?

Dinorá levantou-se e aproximou o rosto. Estavam tão próximas que Estelinha sentiu o hálito quente de Dinorá.

— Eu a amo! — Dinorá não se conteve e a beijou.

Estelinha tentou se afastar, mas Dinorá a prendeu nos braços e tentou novamente beijá-la à força. Estelinha conseguiu se livrar. Deu um tapa em Dinorá e afastou-se, indignada.

— Chega! Pare com isso!

Dinorá levou a mão ao rosto. Voltou a si.

— Desculpe-me o descontrole.

— Dinorá, o que há com você?

— Não sei. Acho que é porque eu a amo.

— Se continuar me dizendo essas bobagens e insistir nesse comportamento, terei de conversar seriamente com Sérgio.

— Não! — ela gritou. — Por favor, não conte nada ao Sérgio. Eu prefiro mil vezes me matar a envergonhar meu irmão.

— Você não tem limites.

— Eu vou ter. Juro.

— De mais a mais, logo essa bobagem passa.

Mais uma vez Estelinha dissera "bobagem". Então era assim que ela considerava seus sentimentos? Bobagens? Dinorá encheu-se de ódio.

— O que eu sinto por você é verdadeiro — disse entredentes.

— Mesmo que seja, é algo impossível de se realizar. Além de ser algo nojento.

— Nojento?! É isso que pensa?

Estelinha foi franca.

— Sim. Acho seu comportamento desprezível. Deveria se fechar num convento.

— Não posso. O desejo me queima por dentro.

Estelinha exasperou-se.

— Cheguei ao meu limite! Não se aproxime mais de mim, ou vou contar tudo ao meu marido.

Dinorá sentiu-se vencida. Jamais causaria decepção a Sérgio. Ele era seu irmão amado, que sempre estivera a seu lado. Sabia que o irmão a amava de verdade.

— Eu vou me afastar. Não vou com vocês para Salvador — Dinorá disse num tom rancoroso. Saiu da biblioteca chispando ódio pelas ventas.

Ela nunca mais se encontraria com Estelinha. Nesta vida.

# CAPÍTULO 51

Em seguida ao casamento de Estelinha, Cleonice e o conde de Manágua se casaram numa cerimônia simples, contrariando o desejo de Bernarda.

— Deveríamos fazer o casamento com pompa e luxo.

— Dê-se por satisfeita, mulher! — ralhou Eurico. — Tiramos o pé da lama.

— E daí? Você se livrou das dívidas, mas as fazendas não são mais nossas.

— Não me importo. — Ele deu de ombros. — O conde prometeu que vai nos dar uma porcentagem do dinheiro da venda das colheitas. De que mais preciso?

— Perdeu a vontade de enriquecer?

— Para quê, Bernarda? Nossas filhas fizeram bons casamentos.

— Isso lá é verdade.

Ela ia falar do filho, mas preferiu se manter calada. Alfredo se revelara uma grande decepção. Onde já se viu? Casar-se com uma desqualificada, uma andarilha! Quando soube que Dirce era filha de uma indígena, desejou que o chão se abrisse e ela caísse nele. Bernarda sentia vergonha. Certa vez, quando uma conhecida lhe fizera referência ao casamento de Alfredo e Dirce, zombando dela pelo fato de ter uma nora "índia", Bernarda negou. Fez como Pedro com Cristo. Negou não três, mas muitas vezes. Ela havia recalcado a informação. Era melhor acreditar na própria mentira a lidar com a verdade.

Depois que ficou sem as dívidas pesando nas costas, Eurico esqueceu-se completamente de Alfredo. Naquele dia em que Alfredo dissera que estava apaixonado por Dirce e revelara que iria se casar com ela, Eurico tinha feito de tudo para apagar as lembranças de que tivera um filho. Enterrara as memórias, devolvendo-as ao inconsciente.

Eurico ainda desejava que Cleonice lhe desse um neto homem. Imagine! Tornar-se avô do filho do conde de Manágua! Era um sonho possível — para ele, não para Cleonice. Estelinha lhe daria um neto homem, mas, segundo palavras do próprio Eurico, aquela criança não era digna de ser seu neto. Era impura...

Voltando a eles... Bernarda pediu ao marido:

— Gostaria de visitar Cleonice em Vila Rica.

— Poderá ir quantas vezes desejar.

— Mesmo?

— Ora, Bernarda. Ela tornar-se-á condessa de Manágua. Claro que precisa estar próximo dela, sempre que possível.

Bernarda agradeceu, comovida.

A vida de Cleonice mudou da água para o vinho, no bom sentido. Antes, vivia presa na fazenda, mais especificamente em seu quarto. Sempre fora preterida. Todos tinham olhos para Antonieta e, embora mais velha que ela, crescera com medo de ser ela mesma, preferindo fechar-se e esconder seus reais atributos, tanto físicos quanto intelectuais. Afinal, era difícil competir com uma irmã "perfeita" como Antonieta, cuja beleza era diariamente enaltecida pelos pais. Não percebiam — ou não quiseram perceber — como Antonieta era manipuladora e conseguia, dessa maneira, tudo o que queria. Ao menos havia Estelinha, mas a relação delas nunca fora baseada em fortes laços de afeto. Davam-se muito bem, contudo, Cleonice nunca tivera sentimentos fortes o suficiente para trocar cartas com Estelinha depois de casadas. Cada uma fora viver em uma cidade, distantes uma da outra.

O sentimento pelo conde, ao contrário, foi se transformando e muitos diriam que Cleonice, com o tempo, aprendera a sentir o que poderia ser classificado como algo que caminha na direção do amor. Ela e o conde se deram muitíssimo bem. Por vontade dele, não tiveram filhos. Ele já estava com idade e preferia passar os anos que lhe restavam em companhia tão somente da esposa e da filha.

Cleonice e Inês se tratavam como irmãs. Jamais Cleonice colocou-se na posição de madrasta. Ela e Inês estavam sempre juntas. Até porque Inês, definitivamente, não quis se casar.

O casamento entre Cleonice e o conde durou bons anos. Logo depois da Independência do Brasil, Vila Rica recebeu o título de Imperial Cidade, outorgado por dom Pedro I. O conde, ao lado da esposa e da filha, felicíssimo, participou da festa em que o imperador promulgou a lei que transformava sua amada cidade na capital oficial da província de Minas Gerais. A partir daquela data, Vila Rica passaria a ser chamada de Imperial Cidade de Ouro Preto.

Após esse evento, o coração do conde, tomado de forte emoção, deixou de bater. Bem-afortunada e proprietária de muitas fazendas espalhadas por Minas Gerais e Rio de Janeiro, Cleonice doou as terras que um dia haviam pertencido a Eurico e Angelina. Passou todas no nome de Alfredo.

— Você sempre trabalhou nas fazendas, desde garoto. Nada mais justo que as terras sejam suas, dos seus filhos, dos seus netos.

Alfredo e Dirce não tinham palavras para expressar tamanha generosidade.

— Eu lhe desejo uma vida plena, cheia de boas surpresas. — As palavras de Dirce eram de pura comoção.

— Obrigada.

Ela e o irmão trocariam algumas cartas, mas Cleonice nunca mais voltaria à fazenda. Era um lugar que só lhe trouxera tristezas. Nas mãos de Alfredo, acreditava, aquelas terras prosperariam.

Com o passar do tempo, tanto ela quanto Inês conseguiriam, aos poucos, transformar a dor da perda em saudade. O conde era sempre lembrado, agora com alegria e, às vezes, com um tiquinho de emoção. No entanto, como ela e Inês eram muito unidas, superaram a morte do conde de Manágua e viveram em paz e harmonia durante muitos anos.

A doação das terras feitas por Cleonice permitiram que Alfredo e Dirce para lá se mudassem. Alberto e Rosana seguiram com eles. Angelina sentiu a partida de todos, mas estava feliz. As terras que um dia tinham sido dela agora pertenciam ao sobrinho que tanto amava e admirava.

— Podia ir viver conosco — convidou Alfredo.

— Por que iria? — quis saber Angelina. — Estou contente de viver aqui.

— Poderia vender ou arrendar sua chácara — sugeriu ele.

— Prefiro ficar.

— A senhora me acolheu como filho num momento em que eu não sabia para onde ir — tornou emocionado. — Eu lhe devo muito.

— Não deve nada. Precisa cuidar das terras, plantar seu café e ser feliz ao lado de Dirce. Mais nada.

Dali a muitos anos, as fazendas de Alfredo fariam divisa com as terras pertencentes a um grupo de estrangeiros[1] recém-chegados dos Estados Unidos. Embora já bem idosos, Alfredo e Dirce construiriam um formidável laço de amizade com esses vizinhos, que se estenderia para além da vida.

Célia e Nicolau decidiram não seguir com Dirce e Alfredo. Eles adoravam Angelina, e Célia tinha um carinho especial por Claudete. Chamava-a de madrinha. Claudete, por sua vez, sentia mais que carinho por Célia. Ela a amava, mas jamais revelaria seus verdadeiros sentimentos. Assim como Dinorá, Claudete tinha medo de ser escorraçada pelo fato de desejar e amar outra mulher. Preferiu amar Célia em silêncio. Era melhor tê-la a seu lado, como uma quase filha, do que não a ter de forma alguma. Dali a algum tempo, Célia se casaria com um cafeicultor da região, e Claudete, não podendo mais sufocar aquele amor impossível, se deixaria abater, perdendo o gosto pela vida. Morreria bem antes de Angelina, triste e amargurada.

---

1 Os vizinhos estrangeiros de Alfredo são Sam, Mark, Adolph, Emily, Anna e Helène. A vida desses personagens é narrada em *A vida sempre vence*, um dos romances psicografados pelo autor e publicado pelo selo Lúmen, da Boa Nova Editora.

Jacinto e Dalva permaneceram com Angelina. Arthur, conforme crescia, apegava-se a Nicolau, que também decidira ali ficar. Ele devotava um carinho especial a Angelina e a tinha como sua avó.

Dalva morreu quando Arthur completou dez anos e Jacinto faleceu poucos anos depois. Nicolau não se casou, mas adotou Arthur como filho do coração. Angelina admirava o modo como os dois se dedicavam ao cuidado das suas terras. Já bem idosa, quando Claudete já havia falecido, Angelina fez seu testamento em favor de Nicolau e Arthur. Deixou a chácara para eles. E eles trabalhariam bastante, e com muito gosto. Nicolau morreria bem velhinho, e Arthur cuidaria dele até seu último sopro de vida.

Estelinha e Sérgio estavam casados havia três anos e ela não lhe dava um filho. Depois de dois abortos espontâneos, ela perdera a capacidade de engravidar. Ficara extremamente triste.

— Não me importo se não pode me dar filhos.

— Eu queria tanto ser mãe! — ela disse, voz amarga. — Sabe que eu sempre sonhei com nossa casa repleta de crianças.

— Paciência. Se Deus decidiu, está decidido — disse ele, conformado.

Sérgio era um bom e fiel cristão. Converteu-se ao protestantismo quando estudava medicina em Londres. Até então, tinha sido um católico comum. Frequentava a igreja, ia à missa, mas apenas cumpria com as obrigações. Digamos que era um homem sem fé. Em Londres, estimulado por colegas de curso, começara a frequentar a missa e tinha gostado. Passara a ler a bíblia e tentar viver de acordo com as palavras de Jesus. A partir dali, começara a ter fé.

Estelinha não entendia seu infortúnio desse jeito. Praguejava e blasfemava.

— Que Deus é esse que não me deixa ter filhos? O que é que eu fiz de errado?

— Não fez nada de errado, minha querida... — Era a voz de Sérgio, sempre tentando apaziguar os ânimos da esposa.

No fim de tudo, Estelinha permanecia irredutível em não se livrar de sua dor. Não se conformava. Queria ser mãe e não podia.

Houve uma vez, quando fora passar alguns dias na chácara de Angelina, que ela mais uma vez blasfemou:

— Olha o que Deus me fez!

— O que Ele lhe fez? — quis saber Angelina.

— Castigou-me. Não me permitiu gerar uma criança. Privou-me do direito de ser mãe.

— Há muitas outras maneiras de exercer a maternidade.

— Jura? — indagou de maneira irônica. — Como?

— Vivemos num país com muitas crianças carentes, que necessitam de um abrigo, de um lar.

— Não me venha com essa conversa de adoção. Não nasci para criar filho de estranhos.

— Por que é tão dura consigo mesma? — quis saber Angelina.

— Não é questão de ser dura, titia. Eu só não concordo em criar filho dos outros. Vai saber de quem essa criança foi gerada...

— A origem do bebê é importante para você?

— Pois claro. Imagine eu adotar uma criança fruto de pais degenerados! Jamais.

Angelina entristeceu-se.

— Sempre a achei uma mocinha meiga, doce. Claro, houve tempos em que percebi que se comportava de maneira preconceituosa em relação a pessoas diferentes de você. Nunca gostou de um forro, de um criado, sempre tratou pessoas mais humildes com distância e frieza.

— Claro! Eu faço parte de um mundo diferente — defendeu-se Estelinha.

— Diferente em quê? — Angelina indagou-a.

— Ora, tia... — Ela ficou reflexiva por instantes. — Não sei explicar, é algo que sinto. O que ganho ao me relacionar com pessoas abaixo do meu nível de cultura?

— Nunca poderia imaginar que em seu cerne estaria o gérmen do preconceito.

— Não sou preconceituosa.

— Não? Depois do que acabou de dizer, tem certeza disso?

Estelinha não tinha certeza de mais nada. Embora amasse a tia de paixão, não gostava de se sentir pressionada a tomar uma atitude, mudar o padrão de crenças. Há alguns ciclos de vida, ela tinha sido convidada a reencarnar com o propósito de ampliar o seu nível de consciência e, por meio de experiências, agradáveis ou não, burilar o seu espírito a fim de se livrar das amarras do preconceito.

Não seria nesta encarnação, precisamente, que ela conseguiria mudar radicalmente o seu modo de interagir com as pessoas. Estelinha ainda precisaria passar por duras provas para aceitar e entender que só seria possível deixar de ser preconceituosa no dia em que enxergasse as pessoas como elas são, e não como ela gostaria que fossem.

Após esse encontro com a tia, Estelinha tornou-se uma mulher amarga, reclamona, irritada e indignada com Deus e o mundo. Tal comportamento fez com que deixasse de sonhar com a mãe, rompendo o elo que a conectava aos bons espíritos.

Algum tempo depois, Estelinha afastou-se e deixou de conviver com Angelina. Quanto aos pais, não fazia a mínima questão de visitá-los. A justificativa que dava para si mesma era se convencer de que Bernarda nunca fora uma mãe de verdade e Eurico sempre fora um pai austero e ausente.

Cleonice se casara e mudara-se para longe, e não lhe escrevera uma linha desde que se tornara condessa de Manágua. O fato é que Estelinha sentia ciúme da amizade que havia brotado, espontânea, entre Cleonice e Inês. Queria ela ter vivido essa experiência, mas não fora possível. Por esse motivo, puro ciúme, decidira também se afastar da irmã.

Ela sentia muita saudade de Alfredo. Amava o irmão. No entanto, quando ele havia se casado com Dirce, Estelinha sentira um baque. Assim como seus pais, ela não aceitara Dirce como cunhada e jamais reconhecera Nicolau ou Célia como sobrinhos.

Dessa forma, Estelinha foi se afastando dos seus, tendo apenas a companhia do marido. Sérgio era o único que aturava suas lamúrias diárias. Ele acreditou que, mudando-se da capital, Estelinha teria novo gosto pela vida e se interessaria por outras coisas, esquecendo, por ora, da maternidade. Foi agraciado pelo príncipe regente e participou da criação do colégio médico-cirúrgico no Real Hospital de Salvador. Mudaram-se de cidade, de ares. Sabendo que Estelinha sempre gostara da casa de tia Angelina, Sérgio construiu uma bela casa, espaçosa; tinha até alpendre, quase uma cópia da casa da tia. Mesmo assim, Estelinha não mudou de humores.

Certo dia, Sérgio recebeu carta de Dinorá. Há quantos anos não tinha notícias da irmã! Sentiu saudades.

— O que ela deseja? — perguntou Estelinha, mal-humorada. — Só porque temos uma bela casa, com vários cômodos, serei obrigada a engolir Dinorá?

— Não tem de engolir ninguém — ele respondeu, triste. — Não entendo... Era tão amiga de Dinorá. O que a fez passar a tratar tão mal a minha irmã?

Estelinha não respondeu. Tinha vergonha de dizer ao marido que a irmã era uma degenerada, não passava de uma tríbade[2].

---

2 Até meados do século XIX, a palavra lésbica não tinha o significado que atualmente lhe é atribuído. O termo mais utilizado entre os séculos XVIII e início do XIX era tríbade.

— Ela pede que eu vá com urgência visitá-la. Está doente.
— Onde ela vive?
— Está em São Paulo.
— Meu Deus! São dias e dias de viagem. Você vai?
— Claro. Ela é minha irmã.
— E o colégio? O hospital?
— O que tem?
— Você é o titular. Não pode sair assim, sem mais nem menos.

Sérgio não gostou do tom e exasperou-se, algo raro de lhe acontecer.

— Não estou saindo sem mais nem menos. Trata-se da minha irmã. Partirei o quanto antes.

Estelinha percebeu que o marido tinha ficado chateado, mas vivia num estado emocional em meio ao qual não enxergava como seus pensamentos negativos atrapalhavam o relacionamento deles e afetavam seu bem-estar.

Assim que Sérgio partiu para São Paulo, ao entrar em casa, praguejou, entredentes:

— Não vou permitir que Sérgio traga Dinorá para morar conosco. Nem passando por cima do meu cadáver!

# EPÍLOGO

Nesses anos, enquanto Estelinha lutava para ter um filho, Dinorá tentava dar um rumo à sua vida. Desiludida e sentindo-se humilhada por Estelinha, com medo de ter seu segredo revelado, ela decidiu viver longe de todos os que conhecia. Os pais já não a viam com constância. Estavam sempre viajando, participando de eventos, festas. Sérgio, que era seu único apoio, casara-se justamente com a mulher por quem ela se apaixonara.

Sentindo-se extremamente magoada e rejeitada, Dinorá tentou vender a chácara onde morava, mas não conseguiu fazer negócio porque a propriedade estava em nome de Evaristo, seu pai. Por conta disso, certo dia, desesperada, sabendo que os pais estavam viajando, ela invadiu a casa, correu até a biblioteca e arrombou o cofre que o pai mantinha numa gaveta da escrivaninha. Apanhou moedas de ouro e joias da mãe. Vendeu todas elas e ganhou um bom dinheiro. Avistou um mapa que o pai mantinha preso a uma das paredes do cômodo, fechou os olhos e encostou o dedo à deriva. São Paulo.

— É para lá que eu vou.

E foi. Deixou uma carta para os pais e outra para o irmão. Para os pais, pedia desculpas por ter pegado o dinheiro e as joias. Yolanda, a mãe, deu de ombros. Era melhor ter Dinorá distante da sociedade, do convívio com os seus, a ser achincalhada pelo comportamento imoral da filha. Yolanda prezava sobremaneira a vida fútil em sociedade e sentiu grande alívio quando soube que a filha havia se mudado para bem longe.

O pai, por seu turno, nunca a perdoaria. Morreria praguejando contra a filha que dilapidara o seu patrimônio. Era um exagero dizer isso, contudo, Evaristo era apegadíssimo ao dinheiro, às joias, às moedas de ouro, e essa mágoa atravessaria a vida além da vida. Quem sabe, em próxima oportunidade reencarnatória, essa mágoa pudesse ser dissipada.

Sérgio ficou triste, mas aceitou e respeitou a decisão da irmã. Gostava de Dinorá e, se antes de partir, ela tivesse manifestado o desejo de viver próximo dele, Sérgio já estava decidido a alugar um imóvel para ela e, assim, não criaria caso com a esposa.

Em São Paulo, ainda uma vila com pouco mais de oito mil habitantes, Dinorá alugou uma casinha no caminho do Guaré[1]. Vivia muito só e passou a frequentar a igreja de Nossa Senhora do Carmo[2]. Ia tanto à igreja que travou amizade com o padre da paróquia. Confessou-se com ele e abriu seu coração. O padre a acolheu e Dinorá sentiu nele o mesmo apoio que recebera do irmão. O clérigo tornou-se seu porto seguro. Mas não passava de lorota. O padre, muito esperto, seduziu

---

1 Atual Rua Florêncio de Abreu.

2 Demolida em 1928.

Dinorá. Ela se deixou levar pelos seus encantos e engravidou. O padre negou ter mantido relações com ela e Dinorá, amargurada, não teve coragem de tirar a criança. Muito pelo contrário.

— Este filho, sim, vai ser o meu verdadeiro porto seguro.

Os meses passaram e, com a ajuda de duas criadas, teve seu filho. Dera a ele o nome de Marcílio. Amara-o como nunca amara alguém antes. Nem por Estelinha sentira o que sentia pelo filho. Ele era, definitivamente, o amor de sua vida.

O dinheiro também começou a escassear e Dinorá empatou o resto que tinha na compra de um imóvel para transformá-lo numa estalagem. Lembrara-se de uma que conhecera na época de mocinha, quando viajava com os pais para o exterior. O local era asseado, bem diferente das estalagens espalhadas na cidade. Contratou mais criados. Uma dessas criadas tinha também acabado de ter uma filha. Dinorá condoeu-se da história de vida da moça e a contratou.

— Será ótimo ter você e sua filha conosco. Acabei de ter um filho.

A moça, de nome Maria, alegrou-se e mudou-se para a estalagem com a filhinha ainda nos braços. Dinorá quis saber o nome daquele encanto de bebezinha.

— O nome dela é Dalila — respondeu.

Marcílio e Dalila cresciam juntos e davam-se muito bem. Dinorá, um pouco mais refeita, teve a brilhante ideia de oferecer bons pratos aos hóspedes e investiu na culinária. Logo o lugar ganhou fama e Dinorá fez um bom dinheiro. No entanto, como em seu estabelecimento entrava e saía muita gente, ela acabou sendo infectada pelo bacilo causador da hanseníase, que naquela época era conhecida por lepra e não tinha cura. Ao descobrir-se doente, Dinorá pensou no filho. Tinha medo de infectar seu menino, que mal havia completado três anos de idade. E pensou na pequena Dalila. Jamais se perdoaria caso infectasse as crianças ou um de seus criados. Assim, Dinorá tomou providências. Escreveu para Sérgio, solicitando sua presença.

Ao chegar a São Paulo, Sérgio foi direto à estalagem. As criadas informaram que Dinorá havia sido recolhida num lazareto nos lados de Santo Amaro, local para onde os doentes de hanseníase eram encaminhados.

Sérgio desesperou-se. Era médico e sabia que a doença de sua irmã não tinha cura.

— Onde ela está?

Deram o endereço e ele para lá se encaminhou. Quando se aproximou do lugar, sentiu uma dor no peito sem igual. Era um local horrível, que mais se assemelhava a um depósito de doentes sem nenhuma assistência. Quis ver a irmã, mesmo à distância.

Ao aproximar-se de Dinorá, Sérgio chorou. Ela em nada se parecia com o retrato da bela irmã que ele tinha guardado na caixinha das boas lembranças. Dinorá tinha partes do corpo enfaixadas com panos já rotos e encardidos. Perdera os dedos das mãos e estava num estado deplorável.

— Vou levá-la embora daqui.

— Para onde? — ela quis saber. — Outro lazareto?

— Podemos estar juntos.

Ela esboçou um sorriso.

— Eu posso infectá-lo.

— Não me preocupo com isso — tornou ele, emocionado.

— Estou com os dias contados, meu irmão. Não tem mais nada que possa fazer. Eu vou e quero morrer aqui.

— Não...

Ela o cortou:

— Preciso de um grande favor. Um único. Eu imploro.

— Pode pedir. O que quiser.

— Cuide de meu filho.

Sérgio arregalou os olhos, espantado.

— Filho?! Como...

— Eu tive um filho. O nome dele é Marcílio. Tem três aninhos. O meu último desejo é que você cuide dele como se fosse seu filho. E leve a Maria e a filha dela com você. É tudo o que lhe peço.

Sérgio concordou. Dinorá o informou de que as crianças viviam na estalagem, aos cuidados de Maria. Ela lhe deu algumas instruções em relação à venda do estabelecimento e sobre usar aquele dinheiro na educação do filho e da menina. Emocionado, Sérgio concordou com tudo. Despediu-se da irmã dizendo:

— Eu voltarei antes de partir para Salvador.

— Obrigada.

Ao conhecer seu sobrinho, Sérgio encantou-se. Marcílio era um menininho alegre e esperto. Conheceu Maria e encantou-se com a pequena Dalila. Logo Sérgio se apaixonou pelas crianças, em especial por Marcílio.

Sérgio tratou da venda da estalagem e agraciou as criadas que lá trabalharam com uma boa soma em dinheiro. Maria adorou o convite para mudar de cidade. Além do mais, seria bem melhor, para Sérgio, ter a companhia de alguém que soubesse cuidar de crianças. Ele ainda não tinha experiência. Depois, alugou uma carruagem espaçosa o suficiente para que Marcílio, Dalila e Maria tivessem um pouco de conforto ao longo de uma viagem extenuante.

Antes de partirem para Salvador, Sérgio retornou ao lazareto. Procurou por sua irmã e um dos que ali tomavam conta, meio ríspido, comunicou que Dinorá falecera na noite anterior. Sérgio fez um ramalhete de flores e foi até a cova em que haviam enterrado Dinorá.

— Eu vou tomar conta de seu filho. Vou criar Marcílio como se fosse meu. Também vou cuidar de Maria e da pequena Dalila. Prometo.

Despediu-se em lágrimas. Voltou à vila, apanhou o sobrinho, a criada e a filha dela, subiram na carruagem e partiram.

Ao longo da viagem, ele foi se apegando mais e mais ao menino. Marcílio tinha um carisma natural e também foi se apegando a ele. Quando chegou a casa, Estelinha estava bordando uma almofada. Ao ouvir o barulho dos cavalos, saiu e alegrou-se ao ver o marido. Ele desceu sozinho e a abraçou.

— Quanta saudade, meu bem.

— Eu também estava com saudades, minha querida.

Logo, ela percebeu uma moça e uma menininha dentro do carro.Antes de o questionar, Sérgio apresentou Maria e a pequena Dalila.

— São mãe e filha.

Estelinha sorriu. Sentiu uma simpatia imediata pela moça e pela menina.

— Prazer. Seja bem-vinda.

— Obrigada.

— A menina é sua filha?

Maria respondeu, alegre:

— Sim, Dalila é o meu tesouro.

Estelinha sentiu uma pontinha de inveja. Como queria ter tido um filho! Ao subir os olhos da criança para a carruagem, viu Sérgio saindo com um menininho adormecido no colo. Ao ver Marcílio, seu coração encheu-se de ternura. Antes de Sérgio explicar quem era, Marcílio despertou e, de maneira surpreendente, atirou-se nos braços dela.

Sérgio sentiu um nó na garganta, e contou à esposa sobre Dinorá, a doença, o filho. Estelinha virou-se para o marido e disse:

— Não quero mais tocar no nome da sua irmã. — Ele concordou com a cabeça e ela pediu, emocionada: — Você me permitiria criar e cuidar desse menino?

— Mesmo? — Sérgio não conteve as lágrimas.

Muito emocionada, Estelinha confessou:

— Não sei explicar. E talvez nunca saiba. Mas esse menino despertou algo em mim que nunca pensei existir...

Estelinha não conseguiu terminar de falar. Abraçou-se a Marcílio e, finalmente, sentiu-se mãe. E não demoraria para ela chamar Marcílio de filho e ele, naturalmente, chamá-la de mãe.

Sérgio fez uma prece, emocionado, agradecendo a Deus a bênção que lhe fora concedida. Não tivera um filho pelos meios naturais, contudo, Deus lhe dera um filho do coração, que ele amaria por toda a vida.

Com o passar dos anos, o laço de amor entre os três, mãe, pai e filho, tornar-se-ia cada vez mais forte. Estelinha aceitara Marcílio como se o tivesse parido. Mas, quando o pensamento lhe trazia cenas com Dinorá, ela tentava espantá-lo. Não seria nessa vida que ela e Dinorá acertariam os ponteiros e se permitiriam aliviar o peso do coração com o benefício do perdão. Longe disso. Seria preciso uma nova experiência reencarnatória para que ambas começassem a cultivar o perdão e semear o caminho do amor. Na próxima encarnação, Estelinha voltaria como... Estelinha, e Dinorá retornaria como Décio. Será que, nessa nova vida, levantariam a bandeira da paz e dariam trégua às animosidades? Quem sabe...[3]

Certa noite, depois que banhou e alimentou Marcílio, Estelinha o colocou para dormir em sua cama. Deitou-se ao lado dele e, assim que ele adormeceu, ela passou delicadamente os dedos pelo seu rosto. Intimamente, agradeceu a Deus por aquela dádiva.

---

3 A continuação desta incrível jornada, em que Estelinha e Dinorá — agora Décio — vivem uma nova encarnação, encontra-se em *O tempo cuida de tudo*, livro 1 da trilogia O poder do tempo, publicado pelo selo Lúmen, da Boa Nova Editora.

Logo em seguida, ela adormeceu. Estelinha finalmente dormiu bem, como havia muito não dormia. Seu coração encontrou a paz e ela começava a entender, pela primeira vez em muitas vidas, o real significado da palavra amor...

# POSFÁCIO

Em *O tempo cuida de tudo*, primeiro livro desta trilogia, alegamos que um romance espírita, geralmente, é costurado por tramas, fatos e mensagens que nos tocam profundamente a alma e nos levam à reflexão, com o intuito de nos fortalecer a autoestima, nos fazer rever crenças e posturas que nos paralisam no caminho da evolução e, por certo, nos ajudar a entender o porquê de determinadas pessoas e situações — principalmente as desagradáveis — aparecerem em nosso caminho. Ao fim de tudo, à medida que nos envolvemos com a narrativa, amamos ou desgostamos de determinados personagens. Nosso senso de observação elege os que nos cativam e, de forma consciente ou não, tenta se esquivar daqueles cujo comportamento reprovamos. Desejamos que os que são "bons", a nossos olhos, tenham um final feliz, e que os "maus"...

Seguindo o estilo de narrativa, o segundo romance da trilogia, *O tempo nunca esquece*, também teve começo, meio e fim. Alguns personagens do livro anterior continuaram sua jornada neste planeta; outros desencarnaram ao longo da trama; e os que haviam desencarnado anteriormente tiveram a chance de uma nova experiência terrena em fins do século XX e início do século XXI.

Partindo do princípio de que a vida é eterna e nos oferece sucessivas idas e vindas, será que, nessa segunda história, houve mesmo começo ou fim? Se parte desses personagens foi abençoada com a chance de nova encarnação, como eles retornaram? Os laços de afeto se estreitaram? E quanto aos laços formados por mágoas e ressentimentos? Eles se mostraram presentes numa nova vida?

Em virtude de tais questionamentos, decidimos narrar a vida dessas pessoas, experienciando novas conquistas, superando antigos e inéditos desafios, em pleno século XXI. Quais dos personagens reencarnaram? Como voltaram? Qual é o novo quadro de parentesco entre eles? O que aconteceu com quem não reencarnou ou com aqueles que ainda permanecem reencarnados?

Essas e outras perguntas foram, em maioria, respondidas nesta espécie de *continuação* de *O tempo cuida de tudo.*

Agora lhe apresentamos *O tempo de cada um*, romance que encerra a trilogia. Os personagens apresentados nos dois outros livros encontram-se no passado , precisamente no início do século XIX, em que muitos dos acontecimentos, como laços de amor, de ódio, amizades verdadeiras e intrigas, foram contextualizados, oferecendo-lhe assim um panorama de como tudo, de certa forma, começou. Mas será mesmo que tudo começou ali, no século XIX? Ou essas vidas estão entrelaçadas há mais tempo? Tudo indica que sim.

Além do mais, levamos você a refletir: o tempo cuida mesmo de tudo ou há fatos que marcam o espírito de tal modo, que nem mesmo o tempo o deixará esquecer? Ou, melhor, será que cada um de nós precisa de um tempo específico para aprender o verdadeiro significado de nobres sentimentos como respeito, perdão e amor? Não sabemos responder. Entretanto, a leitura desta incrível trilogia o levará a refletir e perceber que a vida não pune ninguém. Muito pelo contrário. De forma pedagógica e amorosa, ela ensina que o perdão liberta e conduz o espírito no caminho da felicidade, mas sem pressa, porquanto a vida respeita o tempo de cada um...

# O TEMPO CUIDA DE TUDO

TRILOGIA **O PODER DO TEMPO** - LIVRO 1

## MARCELO CEZAR

ROMANCE PELO ESPÍRITO

## MARCO AURÉLIO

Romance | 15,5x22,5 cm | 320 páginas

**Estelinha sofre de insônia desde cedo devido a pesadelos, e vez ou outra desperta sentindo como se tivesse sido tocada por alguém. Diante de situações que a perturbam, ela vive sem ver sentido na vida. Depois de um período de sofrimento, Estelinha muda seu jeito de encarar a vida e entende que o perdão é o caminho para a paz de espírito. Este romance mostra que um dos objetivos da reencarnação é rever crenças e atitudes que impedem-nos o crescimento espiritual. E para que tenhamos consciência disso, precisamos contar com o tempo, pois o tempo cuida de tudo...**

**Entre em contato com nossos consultores e confira as condições**
**Catanduva-SP 17 3531.4444 | boanova@boanova.net | www.boanova.net**

# O TEMPO NUNCA ESQUECE

TRILOGIA **O PODER DO TEMPO** - LIVRO 2

## MARCELO CEZAR

ROMANCE PELO ESPÍRITO

## MARCO AURÉLIO

Romance | 15,5x22,5 cm | 336 páginas

"Os anos passaram. Estelinha, mais madura, enfrenta um grande dilema: será capaz de perdoar, ainda em vida, quem ela julga ter lhe feito tanto mal? Por outro lado, Bernarda e Teresa serão capazes de eliminar o ressentimento e a hostilidade que nutriram uma pela outra em última vida? E quanto a Antonieta? Se antes crescera mimada em meio a rígidos valores morais, será que, atualmente, agirá da mesma maneira ou trilhará um novo e inusitado caminho de evolução? Neste novo e surpreendente romance, levamos você a reencontrar muitos dos personagens de O tempo cuida de tudo. Sob a perspectiva de uma nova encarnação, eles continuam a vivenciar suas conquistas, tentando superar antigos e inéditos desafios. Em O tempo nunca esquece, somos levados a refletir sobre a força do amor e a entender que a reencarnação é tão e somente um fenômeno da natureza, cujos ciclos ocorrem de forma justa, equilibrada e no devido tempo. "

**Entre em contato com nossos consultores e confira as condições**
**Catanduva-SP 17 3531.4444 | boanova@boanova.net | www.boanova.net**

# MARCELO CEZAR

ROMANCE PELO ESPÍRITO

# MARCO AURÉLIO

Romance | 15,5x22,5 cm | 384 páginas

**Viver neste mundo não é tarefa das mais fáceis. Exige de nós a constante busca de equilíbrio emocional. Somos obrigados a rever crenças e posturas a cada desafio que nos é apresentado. Nesta luta entre o bem e o mal, em que a ambição chega ao seu limite, levamos você a refletir sobre as consequências de suas próprias ações. No mundo das aparências, que conduz ao materialismo, ao preconceito, à luta de classes e à completa inversão dos valores espirituais, Você faz o amanhã mostra que a vida pode ser muito mais do que parece e que está nas mãos de cada um conquistar a tão sonhada paz interior.**

**Entre em contato com nossos consultores e confira as condições**
**Catanduva-SP 17 3531.4444 | boanova@boanova.net | www.boanova.net**

# CORAGEM PARA VIVER

## MARCELO CEZAR
ROMANCE PELO ESPÍRITO
## MARCO AURÉLIO

Romance | 15,5x22,5 cm | 384 páginas

Você tem ideia de como se enxerga? Já parou para refletir sobre suas crenças acerca de amor, trabalho, relacionamento, dinheiro, família e sexo? É bom saber que tudo em que você crê molda a sua realidade. A vida materializa suas crenças por certo tempo, para que experimente as situações e possa avaliar melhor as coisas, até o ponto de romper com as ilusões e ligar-se a sua alma para sentir contentamento e realização plena. Este romance conta a história de pessoas que, dominadas pelas ilusões do mundo, tomaram medidas extremas para solucionar seus problemas e chegaram ao fundo do poço, mas cada uma, à sua maneira, deu a volta por cima e redescobriu o verdadeiro gosto pela vida.

**Entre em contato com nossos consultores e confira as condições**
**Catanduva-SP 17 3531.4444 | boanova@boanova.net | www.boanova.net**

# Ela só queria casar

## MARCELO CEZAR
ROMANCE PELO ESPÍRITO
## MARCO AURÉLIO

Gláucia, uma moça prestes a se casar, tem sua vida interrompida de forma abrupta. Ela descobre que a Vida é mais complexa do que parece e trabalha incansavelmente para que cada um desenvolva seus potenciais ocultos. O enredo aborda temas como relacionamentos, violência contra a mulher, famílias diversas, assédio infantil e dependência química. A evolução espiritual e a busca pelo sentido do amor são centrais na história.

Romance | 15,5x22,5 cm
320 páginas

**Entre em contato com nossos consultores e confira as condições**
**Catanduva-SP 17 3531.4444 | boanova@boanova.net | www.boanova.net**

**Levamos o livro espírita cada vez mais longe!**

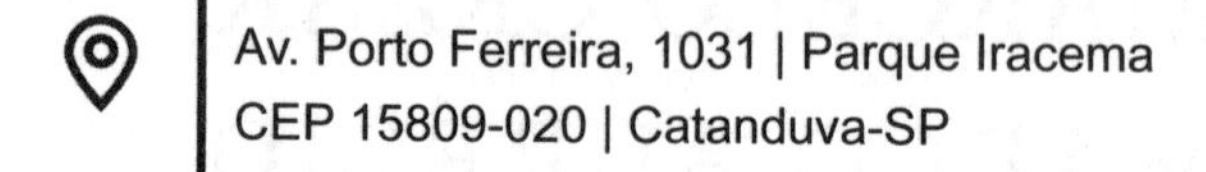

Av. Porto Ferreira, 1031 | Parque Iracema
CEP 15809-020 | Catanduva-SP

www.**lumeneditorial**.com.br
www.**boanova**.net

atendimento@lumeneditorial.com.br
boanova@boanova.net

17 3531.4444

17 99257.5523

*Siga-nos em nossas redes sociais.*

@boanovaed

boanovaeditora

CURTA, COMENTE, COMPARTILHE E SALVE.

utilize #boanovaeditora

Acesse nossa loja

Fale pelo whatsapp